教師形象與專業倫理

中華民國師範教育學會　主編

序

　　教師素質之提升攸關學校教育品質之良窳，有關「教師形象與專業倫理」之議題，歷來廣受各教育先進國家的重視。

　　中華民國師範教育學會為配合國內外教育發展之趨勢，特以「教師形象與專業倫理」為主題，廣邀各界人士參與發表研究成果或心得，企盼藉此論文集之出版，提出相關觀點及建言，以供有關單位及人員之參考。

　　本年度之論文集所收錄之論文共計十篇，其中針對師道之論述，包括：溫明麗教授撰述之〈師道豈能止於民主——再論教育需要批判性思考〉、林秀珍教授撰述之〈師道——道家哲學的啟示〉，以及張淑媚教授撰述之〈人師或經師？從德國 1990 年代以來的討論談教師專業〉等三篇，各篇內容對於師道之內涵均有深入之析論。

　　其次，在教師專業倫理及形象方面，計有范熾文教授撰述之〈教師專業倫理——理論、困境與實踐途徑〉、黃嘉莉教授撰述之〈教師專業倫理之實踐功能及其限制〉，以及郭諭陵教授撰述之〈教師權威——教師專業形象的一環〉等三篇，各篇內容對於建立教師專業倫理及形象等提出相關建議。

　　最後，在教師專業發展方面，計有由張弘勳教授與羅蒨華老師共同撰述之〈我國初任教師導入訓練之研究——以台南縣市幼托園所為例〉、吳武典教授、吳清山教授、高熏芳教授及甄曉蘭教授共同撰述之〈師資再造，課程重整——推動十二年國教之師資與課程問題探討〉、林偉人教授撰述之〈以行銷策略提升師資培育中心品牌形象〉，以及王錦雀教授撰述之〈教師專業成長新課題——因應全球化趨勢培養全球公民〉等四篇，各篇內容承接前述兩部分，就教師專業發展方面加以深入論述。

　　中華民國師範教育學會自成立以來，對於師資培育相關議題均極為關注，並藉由每一年度所出版之學術論文集及定期發行之「師資培育專業通訊」，傳達對師資培育政策之建言。感謝各界人士對本會之支持與鼓勵，更期望大家為提升教育品質而共同努力。

理事長　張明輝

2008 年 11 月

目錄

Contents

CHAPTER 01

師道豈能止於民主——
再論教育需要批判性思考

溫明麗

國立台灣師範大學退休教授

摘　要

　　本文主要從批判性思考的角度,論述民主與師道的關係,主要的論述點是,處於民主時代,師道不能止於民主,即不能隨民主起舞。為論述此觀點,本文首先釐清民主的本質與特色,進而闡述民主理念下師道之理論與實踐的辯證,最後,提出台灣社會中師道興廢之應興應革之建議。質言之,教育仍須回歸化育道德人的本質,並提升師生思、覺、行、盼的批判性思考能力,俾在變遷迅速的數位時代,透過對話、論辯的民主精神,維護良師之兼顧理性、關懷與意志之教化道德人的專業人格。

關鍵字:民主、批判性思考、師道

溫馨花徑映仙泉，明志傳薪潤桃源，麗水如琴揮寶斝，導思育賢亦陶然。

　　　　　～與為人師者共勉，共同達成教育的「心」境界。

壹、前言

　　民主至少應該包含個人與群體兩個層面。就此而言，民主具有倫理的特質：個人層面涵蓋人身自由，社群層面則包括政治參與及社會福利，乃至於文化的慣習（habitus）等。無論個人或社會層面均賴教育來完成。若談論教育，則首要之務在於師道，所謂「師嚴，然後道尊，道尊，然後民知敬學」（《禮記・學記》），是以師道存廢可視為社會道德興衰之指標，又云：「良師興國」。北京師範大學的校訓更直接提及「行為人師，學為世範」之倫理信條。絕大部分教育的著作、教育研究或工作者都相信，教育之成敗繫乎師資之素質良窳。很可惜的是，台灣的教育決策者及社會大眾對教師專業不是很具信心，更不尊重[1]。此到底是人心不古所致？抑或師者需要自省，並面對、解決與提升專業素養來捍衛著？值得師者和社會深思，尤其是主導國家教育決策的單位——教育部。

　　教育內涵應包含理性和情性兩大面向：理性面指績效、倫理和社會正義；情性面則指人文、關懷和審美性。本文扣緊教育的理性和情性面的內容，從民主所涵蓋的個人與社群層面，思考一個本應嚴肅面對卻被忽視的課題：師道與民主的關係。析言之，民主的結果能否彰顯師道之崇高？民主是否有助於師道的振興？民主能否確保與維護師道尊嚴？反之亦然。欲處理這些問題，需先釐清民主與師道的本質後，再從社會實踐層面，透過現象詮釋學追索後設認知或價值的癥結，進而對現存的社會現象進行批判，最後，針對民主與師道的理想與實踐，提出應興應革之道。

---

1 台灣教育決策者不尊重教師的案例比比皆是，就以教師體罰學生而對簿公堂的事件頻傳即可見之（林孟皇，2004）。

　　二十世紀後期，全球如火如荼地展開教育改革，師道也成為關注的要點，但並非對師道之蕩然無存提出提升之道，卻針對教師專業之不足多所撻伐，教師不但不是教育的改革者，反而成為教育被改革的對象。筆者推論其中重要的原因有二：第一，隨著科技迅速發展，引發社會與文化的價值危機，故追求績效的價值觀凌駕在追求精神與文化價值之上。知識經濟的喧囂塵上即為其中一例[2]；第二，師道之不存矣，久也，且已到了不可不面對、且影響教育品質的臨界點，因此，教育決策者與社會大眾認為，教育成效不彰的問題癥結就是教師專業不足，但卻忽略教師士氣之所以低落，乃因為無法陶醉於「得天下英才而育之」的愉快境界，遂無心奉獻於教育的現實；甚至使教師不但無法視教育為其職志，而且若干變得愈來愈自私自利，甚至成為不適任教師。簡言之，師道尊嚴已浮現嚴重受損或幾近蕩然無存之危機。

　　石中英（2001）指出，文化知識總在科學知識之後發展，從人類的歷史軌跡中找出社會發展的特性，就此而言，自十九世紀以降，自然科學、資訊科技的迅速崛起迄今已有相當成果，人類理應開始重視文化知識。但是事實並非完全如此。由於人類的物質慾望毫無止境，導致本該發展文化知識的時機也因此而煙消雲散。師道之受藐視也與資本主義物慾氾濫、自我中心主義，以及追求浮面的速食表象文化有關。故若欲重振師道尊嚴，雖必須顧及物質和經濟層面的績效，卻不能不同時開展個體的主體性和社群的倫理性，否則師道之振興將如海市蜃樓，是不可能的任務。何以如此？

　　因為面對資訊科技持續急速發展，資本主義浪潮益形「猖獗」之際，師道的定位與提升也面臨下列兩難：教育該走追求績效和卓越的「快速道」（fast track）？抑或返回傳統之「百年樹人」的主幹道（main-traveled track）？此兩難與民主隱含自由本色或經濟利益的兩難有異曲同工之處。

　　自由與經濟利益是民主社會期望同時兼而有之的幸福生活圖像，惟兩者各具利弊，遂產生魚與熊掌難以取捨之虞。但是顯而易見的，自 1983 年美國發表《國家在危機中》（*A National at Risk*）報告書後，師資培育就一直成為「被

---

2 知識經濟其實就是知識的資本主義，易言之，即以知識取代金錢，成為社會價值追索的對象和目標。台灣前領導人所涉嫌的洗錢醜聞是最令人心痛和讓教育界汗顏的一案。

改革」的對象（Altbach, Kelly, & Weis, Eds., 1985），尤其要求教師提升專業素養的聲音不絕於耳（Petrie, 1985: 248）。師道歷經長達三十年科學理性的摧殘和壓抑之後，若再對社會價值觀的扭曲與偏頗沉默以對或不知不覺，則師道之偏廢近在眼前，教育素質之低落也將是必然的結果。問題是：教師要維護何種師道？教師本身是否意識到師道尊嚴的重要性？教師對於師道之維護是否在教學與自我的修為上盡了一己之力？

　　若民主是時代的必經之途，也是不容回頭的現實，則因為學校本身就是個小型的社會，因此師道之維護和提升與民主之道有密不可分的關聯性。以下先探討民主的本質與特色，進而闡述民主理念下師道之理論與實踐的辯證；最後，提出台灣社會中師道興廢之應興應革的建議。

貳、民主的本質與發展特色

　　民主的本質為何？Rousseau 依照政府人數的多寡及權力的運作方式，區分出三種主要的政治體制，即寡頭政治、君主或世襲的獨裁政治，以及民主政治（Rousseau, 1973: 65-74）[3]。此三種政治型態與古希臘的民主類型並無太大區別，應思考的是，參與人數的多寡是否就代表人民的自由意志更能伸張，社會也更富有正義？簡單的答案是否定的。因為此一方面須視民主如何被定義；另一方面則涉及了民主的本質。若民主只是單純地以民為主，且所有人民皆擁有相同的權利，則民主充其量只是數人頭的活動。然而，若民主涉及個人的自由意志及社會的正義，則民主的概念就相當複雜，它涉及人的自由意志來自何處？自由能否代表主體意志的可「隨心所欲」卻又「不逾矩」？社會正義的規

3　Rousseau 提及：「當大部分的公民都擔負公職之責時，猶如人人皆是地方公僕般（magistrate），則該社會制度就是民主體制；若僅有少數人擔負國家公共事務時，則屬於寡頭政治（aristocracy）；若僅有一人主宰國家時，則該政府體制就是獨裁政治（monarchy）。獨裁的君主政體是最危險的，若選出的寡頭管理者是社會菁英，且具有德行，則是最佳的政治體系」（Rousseau, 1973: 63）。筆者同意 Rousseau 所言，沒有任何國家只有單一的體系，但筆者認為，只要擁有權力的管理者是君子，是以民為貴的仁者、聖者，則無論何種體制都是國家之福，且在此前提下，一個國家的體制邁向民主的可能性也最高。

準何在？社會正義的規準具普遍性乎？簡言之，民主原屬於平民或全民的產物，也為維護全民的利益而存在，因此，一旦此等本質轉變成貴族操弄權術的場域，或分贓權力與利益的競技場，則民主的本質就已經變色。

　　再者，民主是否如其體制所預設的一般，具有普遍性和一致性？民主的普遍性能否代表普遍的民意？抑或只是少數人偷天換日的假象共識？這都是生活於民主社會的公民應該具備的敏感度、認知性和反省性。質言之，民主社會的公民素養，必須能察覺自由意識是否被宰制？社會規範是否只是少數人假民主之名而行的獨裁決定？故學校教育應該培養具有批判性思考的公民，也應該激發社會公民以社會的有機知識分子而自許；如此，教育與民主才能攜手，讓個人和社群在追求績效之際，也能更具人文性、倫理性和審美性。

　　除非我們能證實民主存在一個像 Immanuel Kant（1724-1804）（1990）所言之「先驗的形上學基礎」，否則涉及民主相關的理念、制度、法令與策略均非周全完善，民主體制下的價值、制度和法令，也無法確保不會成為「有心人」達成其個人目的的手段，甚至是捍衛個人或小集團利益之「護身符」。因為，一旦人為因素介入社群組織，且當瀰漫自私自利、物慾橫流、易受誘惑等引發人性泯滅的劣質因素發生作用時，則在無法確保人性仍舊純潔無瑕時（Hume, 1993），人便可能惡化為加速破壞聖潔人性與健全體制的「蝴蝶效應」，此時人類的社會或制度也將距離民主的原意和本質愈來愈遠。

　　目前台灣社會「貪婪無恥」之「高官病態」現象已經明顯地彰顯人文價值的危機。教育活動屬於社群的活動，教育的場域屬於小型的社會，教育活動的體制以及教育活動中人與人的關係，如師生關係、教師與行政人員的關係、教師與家長、學校與社區的關係等，均應如民主體制般展現科層體制的管理和法治制度，以求組織產品品質的提升與績效的達成。一個國家的競爭力和永續發展因素很多，但至少應該依循某種科層體制和法治的運作模式而行，方能維繫穩定的發展。只是，當政府汲汲營營於透過科層體制達成科學工具理性的績效，學校卻除了科層體制外，還需要保有人性、情感以及意志的面向，所以教育活動在科層體制的籠罩下，必須敏感於意識型態的宰制，則其為培養身心健全的國民，以及維護個人與社群生存和發展的目的，才不會被扭曲成只講求外

在排名、爭取短程目標、急功近利，卻不問歷程和手段之工具理性化的奴隸，最後更將教育是人的活動、是生命的交流、主體的圓熟，以及社會文化延續發展等終極關懷拋諸腦後，則教育以人文、以德行為核心之本質，將成為霸權與意識型態宰制的口號或美麗外表。

若讀者不認同上述道德效益論或結果說的推斷，也可以從 J. Rawls（1921-2002）的社群主義觀點，檢視民主社會應有的本質。Rawls（1971）提出「正義即公道」之主張，認同社會差異原則，並鼓吹政府可以有條件的強制介入社會或政治制度的建立或運作，試圖為效益論解套。Rawls 基於人性本善的主張，預設政府是正義的捍衛者，但是，筆者相信，只要人的德行不提升，Rawls 的苦心和理想亦將夢碎；畢竟，其「無知之幕」和差異原則仍無法完全免除上述，由個人自我中心或社會霸權所主導的「假性民主」之獨斷遊戲的弊端——即表面上的民主（假性民主）並不等於維護每個人的真自由與真平等，更無法破除現行社會呈顯的「假民主之名，行獨斷自利之實」的民粹或多數決、票票等值的選舉式民主。Rawls 指出：

> 每個人無論地位、職位或利益的高低，都擁有參與社會和追求最大自我自由的相同權利，但是在此過程中，為獲得個人利益而使社會產生不平等也是可能的，因此國家需要在經濟和社會制度上，盡可能讓每個人獲得合理的利益，並確保任何人追求社會地位和職務的機會都是公平而開放的，沒有任何不當的設限……除非國家為了維護此等機會公平原則，所採取的各種抹平不當差異之差異原則與手段。（1971: 60, 75-79）

上述觀點是 Rawls（1971: 83-90）宣稱的「程式正義」。然而，縱令政府可以制訂切蛋糕者會是最後一位拿取蛋糕者的遊戲規則，此遊戲規則的確有助於減少「特權」，卻仍然無法確保機會的正義和結果的公平，因為先拿蛋糕的人可能因為智商不足，或對蛋糕的知識不足，以致於並未做出正確或對自己最有利的選擇；另一方面，Rawls 並未處理「人心不足蛇吞象」的問題。大家口耳相傳的一句俗話「上有政策，下有對策」，此即說明，不管使用何種遊戲規則，制訂何種規範，只要存心不去遵守，必會想盡辦法找出應對之策，甚至

到頭來還會使得那些遵守遊戲規則者，成了受到最不公平待遇的一群。

國家政策如此，社會規範如此，學校的制度與運作亦如此，民主本質之所以變質，師道之所以久不存也，亦與人類德行的隳壞息息相關。易言之，Rawls的理論一則未能解除人類生而不平等的事實，再則也未能處理人在成長過程中點滴累積的各種不平等。總括言之，Rawls理論所遭遇的困境，也是資本主義追求物質至上以及個人中心的民主困境。

科學理性打著啟蒙人類理性的旗幟，開展其人定勝天及人為萬物尺度之豪氣，試圖掙脫神的「魔掌」；然而，科學理性卻藉著其提供人類生活便捷之際，誘惑並麻醉人類的良知，限制人類理性的永續發展，讓人類的理性在不知不覺中，誤以為科學理性是普遍完美的理性，並認定科學理性及其衍生的價值、制度與法令等，均是人類追求幸福獨一無二的法門，更是不容質疑與批判的「無上命令」。人類對科學理性有此迷思後，明顯地停留於科學理性之黑洞中卻不自知，導致科學理性可以披著重視個人理性啟蒙之名，卻行神權理性之「法力」。同理，民主若只是科學理性的產物，則民主及其相關措施無疑的就是一種獨斷和脅迫，其所欠缺的也就是關懷他者，以及以人為主的高雅人文性與人類崇高的精神文明。

若進一步深究民主要件中的「自由」和「平等」，我們也同樣可以發覺，人類無法確保自由和平等，能如 Kant 先驗形上學原理般的具普遍性、適切性和周全性。此再度說明，民主及其自由和平等的內涵不是普遍的、亙古不變的法則，故應隨著人、事、時、地、物之變動而更迭。換言之，自由與平等的定義和內涵不是固定不變，而應對之抱持不可確定性、多元性、變動性與發展性的態度。自由與平等的概念如此，民主的概念亦如是。質言之，民主不變的法則是自由與平等，但是自由與平等的內涵和意義則會與時更迭。師道的本質亦然，師者，有其傳統、法理或個人專業或特質展現的魅力和權威，但無論何種權威均不會一成不變，只是師道包含的自重而後人重、自尊而後人尊的本質是不變的。這也就是批判性思考所稱之「自主性」（autonomy）。基於此自主性，人方不至於輕易地淪為受人擺弄的傀儡。因為，擁有擺弄自由與平等者便擁有聲討權益的權力（power）；相對的，不知或無力捍衛自由與平等者，將

成為被自由與平等操弄之人。簡言之，人類就是因為無法確保民主具有普遍的善知識和德行的實踐力，故讓民主有機會成為被人操弄的工具，導致民主的本質被扭曲，乃至成為獨斷理性的怪獸。自由、平等的理念如此，民主的運作如此，師道之本質與內涵亦如此。

人性之為善，乃因其建立在德行的假設上，德行也是民主賴以滋長的根本沃土。若將民主比喻為日益茁壯的樹，則德行將是其生長不可或缺的養料。民主的知識就是對德行和道德的認識（知德也），而道德乃處理個人與社群之間關係的法則。簡言之，民主不再只是制度、法治和系統的問題，也不再只是理念的問題，更應該是判斷是非善惡、公益與否的價值判斷問題。此所謂「價值」，指人對事物等所抱持的較為一貫性、持久性的態度或看法。民主也可視為一種價值判斷。

Socrates（469 B.C.-399 B.C.）並不贊同多數決、舉手式的形式民主政治（蘇文流，1995），Ernest Barker（1874-1960）（1970）更直接指出：Socrates是民主政治的敵人。質言之，Socrates未曾定位人性是否為善，但至少確定人是可教的，人之所以需要教育，乃因為大多數人欠缺分辨善知識的能力，所以，訴諸於大多數人表決同意的「形式」民主，無庸置疑地也是盲目的。自古希臘以降，政治一般由國家執行之，弔詭的是，國家雖由社群所組成，而社群又是個人的集合，但是一個制度或法治一旦經由國家的手，則將趨於統一，且逐漸向一元靠近，不再容許有論辯的空間。這就是民主所以被扭曲的關鍵。

Friedrich August von Hayek（1899-1992）（1955）以英國國會為例，強調法治下更應重視自由，否則操縱在國家機器手中的法治將成為「除了不能使女變男、男變女之外，無所不能」的霸權（引自何信全，1995：159）。雖然誠如Hayek（1960）所言，法必須符合普遍性、公告周知性及人人平等性，但是現代民主的方式大多以多數決的方式為之，若此，法治也將只是立法者之法，立法者之治罷了，更遑論立法者有意操弄法或法之程序時，則難免會為了私人之利而罔顧「法律之前人人平等」的法則，也對民主應以廣大民眾之自由意志為主的先決條件視而不見（Hayek, 1960）。同理，師道之所以偏廢，是否也存在師道尊嚴被扭曲或被汙衊之情事？教師若漠視學生的主體性，自以為是地

玩弄師者的權威，卻未能發揮教師之專業知能與倫理，則師道不存的責任，首需由教師的自省做起，才能使之恢復。

總之，民主預設人的理性，人也相信存在是人最根本的意義，而民主即因為社會的存在而具有意義，因此，民主的真諦在於透過自我理解、自我反省與自我實現，堅定自尊尊人、自助助人關懷奉獻的德行價值觀。如前所述，民主的本質至少涵蓋法治與自由兩個概念，故一旦法治流於專斷，則自由勢必淪陷；另一方面，民主若只有自我，則民主的本質已經流失，縱令民主法治與制度仍然存在，也都只是形式罷了，師道存廢之理亦同。質言之，師道尊嚴不應流於形式，而應回歸師道尊嚴的本質，即師者，基本上是傳道、授業和解惑，但為人師者，更應以人師和良師自我期許，如此，師道之振興方為可能，也方具實質意義。捷克政經學家 J. A. Schumpeter （1883-1950）於 1950 年出版的《資本主義、社會主義及民主》（*Capitalism, Socialism and Democracy*）一書之理念，亦有助於讓今日徘徊在民主十字路口的台灣社會，掌握民主的真諦[4]。

參、民主理念下的師道：應然與實然的辯證

浪漫自由主義教育家 J. J. Rousseau（1712-1778）於 1762 年出版的《社會契約論》（*The Social Contract*）是探討民主與教育關係可行的切入點，但本文限於文長，僅能更直接地從教育的本質去論述當今民主與師道之關係。

何以需要師道？師道是為人師者的自我規範？抑或是其他人對於教師的肯認？接受民主洗禮的公民或學生，對於民主是否具有一定程度的共識？抑或已經扭曲民主的本質？師道有助於民主的正向發展？抑或民主「追殺」師道的

---

4 經濟學大師 J. Schumpeter 在 1934 年的《經濟發展理論》中即提出「創新」一詞，並認為「創新才是資本主義發展的原動力」（Wikipedia, 2008）。易言之，他認為只要條件適切，則社會主義、資本主義和民主均可以共存。創新即是一種使知識提升和技術進步的方法，也是基於創新，讓社會會主義、資本主義乃至於民主均可以因為進步而繼續存在。就此而言，批判性思考亦是轉化不適切理論或不適切民主內涵繼續維繫下去的方法。由此可以理解，Schumpeter 何以將民主定義為「菁英主義」的民主。其中「創新」和批判性思考的重建能力一樣，具有三種可能：深化和明確化既有的部分；修正既存者；完全更新既有者而提出新的理念、產品等。

「傳統權威」？誰會是新新人類心中至高無上的權威？有誰是他們以生命極力捍衛的對象？上述問題大至國家社會，小至學校的師生關係，均與民主意識的發展有關，核心問題在於教師和學生是否對於民主的概念具有共識？因為若未能具共識，則民主理念下的師道將會各行其道、各自表述，也將引發師道不存的危機和感嘆。

就學校言之，若搖撼民主的大旗，標榜以自我為中心、高喊自我自由，卻無視於他人的存在，也未意識到權力與責任是一體的兩面，卻只知一味地捍衛自己的權力，更從未反省過：自己的責任何在？自己是否已經盡了應盡的責任？則民主不但未能因為社會規範的建立，強化師道的尊嚴；反之，更因為對民主本質的扭曲或偏頗，師道之崇高性更隨之而泡沫化。無論政府或人民均應好好反思此等現象，但是最應該嚴肅反省此等現象的是教育本身，尤其身為人師者。舉例言之，教師組成教師會，為教師的權力請命的時候，曾幾何時反躬自省過自己是否已經善盡人師之責？

悲哉！這是個病態的社會：學生為自己的自由權吶喊；家長為爭取學生的受教權和家長的教育參與權聲嘶力竭；教師為了維護自己的福利與工作權，義無反顧地走上街頭。試問：這難道是捍衛師道尊嚴的良方乎？這種種現象主要的癥結在於社會倫理已經流失，遂視「人人為己、心中無他者」為唯一的生命價值。師道原以倫理為支架，現在倫理的支架倒塌了，師道豈能倖存？欲振興搖搖欲墜的師道，若教師自己不去面對教育中「缺德」的價值觀，則又豈能期望社會對師者能打從內心燃起敬意？一言以蔽之，為師者若欲振興師道，首需自我反省、自我覺知和自我重建，並致力於發揮社會知識份子引領社會進步與改革的功能。此自我反省、自我覺知和自我重建即批判性思考者自主性自律的體現。

筆者相信，批判性思考的能力人皆有之，只是程度有所不同，能用以處理的生活世界有所不同。就個人層面言之，個人藉由受教育，加速社會流動，逐漸向上層社會邁進，此本無可厚非，也是人存在的意義之一。但是，人若只是單面向的活著，則面對的問題有二：第一，若每個人均目光如豆，只追求自我的成長，卻無視於社會的發展，則怎能期待個人的成長永不褪色？其次，每個

人藉著教育促進社會流動的機會是否合乎社會正義，其向上流動的歷程是否均透明而公平？又向上流動的結果是否都可被接受？迄今為止，上述的答案大多是否定的。然而，個人若脫離社會，則無法彰顯個人的成就；社會若沒有個人，也是沒有內涵的骨架。故本文並非單純地質疑社會流動之機會、歷程或結果是否必然邁向平等，而是關注在民主與法治的遊戲規則下，師者如何盡一己之力，確保學生學習機會的平等？師者又如何抗拒社會的物質誘惑？心懷關愛地傾聽學生和社會內在心靈的真誠呼喚？又如何能在爭取自身權力的同時，也力爭學生的權益？

　　批判性思考的最終目的在於，讓人的生活更合理性地兼顧個人自主以及社群和諧兩個向度，為人師者，必須意識到要在此兩個向度中適切地掌握分際，是不容推卸的師道倫理。如此，一則可確保民主之遊戲規則的合理性與績效性，再則能更圓熟地運用理性，以身作則，並帶動學生的理性思維，使其逐漸脫離個人中心主義的框限，更免於被有意識的矇騙而使理性和價值觀扭曲變形。若師者能以此自持，相信師道之振興指日可待。因此，無論教師或學生均須確定自己的所思、所覺、所行、所盼[5]，並透過不斷地質疑、反省、解放與重建，不斷形塑真實的自我（authenticity）。質言之，師者自尊自愛最簡單的判準就是時時檢視自己的良心和意志，也時時檢視自我意識是否均能依循理性、良知和德行而行。

　　G. W. F. Hegel（1770-1831）曾任德國柏林洪堡德大學（Humboldt-Universität zu Berlin, HU Berlin）和高中校長，也曾是中學和大學的教師，可說是教育第一線的工作者，但是台灣教育界卻很少談論其教育思想，甚至有鑽研「西洋教育史」的學者認為 Hegel 是哲學家，而非教育家。此等觀點即說明台灣教育界的如豆目光與固執的偏見，卻極少不斷質疑、反省和解放自我的價值觀。師者如此，要教導學生具有開闊的心胸，且具有不斷自我反省的素養，將是教育更為艱鉅的任務。總之，若教師未具有多元文化的理念，將無法激發出學生

5　此所謂之「思」指科學理性的計算式思維；「覺」指自我意識、自我察覺；「行」就是將所思所覺付諸行動；「盼」即為對未來抱有期望、有願景，故能掌握方向，努力以赴。

尊重與包容的民主素養。

　　道德是學校教育的核心,故學校的教育活動應該是德的活動。於此我們應該反思:從事教育的教師是否為欠缺道德能力的人?接受教育的學生是否也如駑馬般難以馴服?若此,學校教育將淪為鬥獸場,教師成為馴獸師,學生成為脫韁的野馬,則民主理念中的善知識也將不存在;同理,民主中的法治也將成為唯一的內涵,而擁有權力的教師便被視為執法者,乃至於獨斷或代表寡頭政治的立法者。無庸置疑地,教師在此情境下,將只是政客,而不是擁有德行、涵泳德行、化育人文,引領所有人追求善生活(good life)的先知先覺者。

　　那麼,台灣需要什麼樣的教師?需要什麼樣的教育活動?教育目的和本質又合何在?筆者認為,台灣不能有窮人,更需要有能人;不能再缺德,而需要力行倫理;不能只抱怨,卻需要提出解決問題的策略;也不能只知背誦,而需要培養兼顧理性與關愛的智慧。這是台灣教育的方向,也是師道的應然面願景。然而台灣社會對師道尊嚴所持的態度和做法,事實上與應然面背道而行。例如,不僅政府要剝奪、家長要分權,甚至連學生都想要掙脫捍衛師道之責;此不禁令人感嘆:師者難為、師道不存矣。目前台灣已經視教師為教育改革首批需要被改革的對象,社會亂象、學生中輟、學習成效不彰、少數師者行為不檢等,均是加速教師成為眾矢之的關鍵。此由 2008 年 5 月 25 日民意代表以轎車擋住校車通行之事件,亦可見一斑[6]。若社會和家長如此踐踏教師的尊嚴,還自以為民主時代民意最大,則我們又如何期望學生均能不受此負面影響又能與之抗衡?由此可推,民主所呼籲的相互尊重、尊重專業等已經淪為口號,甚至成為假民主之名,逞一己之私的護身符。台灣社會對民主的扭曲與被誤用又見一樁,教師又豈能不積極自強,一洗污名,期重建師道尊嚴。由此可見,民主和師道的維護均需要有批判的理性和自律及關懷的德行。

---

6 台中某位陳姓民意代表居然為了自己的方便和在情緒上感受到不被尊重,乃將其座車擋住接送學生的校車,也不論當天學生正趕往考場,直到教師和校長卑躬屈膝頻頻向其致歉後,方在群眾壓力下移開一條路讓校車通過(TVBS,2008)。此雖不是師之過,但社會對師道已經顯得麻木不仁,師者除了處理和面對之外,更需要自省師道之所以不存的癥結,以及師者本身行為、價值觀和專業倫理的應興應革。

Habermas（1996: 109）強調，「道德的權威（authority）跨越公領域和私領域的範圍」，此指道德原則的訴求乃互為主體的普遍性，故需要個人和社群透過不斷對話和論述，並建立對共同規範的共識。道德如此民主的理念亦然，師道的尊嚴亦是如此。易言之，民主之所以能夠透過多數決的歷程來進行，乃預設了民主的原則「應該」奠基於人類的道德判斷（Habermas, 1996: 110）。因此，當民主社會中的決定者欠缺道德判斷能力，或只會考量個人的利益或權力時，則民主勢必呈現理想和現實的落差。為化解此危機，民主社會並不敢奢望自我的道德規範發揮作用，卻冀望於訴諸立法者能德化法的內涵（moralization of law）（Habermas, 1996: 206），俾做為生活世界和日常行為的依歸。簡言之，民主社會預設法治具道德意涵，且主張法的精神應展現於化解道德衝突和捍衛自我生活兩方面（Habermas, 1996: 319）；再者，民主社會中所謂的「社會合理性」（social rationality），也因此二分為提升問題解決績效的社會再製，以及建立美好生活共通性規準的倫理或道德（Habermas, 1996: 319）。前者無法捍衛師道，後者才是師道維護的營地。

就上述民主的績效與道德特質言之，師道不再只是社會道德價值觀的展現，更是法對師道的定位，且此兩者均建立在績效的工具理性之上。法之所以需要立於自由的基礎之上，不是為保障個人的實質自由，而欲透過法的規範，確保個人免於不當的干預，是一種消極的自由。因此，就法的本質或精神言之，自由是民主的先決要件，弔詭的是，法治卻又從規範自由而使民主得以在社會運行。法治與自由在民主理念中應是一體的兩面，而不是分立的兩個概念，此也是民主社會的特色。析言之，無論個人或社會的自由均為有限的權力，且均需要法治的規範；相對的，法治既不是個人自由意志的貫徹，也不應只是多數人的「志同」，還需要訴諸於個人德行的提升，否則民主將可能淪為上述之另類獨斷[7]，或假民主之名的獨裁威權。總之，道德才是民主生活的真正目的，制度或法規只是民主的手段（郭大為，2003：67）。若此，則師道與民主不但不會衝突，或相互牽絆，更是能相輔相成，攜手帶動與提升社會的倫

---

7 此所謂「另類獨斷」，乃相對於古希臘之寡頭的菁英政治或一人決定之獨裁式的哲學王政治。析言之，雖然不是少數，更不是一人，但卻是具備寡頭或獨裁的結果。

理發展與人文素質。

　　「公民（市民）社會」（civil society）不同於資本主義的社會：資本主義主要藉由需求系統，建立勞動力、商品和市場機制，以形成社群生活的需求制度（system of need）；市民社會則著重於非政府組織、非經濟且自願性社群生活的結合（Habermas, 1996: 366）。大抵言之，學校或師道儼如市民社會，然而依照 Habermas（1996）所定義之「公民社會」，則學校既非經濟的結合，卻未必完全屬於非政府的組織，也未必是自願性的結合，故在學校社群中，若企圖完全透過「法」來規範學校組織成員的行為，不僅不可能、不適切，也不必要，此也是何以師道不能僅止於民主規範的重要原因。再者，公民社會中的公私領域能否像切西瓜一樣，清楚地一分為二？如果不能，那麼公民教育或學校的道德教育，就猶如經濟與文化、知識與德行、自主（德行的價值判斷）與權威（法令規章）之間的關係一樣，不是一個普遍不變的定數，而是一種動態開放體系中理念與行動的拉距，以及應然與實然的折衝與謀合。此理論與實踐，應然與實然的辯證過程，並非由任何一個人的意志可以一手遮天，而需要參與者不斷進行對話和論辯，逐漸彼此了解、尊重與認同，最後形成對規範之價值判斷的共識。

　　如上所述，學校雖然不是個單純的公民（市民）社會，卻是理性論辯、對話與相互尊重、彼此關懷，甚至凝聚共識的最佳場所（Cameron, Quinn, & De-Graff, 2006: 78）。師生共同生活在校園社群中，且為學校社會的「公民」，教師分別扮演教學者、學習者、輔導者、諮詢者、參與者、行動者與督導者等不同角色，而且每個角色不僅彰顯不同面向的師生關係，也詮釋了不同的「師道」，但是共通性的角色必須透過自我省思和真誠對話，才是真正的理解和尊重（Healy, 2005: 119）。

　　質言之，師道不能僅由教師單獨或個人來認定，也不能只賴法規制度來規範，應由學校成員不斷的對話和論述形成具倫理性與人文性的共識。析言之，由於學校中的每個人都是社會的一分子，因此，師道需要社會成員凝聚共識，確認師道的定位、範圍、精神和內涵。相較於中國傳統社會的師道，民主時代之公民社會的師道權威不是天成，也不是文化的認定，而是奠基於法的規範；

所以，師道的存廢不應只是單方面的「哀嘆」，也不是片面或單方面的認定。總之，師道既是歷史的推演，也是人在時空與文化抉擇的總其成，更是融合經濟、政治、道德與美感的集合體。

R. Wollheim（1923-2003）反思「民主機制」，並指出民主的矛盾也提出化解之方，適於用來思考民主社會下師道尊嚴與學生自主的矛盾問題。他說：

> 一個不相信民主的人仍然可能有傾向接受民主機器的選擇。例如：他之所以願意順從民主，是因為他認為只有透過這樣的手段才能達成奪權的目的；一旦奪權成功，他很可能就會終止民主程序。……真正民主的信徒之所以傾向於接受民主機器陸續產生的選擇，是因為他相信，不管民主機器選擇了什麼，他的選擇均應該通過立法。（Wollheim，引自戴華，1995：231）

由上可知，無論善用或濫用民主，只要把民主當作達成目的的手段，則不是產生群眾對偶像的崇拜，就是沉迷於民主法治的萬能丹效應中難以自拔。舉例言之，民主的選舉說穿了就是不斷醞釀「造神運動」的把戲，想方設法地讓民眾對候選人心存崇拜，甚至敬畏；另一方面，則透過刻意或無意識地扭曲意識型態，企圖主宰選民的意志，麻醉選民對是非善惡的判斷力（說它是愚民，也不為過），以達成利己的目標。由此可以清楚的看到民主的問題，那就是當民主淪為票票等值的形式，則民主也就是一種騙票的競技遊戲。相對地，師生之間的關係既不應該是造神運動，也不應該成為意識型態的宰制，因為，造神運動下的師道就是一種霸權式的師道，也是灌輸式的教學本質；後者則不容許、也不相信學生的自律能力，更刻意剝奪學生的自主性。

教育是人文的活動，雖然必須講求績效，但更需要強化倫理性與審美性。簡單的說，教育應以德行為核心，共同為兼顧個人自主和社群和諧的美好生活而努力。一言以蔽之，師道絕不應依循民主實然面的造神軌跡，以免成為民主的奴隸。俗云：「誤人子弟，天誅地滅。」試問：今日的教師們是否有勇氣對此句話做出承諾？另一方面，筆者也不同意社會、學生或家長以這樣的一句話來督促教師，因為此等做法也等於不尊重教師的專業自主權，但是，教師若有

勇氣以該句話自我惕勵，則師道尊嚴將更可能因為教師的自律倫理而加速建立起來。那麼，除了嚴守自我惕勵外，教師還可以如何來維護師道的尊嚴？Noddings（2002: 97; 朱美珍等譯，2008：157）從學校道德教育無法符應學生未來工作與家庭經營等實質需求，反省並歸納出學校道德教育所以不彰，主要因為學生和教師均不認為學校教育應該是道德教育。此更深層的意義是，乃因為師生並未建立適切的價值觀。

　　道德教育不應只是「求智」（intellectualism）或「反智」（anti-intellectualism）的問題，同理，師道也不應化約為教學專業知能或教學績效的問題。「師道」一詞的「師」與「道」均具有深遠的道德意涵。現代道德理論有追求個人幸福（Hedonism）和最大多數人幸福（Utilitarianism）的結果論；有強調理性意志自主自律，並建立至高無上之「無上命令」（categorical imperative）的義務論道德；另有尼采（F. W. Nietzsche, 1844-1900）宣稱「上帝已死」，強調「權力意志」（will to power）之人性內在價值的「超人」（superman）道德論。筆者認為，無論師者之德的內涵為何，只要學生不同，教學的方法和目的就可能不同，同時，與其相對應的為師之道和師生關係也可能不同。舉例言之，為了訓練技術熟練的教學目的，絕不同於啟發學生主體意識之自我規範的教學目的：前者雖然需要分析、需要示範，但更需要學生不斷的練習，卻不再強調學生理性的啟蒙，故此時的師生關係容易被展現出來的績效所左右，學生技能愈能純熟，則績效愈好，教師的教學也愈能受到學生的肯定，因為學生學得愈好，也愈能感受自我實現的滿意度，故為師之道的主要精神便以「授業」和「解惑」為法度；相對的，若教學的目的在於激發學生的自主性和思考能力，則教學將重視歷程甚於結果，也將著重透過對話和論辯，強調培養學生的自主能力和判斷力，因此為師之道猶如「扣鐘」，貴於適切回應學生的需求，並能「循循善誘」，至於師生關係的建立，主要透過教學歷程中「亦師亦友」的情感交流與智慧的精進有以致之，故師道展現於「傳道」的深度和廣度。總之，無論師者是傳道、授業或解惑，為師之道不是一成不變，建立與延續師生關係的沃土亦會因為教學情境和目標而有所不同，但相同的是，教師必須正視學生的需求，也有義務了解學生的學習動機、學習需求、學習風格等。

綜上所述，我們可以說，優質教師應該具備下列三個基本條件：(1)熟悉教材和教學方法；(2)了解學生；(3)對教學感興趣，且樂於教學。

繼之，我們要思考的課題是：知識是否可教，德是否可教，行為是否可改變，人性是否可重塑？誰又應該肩負教育成敗的主要責任？李西建從人類文化與文明之遞嬗，分析人性的四種變形與更新。此四種嬗變如下：(1)需要系統的更新：強調追尋趣味、崇尚快樂、解放感性的改變；(2)心靈需求的改變：豐富情感世界、擴展心靈空間、強化個體體驗的層面；(3)生存模式的轉換：了解生存價值從倫理本位到多元取向、生存意識從群體共律到個體主導、生存方式從盲目被動到自覺主動的歷程與可能性；(4)生命意義的再造：崇尚閒暇與享受人生、渴望充實與創造人生、追求超越與自由人生（李西建，1998：38-199）。

教育活動的主體是教師和學生，而師生的生命皆可以不斷提升，若能結合人性嬗變的不同面向，並相對應於各種道德理論及民主訴求，再綜合提出完善的文化價值體系，確立新審美觀的價值型態，則師道之精神與內涵亦將涵彰顯在融合道德與民主、人性與審美等生命面向的改變與提升中。析言之，此意指師道的維護必須將經濟與政治價值體系結合精神文化與人性形塑體系，亦應融合科學績效與人文精神的多元面向，俾創造生命意義與精神價值的「思覺行盼」人生觀。

「思」也者，指理性思維，即以合乎邏輯的方式去思考，思考目的與手段間的符應程度；「覺」也者，指意識的深化，即能考慮事情背後的原理原則，分析各種可能的成因和權勢之消長，更體悟到主體的意識自由與可能性；「行」也者，指行為和動作，即對所思考和規劃之事採取具體行動，強調知與行的合一；「盼」也者，指對所思與所行抱持樂觀態度，並對未來充滿希望，故能在行中中自我實現，又能因著自我實現而追求生命的不斷超越和邁向理想。簡言之，「思覺行盼」的人生觀是主體邁向菁英與高雅文化的價值觀。此所謂的菁英與高雅的文化，乃指具備人文與審美的文化氛圍，以及心靜理明的德行人生觀。

科技仍是在民主政治潮流下的強勢主帥，多元文化則為民主的符碼，象徵民主「多」與「包容」的精神表徵。在科技掛帥的現實壓抑下，菁英文化與高

雅文化遂逐漸被沖毀和污名化。同理,師道之不存與民主思想之邁向多元性普羅文化息息相關[8]。筆者無意批評普羅文化,但若宣稱只有多元的文化才是合理的,甚至是唯一普遍高雅的文化,則台灣目前發展出來的多元文化其實正呈顯出另類的霸權。就此言之,民主思想的風起雲湧,並無法確保師道的更具崇高性,甚至可能因為單面向地解讀民主的精神與內涵,遂使得師道尊嚴被棄如敝屣。一旦師道崩落,則勢必會對教師的自我認知產生負面影響,進而影響其教育品質。故無論政府、社會、教育或個人均不宜輕忽師道不存可能造成的國家競爭力低落,以及人民素質粗鄙的傷害。故重振師道尊嚴一方面有助於振興教育士氣,另一方面,更能加速重建社會的人文精神與德行價值。

綜上所述,民主理念若不結合德行,則現實與理想之間的落差必然增大,自主與自律勢必彼此對立。反之,以德行為基礎的民主,需要人人應以追求善知識為職志,以自我規範(自律)立足社會,以寬容與關懷他者做為相處之道。追求善知識是人之所以擁有自由的預設;自我規範是人類理性的彰顯;寬容與關懷他者則是人之社會生活的本質。能如此,則民主不被扭曲,也不會在利己與利人之間拉扯,更不會迷思於自由與法治的二分謬誤。雖然師道的內涵可能與民主所對應的社會不同,但至少不會脫離以德行為基礎的民主精神,此也是 Socrates 所強調的「不經檢證(反省)的生命是不值得活」之自我反省的批判態度。一言以蔽之,師道可以更迭,但卻不能脫離德行和自省。

在提出今日台灣師道之應興應革前,表 1-1 是基於本文對民主的詮釋所比較與綜合出來的新世紀師道形象。

人類的歷史隨著價值觀的改變不斷推演,卻可從中找出傳統與現代的辯證關係:對舊有的傳統有著依賴,卻又想粉碎它;既想推倒偶像,重建新的價值,卻相反地重新歌頌歷史上的偶像,也不斷地塑造英雄。也許人就是如此矛

---

8 此指社會從排斥普羅文化到放棄菁英文化,進而簇擁普羅文化,最後只認同普羅文化,此等文化變革的進程和方式,與師道之從傳統的「天地君親師」到「師以生為貴」,乃至於「心中只有學生,卻不見教師」,最後,突顯師「以生為貴」之「以民為主」的民主精神如出一轍。然而此等由霸權轉而分權,乃至於各自擁有生命和生活的主導權,實乃當前台灣師道興廢之縮影。

表 1-1　民主與師道比較表

比較向度	民主	師道
變動性	民主可被革命	師道不可被革命
範圍	1. 民主無法規範所有的人際關係。 2. 政治與社會的生活世界。 3. 以國家為鵠的，自由主體為核心，經濟生活為最後目的。	1. 有條件的人際關係：教者與學習者。 2. 個人生活的全面。 3. 以個人、社會與文化為使命，以人文、道德與審美為終極關懷。
工具	法治與選舉。	重視專業，術業有專攻，並透過以文會友，關懷的德行，牽動人的心理和心靈。
重點	1. 強調結果：不擇手段。 2. 強調自由選擇。 3. 建立一體適用的流程與體系。 4. 重視物質與經濟甚於心靈和美感生活面向。	1. 重視過程：同理的了解。 2. 強調自由意志。 3. 培養用自己的方式行動。 4. 看重心靈和感性甚於物質和經濟生活面向。
本質	民主是幸福生活的工具。	師道以優質教育為判準，也以優質教育彰顯其存在的價值。

資料來源：筆者自行編製

說明：「民主」，指以民為主的精神，強調多元包容與關懷和分享的能耐和心胸，包括民主制度、法治規範、運作方式；「師道」，則指教師的教學活動、師生關係、教師專業和教師倫理等的總和及彰顯於外的行為、態度和精神。

盾的動物，學生對教師也參雜著此等矛盾的宿命：既期盼從教師身上學到專業知能，卻又害怕面對學習和思想自由被局限的苦悶和無奈。教師亦然：既了悟教師最大的成就就是有能耐讓學生青出於藍而勝於藍，卻又矛盾地擔憂教師權威會隨著學生心智的成熟而逐漸消蝕。但是，上述想法不必然真確，更非為師者或學生應有的道德生活。誠如 Aristotle（384 B.C.-322 B.C.）所言：「人的善就是合於德行而生成……幸福就是合乎德行的現實活動，也需要藉著完滿的德行（實現幸福生活）」（引自郭大為，2003：3）。師道之舊有禮教在台灣的社會可能已經失落多時，雖不能說師道不存是民主惹的禍，但可以確定的

是,一方面,民主未能對師道之維護有太多的貢獻;另一方面,我們也不能天真地以為隨著民主的浪潮走,就企圖能恢復褪色的師道,或認定是維護師道的唯一途徑。那麼,我們又該如何找回失落的師道呢?

肆、二十一世紀師道的應興應革

隨著資訊科技之數位時代的來臨,師者不再是顯而易見的「人」,也不是指被限制於學校圍牆內之占有職位,並具有法定身分之職務執行者,而是隱藏在科技資訊化背後的「操弄者」,故「三人行,必有我師」也不再是對世人的警語;反之,人人皆可為人師才是數位時代的圖像。然而民主的現實,透過「票票等值、多數決定」之民主體制,反而會淺薄了師道的尊嚴。

雖然二分法的邏輯存在其謬誤,但是人類也因為其方法的便捷性,反而更常使用它。日常生活用的「是與否」,甚至 William Shakespeare(1564-1616)「To be or not to be」的名言,都是其中典型的例子。台灣政壇最近流行分「好人」與「壞人」,但是當我們細看資本主義社會的人類時,將不難發現「真實的人」(authenticity)至少可以扼要地分為「贏家」(winner)與「輸家」(loser)兩種:擁有權力和金錢者就是贏家,否則就是輸家。伴隨資本主義而走的社會就是民主社會,易言之,民主社會只有「贏家」與「輸家」兩種人,而且民主社會更強化資本主義對人類的二分法。這雖不必然是人類的宿命,但卻是資本主義民主社會的宿命。對民主有此認識,我們將更能釐清師道與民主間的分際與共通性。

無論是傳統的傳道、授業或解惑的師道觀,或現代民主社會的教師專業知能或專業倫理,均不是用「輸」、「贏」兩家的二分法所能涵蓋。反之,師道的彰顯必須破除資本主義輸贏二分人類的宿命,也需要彰顯民主高舉之自由與平等,以闡揚社會正義,並提升個人品格,進而帶動人類文化的德化。J. Habermas(1929-)在思考本世紀基因科技的倫理問題時,也曾呼籲:基因無法複製人的情感和心靈;再者,人既是社會的動物,故當人的心喪失時,留下的就將僅僅是冰冷的理性(Habermas, 2003: 62)。易言之,人不能純粹追求理智,更需要情感的滋潤;同理,師道是人形塑文化的大本營,故除了知性的展

露外，也需要呈現情感滋潤的成分。從理智層面言之，教育必須盡可能讓人有能力自我理解，並且意識到每個人都是自由的主體，也都可以自由地形塑自我，但在此自我理解和自我形塑的過程中，卻不能漠視已經存在的社會和歷史，這是人類對意志自由的期待，也是必須面對的社會化歷程和結果，更是個人對社群認同的體現（Habermas, 2003: 58-62, 65）。一言以蔽之，人類的未來之所以有希望，乃因為人類將過著有德性的生活（moralizing life），從自我理解，進而自我省思，最後活出歷史與社群中的自我。師道的維護和捍衛的意義也彰顯於對此等未來的負責和承擔。

如上所述，社會變遷愈大，愈向科技靠攏，人性中的關懷和理性層面也愈顯得冰冷和僵化，學校教育很可能成為科技時代碩果僅存的德化道場。析言之，教師必須讓學生自省其存在的意義和價值，也需要培養學生關懷、慈愛、尊重、自主自律、表達溝通、問題解決、受人歡迎等人際關係的能力。此外，若欲維繫此道德的情操或捍衛道德的教育本質，則教師扮演的角色將不再只是「武藝高強」的「匠」或「馴獸師」，而應是具博雅教育素養的謙謙君子，也應是關心學生全人格發展的人師，更應是能以身作則，明志傳薪以潤桃源，導思育賢而樂陶然的「良師」。

N. Noddings（1929-　）在 2002 年出版的《教育道德人──品格教育的關懷取向》（*Educating Moral People: A Caring Alternative to Character Education*）一書中強調：「品格教育的理論根基是德行倫理學，而且承認 Aristotle 是品格教育的先驅」（朱美珍等譯，2008：2；Noddings, 2002: 2）。只是她仍認為「關係」比德行更重要，尤其指出社群生活對品格教育的重要性。故就 Noddings 的觀點言之，若學校是社群生活重要的一環，則師道就是學校生活的縮影。Noddings（2002: 69; 朱美珍等譯，2008：109）也說：

> 社群有其教育功能。如果這個社群是健全的，將能傳授前後一致的價值系統，就算社群是混亂的或是衰退的，它還是有些價值可以傳授，但不會是那種可以治療人心或強化抑制的那種價值。這個社會仍然珍惜著年長教師對學生行為舉止諄諄教誨、循循善誘的圖像。不管是好的壞的、來自

遊樂場的、媒體的或是街上的價值，兒童都照單全收……所有的價值，隨時隨地都在影響著兒童，個體即處於社群和文化所形塑的價值圈中。

Noddings 這段話提出兩個重點：第一、學校教育所傳授的價值或品格教育可能不如想像中的完美，因此，除了重視關懷的品格教育外，仍需要強化批判性思考能力，教導學生懂得分辨是非善惡、懂得質疑和反省；第二、教師應該時時自省，思考自己是否在無形中或無意中做出對學生產生負面影響的舉動。教師如此做一則基於愛護學生，再則也是維護師道。所以，Noddings 再度強調傳統教育本質的兩個預設：第一、每位教師都應該是具有德性的教師；第二、不論自願與否，每位教師就是一個有道德的教師，教學活動也就是師生德行的互動（朱美珍等譯，2008：110；Noddings, 2002: 70）。很明顯的，師者，不再只是解惑、授業，更需要傳道；不同的是，教師不只是傳承歷史文化，更需要肩負傳道、更新文化、化育創新文化種籽的責任，俾讓文化得以生生不息。質言之，教師必須提升學生自我理解、自我反省和自我實現的能力，並協助學生意識到每個人都有關懷社會的人文素養，也有認同與創造文化的承擔，更有樂於奉獻社會之能力與德行的智者，如此文化才能承先啟後，麗輝高耀眾龍興。若用現代的語言描述，則師道乃具有教學績效，又有競爭力，且能發揮人文創意，樂於融入社會的人，進行著承載文化傳承與創造新文化的各種牽引、交接、延續與發展的活動。所以師者，若無法以此自我要求、自我期勉，又如何能要求學生、家長或社會寄予厚望，更難期望學生對其表現尊重或愛戴。一言以蔽之，師道興廢之責，首在教師本身。

總括言之，不管世界如何改變，教育永遠是維繫與提升人類或個人生活安全與幸福的必需品，因此，教育不能只是被動或被迫的因應時代的變化，而應反守為攻，化被動為主動，化抱怨為行動，方能轉危機為轉機。首先，教師必須改變坐以待斃的心態；其次，教師必須在知識經濟的浪潮中獲益，不能空手而回（Love, 2008: 17）。此外，教師必須自覺：在這個理性的時代，也是個革命和革新的時代，教師必須重返 Rousseau 所強調的：成為一個真正的人。但是若教師本身欠缺自尊、自信、自愛、自主自律、自我認同和自我反省力，

則又如何能發揮專業？教師的自我認同、自尊和自信等自我能力從何而來？簡言之，應從下列三方面展現出來：(1)師生關係的亦師亦友；(2)對教材的熟練程度，以及(3)教師在教學中的享樂（enjoyful）程度。此外，自信基於對自由價值的捍衛，也是自主性自律的一體兩面。雖然自主性自律不是維繫或追求美好生活唯一的方法，但如前所述，民主不能只依賴數學程式理性和法治，更需要人人能自主自律（即具有兼顧個人和社群生活的德行），民主社會才可能兼顧個人自由和社會正義，也才不至於被扭曲和單面性化。由此可見，師者應承擔教育學生和發展社會的「規範責任」（normative responsibilities），此包括「知性（epistimic）、自由，和身為主體所需要的物質與身心理的需求等」（Haji & Cuypers, 2008: 93）的維護和圓熟。若師者無法以此自誠並力行之，則師道勢必不存焉。

Haji 和 Cuypers（2008: 97-102）將培養自主性自律的責任規範分成兩大階段：第一階段是正在發展的階段，此時如孩童態度的反覆期，價值觀尚未成形；第二階段是成長期，此階段可以接納他人或社會的意見或教導，也會接觸、包容各種不同的價值體系，且不斷修正自己的價值體系，故價值觀也逐漸邁向成熟。此猶如 J. Piaget（1896-1980）提及之認知基模的成熟般，認知能力的發展從直覺的反應到深思熟慮，並邁向真正自我圓熟的自主性自律（引自溫明麗，2002：第四章）。雖然此階段是針對個人自我之內在價值發展及自主性能力的論述，但仍適用於師道之維護、發展與闡揚。易言之，上述自主性自律的責任規範融會了理性的思維、意識的覺醒與深化、即知即行並時時檢討反省，以及自我實現、喜悅奉獻，邁向永續發展的願景。

總之，師，德之化身；道，師者化育之軌跡。因此，要談師道，教師本身必須潔身自愛，行「君子之德，風」的氣勢與胸襟。師生相處即統合了自知性、自願性和行動性：即激發學生分辨是非善惡的自知性；能自我規範的自願性；將所知透過自律，表現於生活中的行動性。教學活動因此也就是德的活動，教學結果也應該是知德，且知德行德。

雖然，歷史在演進，社會在變動，師道之嚴雖已低落，但如于偉（2006）所強調的，無論我們振興或反思師道，均不是為了返回傳統或回歸原始。教育

如斯,師道亦然。若認為教師是領域的「專家」,應該尊重其「術業有專攻」。此觀點並非錯誤,但問題是,此所談論的「師者」,指從事技能教導的「匠」,或春風化雨、教人為人的「人師」,應有所區別。「匠」之教學,強調取勝,可以以牙還牙,可以不擇手段,可以不講求公不公、義不義,此即教學上所稱之「訓練」,重技術、重結果,不重歷程和德行與情感;反之,「人師」之教學,重視對是非善惡知識之分辨,也重視自我德行的闡揚和提升,俾能在社會生活中力行不傷害人,進而去助人、體恤他人,與他人分享、視人如己。

R. Rorty(1931-2007)曾指陳「道德蘊含著使事實趨從於理想的考慮」(引自洪如玉,2008:6);M. Thompson(2000:10)也提到:「我們的生活乃由不斷依據我們所欲決定事項之傳統和價值決定而成。」試想:一位好的教師怎會漠視學生的苦難?怎可能不了解學生成長的需求?又怎能活生生地去折磨一個幼小且正在渴求愛來滋潤的小生命?教師在呼籲師道尊嚴之際,的確應先自我反省:反省自己是否了解學生的感受?是否尊重學生的主體判斷?是否敏銳地察覺學生的心理變化?是否小心翼翼地呵護學生的生命和心靈?否則,又怎能期盼學生心目中空出「師道尊嚴」的空間!

伍、結語

本文主題已經表明,筆者認為,師道尊嚴已非倡導民主即能捍衛,民主也未必助於呵護或闡揚師道的尊嚴;但是,筆者也非駁斥民主對個人自由意識的價值,相反的,筆者肯定民主的理念,但批判被扭曲和單面向的民主本質,也反對以扭曲了的民主,要求師道尊嚴對之妥協;同時,筆者也反對將師道衰微的責任歸罪於教師、學生、政治或民眾任何單一對象。反之,雖然教育之力微乎其微,也不斷受到經濟力和政治權的「打壓」或「籠絡」,但是教育中不乏清流言論者,也不乏出淤泥而不染者,更不乏在教育崗位上兢兢業業,服膺其所認定的教育信念,謹守其教育專業倫理,盡一份教育工作者的良心和志業者。當今社會這些人雖不是社會的中流砥柱,但涓涓細流只要不停歇,將有成為江海之一日。

　　然而一旦師道不能受到尊重，表示教師的尊嚴不能受到認同，此也會對教學成效產生負面影響，尤其在民主時代，更不能以鴕鳥的心態看待此現象，畢竟，學生接觸的不是一兩位教師，更是整個教育的氛圍和社會的風氣，故社會文化極可能污染學生單純的心靈，維護師道的重要性不言而喻。首先，社會應以動態、開放的態度看待師道，並透過視域融合，建立師道尊嚴的文化氛圍。再者，處於資本主義社會與 e 化時代，教師的專業不能止於傳統和法理的權威，應該自喻為「產品的製造商和行銷商」，不但要求生產高品質、具創意、有特色的「產品」，也要將此產品推銷出去，並確保產品和服務均能讓消費者滿意。質言之，教師除了應該在專業上滿足學生和家長的需求，並贏得其信賴外，同時需要依照自己的專業，提供學生和社會最高品質的服務，讓學生和家長滿意，尤其要在人格和品德上精進，方能發揮魅力權威的師道尊嚴，進而帶動民主社會的正向發展。

參考文獻

■ 中文部分

TVBS（2008，5 月 25 日）。**座車被擋 議員攔考生專車咆哮**。2008 年 6 月 15 日，取自 http://forum.news.yam.com/disingle.php? tid=1277124

于　偉（2006）。**現代性與教育**。北京市：北京師範大學出版社。

石中英（2001）。**知識轉型與教育改革**。北京市：教育科學出版社。

朱美珍等（譯）（2008）。N. Noddings 著。**教育道德人：品格教育的關懷取向**（Educating moral people: A caring alternative to character education）。台北市：巨流。

何信全（1995）。海耶克論現代民主政治中的自由問題。載於張福建、蘇文流（主編），**民主理論：古典與現代**（頁 153-169）。台北市：中央研究院中山人文社會科學研究所。

李西建（1998）。**重塑人性：大眾審美中的人性嬗變**。武漢市：湖北人民出版社。

洪如玉（2008）。無基礎的道德是否可能？Rorty 道德觀與相關論爭之探討及其教育啟示。**教育學刊**，**30**，1-27。

林孟皇（2004，11 月 20 日）。當師道尊嚴變成師生對簿公堂。**中國時報**。

郭大為（2003）。**費希特倫理學思想研究**。北京市：中國社會科學出版社。

溫明麗（2002）。**皮亞傑與批判性思考教學**。台北市：洪葉。

戴　華（1995）。吳爾漢論「民主的矛盾」。載於張福建、蘇文流（主編）**民主理論：古典與現代**（頁 225-247）。台北市：中央研究院中山人文社會科學研究所。

蘇文流（1995）。蘇格拉底與民主政治。載於張福建、蘇文流（主編），**民主理論：古典與現代**（頁 1-20）。台北市：中央研究院中山人文社會科學研究所。

▇ 英文部分

Altbach, P. G., Kelly, G. P., & Weis, L. (Eds.) (1985). *Excellence in education: Perspectives on policy and practice.* New York: Prometheus Books.

Barker, E. (1970). *Greek political theory.* London: Methuen.

Cameron, K. S., Quinn, R. E., & DeGraff, J. (2006). *Competing values leadership: Creating values in organizations.* Cheltenhm, Northampton: Edward Elgar.

Habermas, J. (1996). *Between facts and norms: Contributions to a discourse theory of law and democracy* (W. Rehg, Trans.). Cambridge, MA: The MIT Press.

Habermas, J. (2003). *The future of human nature.* Cambridge: Polity Press.

Haji, I., & Cuypers, S. E. (2008). Authenticity-sensitive preferentism and educating for well-being and autonomy. *Journal of Philosophy of Education, 42*(1), 85-106.

Hayek, F. (1955). *The political ideal of the rule of law.* Cairo: National Bank of Egypt.

Hayek, F. (1960). *The constitution of liberty.* Chicago, IL: The University of Chicago Press.

Healy, P. (2005). *Rationality, hermeneutics and dialogue.* Hampshire: ASHGATE.

Hume, D. (1993). An enquiry concerning human understanding. In V. G. Potter (1993), *Readings in epistemology from Aquinas, Bacon, Galileo, Descartes, Locke, Berkeley, Hume, Kant.* New York: Fordham University Press.

Kant, I. (1990). *Foundations of the Metaphysics of morals and what is enlightenment?* (L. W. Beck, Trans.). New York: Macmillan.

Love, K. (2008). Higher education, pedagogy and the 'Customerisation' of teaching and learning. *Journal of Philosophy of Education, 42*(1), 15-34.

Noddings, N. (2002). *Educating moral people: A caring alternative to character education.* New York: Teachers College Press.

Petrie, H. G. (1985). Educational reform and teacher education. In P. G. Altbach, G.

P. Kelly & L. Weis (Eds.), *Excellence in education: Perspectives on policy and practice* (pp. 233-249). New York: Prometheus Books.

Rawls, J. (1971). *A theory of justice.* Oxford: Oxford University Press.

Rousseau, J. J. (1973). *The social contract and discourse.* London: Dent.

Rousseau, J. J., & G., Victor (Eds. & Trans.) (1997). *The social contract and other later political writings.* Cambridge: Cambridge University Press.

Schumpeter, J. A. (1976). *Capitalism, socialism and democracy.* London, Boston & Sydney: George Allen & Unwin.

Thompson, M. (2000). *Ethics.* London: Teach Yourself Books.

Wikipedia (2008). *Joseph A. Schumpeter.* Retrieved September 13, 2008, from http://en.wikipedia.org/wiki/Joseph_Schumpeter

CHAPTER 02

師道──道家哲學的啟示

林秀珍

國立台灣師範大學教育學系副教授

　　儒家與道家是中華文化的根源與支柱，儒家從正面開出人文理序與實現生命價值的莊嚴之路；道家通過超越的智慧，來化解心知執著與情識纏結，使價值理想的實踐圓滿無憾。我國的傳統師道是以儒家為主流而開顯，教師以儒家淑世情懷來承擔教育使命的精神固然動人，但是在積極作為的同時，還需要輔以道家智慧，讓擔當不會變成自己的負累，也不會成為學生的壓力。所以本文從老莊哲學立論，通過「天刑之，安可解」、「修行無有」與「聖人不傷人」的道家思維，來開啟師道的多元內涵，讓現代教師在有心有為的同時，也能超離心知執著的自困自苦，還給師生雙方自在自得的天地。

關鍵字：師道、道家哲學

壹、前言

　　儒家與道家是中華文化的根源與支柱，兩者皆以「道」來貞定日常生活，開展精神生命的出路。儒家哲學是從正面的實有層次，開出人文序與實現生命價值的莊嚴之路；道家是通過作用層次的超越智慧，來化解心知執著與情識纏結的困頓，讓價值理想的實踐成為可能，所以儒道兩家的哲理是互補成全，相互輝映。如果缺乏道家消解的智慧，儒家人文教化與待人接物的禮制規範，很難避免「禮教吃人」的負面效應；同理，沒有儒家積極挺立的人生理想，來安定人間社會的軌道倫常，道家的圓成智慧也難有作用的空間。

　　儒家內聖外王的人文理想，是通過教育而實現，記述我國最早的教育思想，又有確切資料為佐證的，總是以儒家思想為主流（賈馥茗，2001：3）。儒家重視教育，對於從事教育工作的教師，有相當高的期許和要求，相對而言，教師的地位也備受尊崇和禮遇，即使貴為天子，也不能把自己的老師當作臣民看待。我國的師道觀念，深深受到儒學影響，孔子在歷史上更被尊為「至聖先師」，不過處於近代西風壓倒東風之際，傳統的尊師重道闇而不明，所謂的「師道」也多以西方的專業化論述來開展，所以《教育基本法》和《教師法》皆強調教師專業自主的地位與權利。誠然教師專業形象的建立是時代潮流，加強教師專業素養有其迫切性與必要性，但是在追求現代化的進程中，把自家固有的文化遺產當作包袱般丟棄，卻是不智之舉。過去尊崇教師是因為教師身上有「道」，是天道在人間的體現，現在強調專業發展，「道」的貞定力量隱微不彰，所以處在價值迷失、功利現實的當代，教師缺乏超越的終極價值作為指引，所以有些老師定不住自己而隨波逐流，不僅人格愛心鬱而不發，師生衝突也時有所聞。

　　從歷史發展來看，儒家人文精神的落實如果缺乏道家智慧，很容易衍生「聖人傷人」的後遺症，所以儒家建構的傳統師道，需要輔以道家的超越智慧，才能在實踐過程中圓滿無憾。面對急劇變遷的資訊時代，教師必須與時俱進的充實專業知能，殆無疑義，唯教師在時代洪流中的自覺挺立與責任承擔如何可能，則需要從儒道哲學中開掘根源動力。本文主要以老莊的哲學義理來啟

發現代師道的內涵與思考，期望藉由道家智慧的闡發，能為現代教師的教育實踐之路，注入「綿綿若存，用之不勤」的源頭活水。

▊▊ 貳、天刑之，安可解 ▸▸▸

一、叔山無趾與老聃的精采對話

　　莊子在〈德充符〉一篇中，透過叔山無趾與老聃的一段對話，對孔子的淑世情懷與救世理想，給出了「天刑之，安可解」的論斷（陳壽昌，1977：80-81）。故事情節很簡單，叔山無趾是一個被砍掉腳趾頭的人，為什麼被砍，莊子沒有交代，不過顯然這不是一件風光的事情，所以當他用腳踵走路去拜見孔子的時候，原本希望孔子可以肯定他這些年來的修德成果，沒想到孔子一見到他，就充滿悲憫的說出：「你怎麼這麼不小心而觸犯法條，給自己造成傷害，現在傷害已經造成了，你才來看我，已經太遲了[1]。」叔山無趾很傷感的回應：「我以前就是不知道好好修德，才會落得如此下場。今天我是用我多年修行的德行來看你，這些修行比我的腳趾頭還珍貴，怎麼你只看到我的腳趾頭不見了！我把你當成像天地一樣，天地疼惜每一個人，讓人人都得到保護，我哪裡知道你又把我逼回過去不堪的歲月[2]。」孔子當下立刻道歉，想和叔山無趾聊一聊，不過卻被叔山無趾拒絕了。叔山無趾滿腹委屈，總要找人訴說，來為自己平反，這時只有道家的老聃夠份量。他在老聃面前批評孔子，好為自己的難堪解套，他說：「我本以為孔子的修行境界極高，現在看來也不過如此。[3]」老聃順著他的話說：「那我們一起來救孔子，解除他身上的桎梏[4]！」老聃的回應立刻逼出了叔山無趾的謬誤，因為以孔子的德行修養，誰有資格來救他？叔山無趾當下頓悟說：「天刑之，安可解！」他終於覺悟，像孔子那樣的人，

1　原文：「子不謹，前既犯患若是矣。雖今來，何及矣！」

2　原文：「吾唯不知務而輕用吾身，吾是以亡足。今吾來也，猶有尊足者存，吾是以務全之也。夫天無不覆、地無不載，吾以夫子為天地，安知夫子之猶若是也！」

3　原文：「孔丘之於至人，其未邪？」

4　原文：「胡不直使彼以死生為一條，以可不可為一貫者，解其桎梏，其可乎？」本文之白話引文為求前後順暢，只取原文大意，未逐字詳細譯出。

是以天下為己任，身上永遠背負著枷鎖，不過這是老天爺給的枷鎖，任何人都
沒有辦法解開！

　　孔子行教人間的使命感與理想性是承天命而來，這是老天爺加在他身上的
自我要求，天下人有誰能夠解開他的「刑」？表面上看來，背負使命是「有
刑」，不過這是自己的自覺承擔，事實上也等於「無刑」。所以「天刑之」不
是不可解，根本是不必解（王邦雄，2004b：85）。這段精采對話突顯的人物
是孔子，在孔子的時代，諸侯、卿大夫皆已衰微，孔子以德行實踐，為人生開
出一條莊嚴大道，同時四處奔波來救治時代病痛。透過莊子的詮釋，孔子「己
立立人，己達達人」、「修己以安百姓」的理想抱負，不僅是「替天行道」，
更是主體生命的自覺擔負。所以即便客觀機緣所限，無法順遂施展，也不會變
成內在的刑具與枷鎖。

二、教師的「天刑」

（一）傳統崇高的教師地位逐漸式微

　　在我國的文化氛圍中，教師地位備受重視，近年來民間或政府都把提升教
師素質當作教育改革的重點，尤其將教師專業自主權的保障、專業形象的建立
與教師專業發展，列為重點方向。學術界也關注教師專業的相關議題（陳伯
璋，2001：185-194；黃藿主編，2004；楊深坑，2000：334-338；饒見維，
1996），照理來說，教師專業發展得到民間、政府與學術界的支持，應該有助
於教師的專業地位與自信，但是學者指出，近年來台灣教師在公共角色重要性
的認定雖然仍屬中上，但是中小學教師仍普遍存在著「專業地位式微」的疑慮
與恐懼，其自我形象及地位的認定相對較低（陳伯璋，2001：186）。中小學
教師出現專業地位危機感，這是耐人尋味的問題，究其原因，固然錯綜複雜，
大致可從主、客觀因素來說明。

　　客觀因素方面，在社會變遷中，師生關係趨於疏淡、師生接觸偏向知識傳
授，但是在開放的社會中，教師已經不再是學生獲得知識的唯一管道、教師的
學歷不一定高於家長、教育行政當局常以上對下的行政命令，要求中小學教師

照章行事,漠視教師的專業自主。當然少數中小學教師對學生不當管教,透過大眾傳播媒體的誇大渲染,也對教師尊嚴產生衝擊。至於主觀因素方面,則可由教師自我的角色認知來探討。2002 年的教師節,國內中小學教師選擇走上街頭「與社會對話」,其主要訴求之一是爭取團結權(教師可組工會)、團體協約權(集體談判權)與爭訟權(教師有罷教權),這項訴求突顯教師也是「勞動者」的身分,應該享有國家對「勞動者」相關權利的保障。如此一來,教師可以運用團體組織的力量,與「資方」協商或談判,甚至以集體拒絕工作的方式,達到爭取權益或保障福利的目的。這項舉措顯示國內中小學教師的自我角色認定深受歐美文化影響。不過學者早已指出,美國社會對教師的期望與我國傳統文化不同,他們把教師與一般職業同等看待,教師偏重知識傳播,也少以「人師」自勉,所以為了待遇偏低,教師可以聯合起來示威遊行或罷教(陳奎憙,1992:357)。

社會變遷的客觀因素固然對教師地位造成衝擊,但是教育人員本身的自我認知,更是關鍵因素。如果教師自我認定是百工之人,教育就成為百工之業,與其他專業的行業只是工作內容不同而已,如此一來,教師不再有傳統的崇高地位,師生之間只是純粹的權利與義務關係。其效應是教師同時解除傳統賦予的「道德枷鎖」,在私人生活領域可以卸下教育工作的職責,社會大眾也沒有權利以更高的道德標準來要求老師。這種觀點主張受到歐美文化影響,不過歐美社會的文化是立基於宗教,對於傳達上帝旨意的「傳道」人員,至今仍然給出極高的尊重,即使有極少數神職人員行為脫序,也不會動搖其神聖地位。我們的文化傳統不從宗教來,而是以天道做為終極依靠,負責「傳道」的教師如同西方的傳教士,受到社會相當高的禮敬與尊崇,我們的社會對於教師有著較高的期待與道德標準,這是文化理想使然。我國的教師不僅「授業、解惑」,還要「傳道」,從學生方面來說,就是讓學生通過良心善性的朗現與天道相契,而實現其生命價值,成為一個好人;就社會方面而言,則是文化命脈的薪火相傳。教師傳承的是我國通貫千古,歷久不衰的文化道統,同時兼負「教人成人」的重責大任,所以「記問之學不足以為人師」,所謂的「人師」是德術兼修的君子,學校教師不會只管知識傳授,更重要的是教導學生做人,而教師

的身教也成為必要條件。

今天美國社會即使在後現代思潮影響下，強調「去中心化」的批判思維甚囂塵上，但是職司其文化道統的「傳道」人員，仍然享有崇高地位，因為這些人的工作攸關整個民族文化命脈的延續和傳承。我國教師的傳統地位式微，教育工作逐漸被當作社會「職業」看待，「師道」觀念變得模糊不清，甚至被視為教條獨斷、迂腐落後的符咒，彷彿被套在身上，就成了擺脫不掉的負累。這種想法動搖教師的自我定位，對於文化命脈的永續發展，也埋下潛在的隱憂。以下將提出澄清與討論。

（二）「價值創生」是教師的「天刑」

我們的文化在很早以前就認知教育的重要性，因為儒家持人性本善的看法，而且從道德實踐的進路，為天人關係建立內在本質的關聯性。良心善性是天道所賦予，只要良心朗現，成為好人，就是天道的體現，人生的莊嚴與價值性，也由此而展開。我們的文化是由人性本有的良善根源來挺立生命價值，惟良心只是內在的道德根源，就像蘊含潛能的種子，後續開花結果，還需要適當的環境條件，其中教育的人文洗禮，就是不可或缺的要件。因為我們的文化傳統不是以上帝救贖，來免於人性墮落，而是從「長善救失」與「教人成人」的教育作為，積極實現人性的光明面。所以「尊師重道」不是食古不化的迂腐，而是因為教師承載著博厚悠久的文化理想，是人性教化與社會希望之所繫。

教育的目的是讓人更好。透過教師指點迷津，學生得以超離自然命限與形器物欲的羈絆，從精神生命開出新生的價值之路，因此教師應該是學生生命中的貴人。我們禮拜「天地君親師」，就是因為天地生萬物、聖君生百姓、父母親生兒女、老師生學生。老師「生」學生的「生」是價值意義的創造，這種無形的「創生」可以媲美天地生成萬物的大德，就個人而言，透過教育轉化生命品質而得到新生與重生；就社會來說，通過教師的薪火相傳，文化命脈永續不絕。教育工作任重而道遠，根據《禮記·學記篇》所載：「大學始教，皮弁祭菜，示敬道也」（孟憲承編，1989：112-118）。學校在開學之初，要舉辦隆重的祭典儀式，恭敬禮拜先師先聖，其用意就在突顯教育的神聖性，一方面提

醒學生正視學習意義，另一方面讓先師先聖的典範代代相傳，以維繫教師對於教育工作的使命感與理想性。

要對教育有個明確而標準的定義並不容易，儘管從教育的規範性、功能性、內涵性或時代性著眼（歐陽教，1996：6-10），對教育有不同的界定，諸如：「教育即求好」、「教育是文化陶冶」、「教也者，長善而救其失者也」、「教育即生長」等，不過對教育的思考總是以正向價值為導向，而且蘊含著「創造」與「生成」的積極涵義。如果教育活動只是「複製」而缺乏「創生」，則個人與社會的進步發展也變成天方夜譚。「價值創生」是教育不可或缺的要素，所以不是人人可以從事教育工作，教師必須具備相當的學養，不但能夠教人，還能成為做人的典範。我國文化傳統對此早有洞見，除了對教師有相當高的要求，同時也給予極高的禮遇和尊重[5]。

教育負有「價值創生」的重責大任，是個人與社會「新生」、「再生」的希望，選擇從事教育工作的人，不可避免得背負著社會對老師的高度期待。這種外力加諸的「高度期待」對教師而言，有人感覺是束縛、壓力，尤其在私人生活領域也得謹言慎行，成為無形的刑具和枷鎖。所以有學者提出解除對教師高規格道德規範的主張（但昭偉，2004：45-70），不過，問題的癥結不在道德標準的高低，而在其規範的適當性。社會其他專業根據其工作性質，也會有特定的倫理規範，規範的適當性應以工作性質來衡量。以教育是「生人」的工作而言，如果師道不彰，教師無法認同孔子的淑世情懷與通貫千古的文化理想，把神聖的工作視為賺錢工具，則教育將只是掛空的概念，創造與生成也會淪為空談。除非我們對學校教育的認知只是純粹的知識傳授，把攸關品格陶冶與變化氣質的責任還給家庭，否則教師還是得肩負任重道遠的責任。近年來台灣社會的離婚率偏高，家庭教育的功能受到嚴重考驗，我們的社會文化又沒有普遍且強大的宗教力量來淨化人心、提升人性，已經有研究指出，台灣文化價值最嚴重的隱憂之一是道德價值低落，難以維持社會秩序的運作（沈清松，2001：231-239），如果學校教師再棄守「價值創生」與「教人成人」的使命，社會的人文理序也將岌岌可危。

5　相關的記載可參閱《禮記・學記篇》。

在人生路上選擇成為老師，就得「認命」的背負教人的神聖使命，這項使命有如「天刑」一般，也是不可解，不是解不開，根本是不該解，一旦解開了，教師也不足以被稱為教師。更進一步來說，把教人的使命當作「天刑之」，老師對教育工作的認知就不只是「認命」，還是認「天命」，因為這是通過自己的理性良心直通天道，從而契悟天道的無上命令。有了「天刑之，安可解」的領悟，教師面對功利社會的腐化，才能中流砥柱，維繫教育的獨立與莊嚴。再進一步言之，既然老師是自覺承擔教人與傳道的使命，「天刑」也等於是「無刑」，不是不可解，根本也不必解。因為所謂的「道德枷鎖」對於自覺、自律的教師來說，完全是不存在的，所以不必等待外在倫理規範的限定，教師自能掌握分寸，師道的顯揚也是自然而然的事。

教師承天命而「替天行道」，這種觀點並非把教師當作完美無缺的聖人，也不是以完人的標準來加以責求，而是意指教師能夠體認教育工作「任重道遠」，即使事實上不可能把所有的學生都帶起來，依然永不放棄，因為自己的身分是「教師」。在現實生活裡，能對治學生的盲目、無知與衝動，堅持「化頑石」與「雕朽木」的老師，不是有過人的才智或完美的人格，而是對教育懷抱著使命感與理想性，願意自我要求，精進學養，用點滴而持續的成長，來承擔教人的重責大任。所以「天刑」表面上看來似乎是不可解的枷鎖，但在教師的自覺承擔中，反而成就無比崇高與開闊的倫理空間，由此教師可建立堅定的自信，何來專業地位式微的危機感！

參、修行無有——解消心知執著與權力傲慢

一、「無而有」、「有而無」的玄妙之理

（一）「無」與「有」是天道的兩面向

老子在《道德經》[6]的開宗明義就點出，天道是萬物存在的根源基礎與生

---

6 本文有關《道德經》的引文主要參考王弼等著（1999）。老子四種。台北：大安。

成之母。「無」和「有」是天道的兩面向，從「無」來說，天道是無限的，它沒有自己，可以超越在天地萬物之上，成為天地萬物的根源基礎；從「有」來說，天道以其恆常的「有」，永遠內在於萬物之中，不離不棄，陪伴萬物走完生命的終程。表面上「無」和「有」是兩個不同的面向，實質上同出於天道的「一」，所以天道的「一」是「一而二」，因為包含了「無」與「有」，而「無」與「有」看似各自獨立，實則是「二而一」，因為同屬於天道的「一」。由此可知，天道的「無」不會走入死胡同，變成一無所有的空無，因為它是「無而有」，是生成萬物的實現原理；天道的「有」不會停滯陷溺在「有」，讓占「有」變成自己的負累，也成為萬物的壓力，因為天道是「有而無」，可以放下與消解自己生成萬物的實有功業。所以天道的玄妙就在「無而有」與「有而無」的雙向圓成中[7]，宇宙萬有也由此而生。

（二）「無而有」、「有而無」的人間妙道

牟宗三指出，老子的道兼具「無」和「有」雙重性：「無非死無，故由其妙用而顯向性之有。有非定有，故向而無向，而復渾化於無」（牟宗三，1993：136）。天道玄理轉化為人生哲理，在心性修養上展現的是「無而有」與「有而無」，也就是「有」、「無」渾圓為一的動態平衡之境。

1.「無而有」的實現原理

老子認為，天道沒有自己，所以可以永遠陪伴萬物，成為萬物的生成之母。他提到：「天長地久，天地所以能長且久者，以其不自生，故能長生」（《道德經》第7章）。天地能長久生成萬物的道理是「不自生」，也就是不把「生」封限在自己身上，萬物的生成就是天地自己的生成，唯有如此才能恆久保有生成萬物的作用。如果天地只有自己，它的所作所為都是為了成就自己，則萬物只是天地揚名立萬的工具，不能真正獨立自主的生長，這種生成只是假象，無法亙古長存，因為萬物只有工具價值，沒有自為目的的獨立存在性。

---

7 參見王邦雄教授 2008 年 3 月 26 日於洪建全文教基金會敏隆講堂講授老子之課堂筆記。

　　「不自生」是「無」,「長生」是「有」,「無而有」的生成作用,在形上層次使天道成為萬物之母,人間世界的實用之利與生生之德,也不能離開「無而有」的玄妙之理。

　　老子從經驗世界的觀察,體悟天道「無而有」的生成原理,也是人間美好的實現原理,換言之,「無」的作用可以存全「有」的美好。以日常生活器物的實用之利為例,車輪軸心必須中空,才能讓車軸插入,帶動兩輪前進;器皿中空,才能發揮盛物的功能;房屋內部也要有空出來的空間,才能居住或藏物。這些生活日用的事物儘管功能不同,卻同樣因為「無」的作用而顯現其「利」[8]。這是「無而有」的虛用之理具體呈現在日常器物的實用便利中。

　　一般人會留意器物的「有用」性,因為這是生活所需。老子的高明是直接透視「有用」背後的實現原理,指出「無」才是成就器物「有用」的隱形力量。「無」的作用是無形的,表面上看來好像不存在,事實上沒有「無」給出的空間,器物「實有」的便利和功能也會立即消失。老子從具體事物的觀察得到靈感激發與生命洞見,人間世界價值理想的實現也是如此。就像聖人沒有自己,他把人民放在第一位,人民得到支持,能實踐他們的生命價值,就等於聖人自己走在前面而實踐了生命價值,因為聖人最關心的是人民而不是自己[9]。把自己放在最後來成就天下人,等於完成「聖人生百姓」的使命,所以聖人是在成全百姓中來成全自己,也因為如此而實至名歸,成為人民心目中的典範。

　　2.「有而無」的功成弗居

　　「無而有」是透過「無」的作用,來化解心知執著,使實有的美好得到存全,有了美好的功業,還要功成弗居,這是「有而無」的人生修養,所以老子云:「功成而弗居。夫唯弗居,是以不去」(《道德經》第2章)。「功成」是「有」,「弗居」是「無」,「有而無」意指得到實有的功業,在大功告成之際,把自己的功勞化解、放下,功業才能真正的天長地久。世俗人情對於辛苦付出而所有成,難免沾沾自喜,引以為傲。老子的智慧提醒我們,念念不忘

8　詳見《道德經》第11章:「三十輻,共一轂,當其無,有車之用。埏埴以為器,當其無,有器之用。鑿戶牖以為室,當其無,有室之用。故有之以為利,無之以為用。」

9　參見《道德經》第7章:「是以聖人後其身而身先,外其身而身存。」

自己的功勞，功業變成心理負擔，一方面期待他人肯定，沒有得到相對回應，難免心生怨尤；另一方面「居功」的結果，把光彩亮麗都放在自己身上，同時抹煞別人的存在空間，造成人際關係失衡。所以老子強調，最上等的治道是：「功成，事遂，百姓皆謂，我自然」（《道德經》第 17 章）。在大功告成之時，把所有的成果還給天下人，讓人人自在自得，感覺美好都從自己來，存在有自信與尊嚴。「有而無」是人生修行，也是讓功業可以真正天長地久的領導智慧。

（三）師道以天道為依歸

教育的價值創生可與天地生成萬物的大德相提並論，此種「創生」如何可能？天道的生成原理是最高指引。宇宙萬有都從天道「無而有」、「有而無」的雙向圓成而來，人間世界的價值創生也不離此。唯人是有限的存有，需要通過心性修養的體證，把天道的玄妙之理，轉化為人間世界價值創生的實現原理。以下就消解權力、超越名利與功成弗居三方面來衍釋師道。

1. 消解權力

教師職司教化學生之責，一定要有有形、無形的靠山力量，也就是「權力」，權力運用得當可以建立讓學生信服的權威，強化教育的成效。教師權威的類型可分成五類，包括：法律賦予行政職階的權威、學術認知權威、道德涵養權威、被學生神化而產生的英雄崇拜權威、尊師重道的傳統習俗權威等（歐陽教，1985：254-256）。教師可以運用不同的權力來源，強化影響力量。

「權力」是教師教導學生不可或缺的力量，正用權力可以事半功倍，濫用權力則帶來災難。早在兩千多年前，韓非對權勢就有深刻的領悟，他說：「勢者，養虎狼之心，而成暴亂之事者也」（陳啟天，1969：66）。權勢會讓人心變成虎狼一般，就像西諺所云：「權力讓人腐化，絕對的權力，帶來絕對的腐化。」權力易衍生傲慢，讓人自我膨脹，目中無人，甚至忘了自己是誰。教師相較於學生是有權力的人，權力的運用除合乎情、理、法的準則，還有待道家的修養功夫，來化解權力衍生的執著與傲慢。有權力的老師如果不能自我解消，就會期待學生「聽命行事」、絕對服從，期待會轉成心理負累，不僅無法

容忍新生代的「叛逆」與挑釁，也難給出理性溝通的空間。放下權力的執著是釋放自己，避免成為絕對的權威，同時也釋放學生，解開師生間威權與受壓迫的緊張關係，師生雙方海闊天空，自在自得，此時老師能得到學生真誠的敬意，而享有「真正」的權力。

2. 超越名利

處在資本主義的現代社會，一般世俗總以功名利祿來衡定一個人的價值，對於學校教師則不免從成績績效排名比較，甚至連教師自身也難免在激烈競爭中患得患失，有意或無意間把學生變成自己成為名師的工具。老子要我們自問：把外在虛名、財貨利益與自身相比較，何者更親切與重要？所以執著在擁有更多名利，必然犧牲更多，因為得付出生命的美好做為代價[10]。莊子對此也提出「德蕩乎名」（《莊子‧人間世》）的感慨，他認為人人與生俱來都有天道賦予的天真之德，在成長的道路上，卻因為競逐外在名號，衍生機巧權謀之術，讓天真一去不復返。不能從內在自我挺立，一味向外求取名利來高貴自己，注定一生沒完沒了。老莊哲學並非捨棄名利，而在給出自在無待的空間，讓「名師」或「優良教師」的稱號，是「實至名歸」的自然結果，而不是人為造作、奔競爭逐所得。

老師可以昂然挺立，知道自身的尊嚴、榮耀不必向外攀緣、投靠，一步一腳印的教育耕耘就是存在意義的開顯，自然能化解績效主義的魔咒，回歸教育的本質。更重要的是，在名利洪流中，能獨立而不改其教育初衷的老師，才能引領學生走出開闊的人生大道，不會在荒謬的成績排名中，永遠背負著莫名的挫折和委屈。

老師不能超越名利所縛，也會不自覺以名利來束縛學生，最常見的就是以頻繁的成績排名與獎懲，做為督促手段，其用心雖然良苦，卻讓學生陷溺在惡性的排名競賽中，遠離教育的常道。老師能夠化解名利對生命的負累扭曲，就可以從升學主義的困境中超離放開，更有餘力去擔負價值創生的重責大任，此老子所謂「有之以為利」端在「無之以為用」的人生修行。

10詳見《道德經》第 44 章：「名與身孰親？身與貨孰多？得與亡孰病？是故甚愛必大費，多藏必厚亡。」

3. 功成弗居

(1)「生」與「長」的作為是人間至高價值

從形上的觀點來看，萬物的生養從天道來，「生之」、「畜之」是天道之大德[11]，不過「**功遂身退，天之道**」（《道德經》第9章），正因為它從不居功，所以功業歷百世而不衰。從天道的大德來看，人間世界最值得做的兩件事，就是「生」與「長」，這兩項作為的價值可以上通於天，因為是最值得，所以也最高貴。其中「生」涵蓋傳宗接代的「生殖」和精神生命的價值「創生」；「長」是長成，也是「生」的向上發展和延續。「生」與「長」都是人的「作為」，所以老子把「生」、「為」、「長」並列，提出「**生而不有、為而不恃、長而不宰，是謂玄德**」（《道德經》第10章）的人生智慧。

(2)「不有、不恃、不宰」是天上玄德

老子體悟又無又有的天道玄德圓成了萬物的美好，所以他通過「無而有」的虛用之理化解人間作為的後遺症，以「有而無」的功成弗居，使功業天長地久。在人際互動中，積極有為的一方往往是「付出」者，當我們為別人付出的時候，也意味著自己是比較有能力的人，「付出者」和「接受者」之間的高下立刻呈現，這種不平等的關係，很容易讓「有為」者產生英雄氣和優越感。所以付出愈多，愈覺得自己高貴，也認為對方虧欠自己許多，這種「為而恃」的心態普遍存在，造成人際的緊張關係。尤其「生」和「長」的作為是人間歌頌的至高價值，老師和學生之間存在著價值「創生」的根本聯繫，「為而恃」的老師不自覺會期待學生表現良好以示「感恩圖報」，結果不如預期，難免挫折無力，灰心喪志。

「生而有、為而恃、長而宰」是人之常情，我們會「占有」自己所生、「自恃」自己的付出、「主宰」孩子的成長，人間「生、為、長」的功德因為「有、恃、宰」的執著而功虧一簣，所以老子以「不

---

11 參見《道德經》第51章：「道生之，德畜之。」

有」、「不恃」與「不宰」的修養功夫來超越與化解。「不」是「無」，也就是把「有、恃、宰」的執著化解，才能成全真正的「生、為、長」。另一方面，在價值創生與學生長成的豐收之際，「不有、不恃、不宰」是「有而無」的消解，也是功成弗居的德行。人間神聖的生、長之德，通過「無」的修養功夫可以往天道玄德的層次提升，老子云：「上德不德，是以有德」（《道德經》第38章）。自認為有德，會讓人高貴自己，盛氣凌人，把功德放下來，才是真正的功德圓滿，教育理想的實踐也是如此。

肆、聖人不傷人

一、聖人傷人

堯和禹都是儒家聖王，莊子在〈人間世〉一篇中，藉著「堯攻叢枝、胥敖，禹攻有扈」的寓言故事，對儒家治國平天下的投入和擔當，提出聖人傷人的批判反省。叢枝、胥敖和有扈都是在儒家禮樂教化之外的邊陲小國，堯和禹想要證明自己是天下共主，希望諸國都能在自己的教化之下，結果一再出兵，發動爭戰，反而衍生殺戮悲劇。莊子的評論是：「其用兵不止，其求實無已。」堯和禹的「求實」是為遂行禮樂教化的理想，讓自己成為名副其實的天下聖王，初衷是良善美意，但「無已」的執著之心把自己套牢，也對三小國造成傷害。所以即便是高貴的救人理想，也可能轉成災人的惡果，此種聖人傷人的道家反省，對於職司「長善救失」的教師尤其重要。

二、絕聖棄智，民利百倍

道家對於儒家聖智仁義的治國之道，有著根本的反省，老子提出「絕聖棄智，民利百倍」（《道德經》第19章），其目的不在終結或顛覆儒家的倫理價值，而是從心知執著的解消，來免除聖人傷人的後遺症。所以「絕聖棄智」不是否定聖智，而是提醒有志之士，在昂揚奮起，擔當理想的同時，也要有空間餘地，能自我釋放，不一意孤行，才能免於壓迫別人。尤其在價值多元的時

代，以唯一的正道來標榜、責求，只會逼出對方以奇變作假來回應，因為唯恐達不到標準，只好用巧詐的投機之術。原本高舉正道，想要引領眾人向善的美意，反而帶來妖惡的結果。此老子所謂：「正復為奇，善復為妖」（《道德經》第 58 章）之理。

三、教師回歸自然之道，師生關係自在自得

老子以自然之道做為生命向上升揚的終極指引，他對於心知執著帶出人為造作，導致聖人傷人的惡果，有痛切反省。莊子也曾以衛國國君專制獨斷，人民生活困苦，顏回以儒家情懷想前往拯救衛國人民的寓言故事，帶出救人者要能「達人心，達人氣」，貼近對方的心，跟著對方的感覺走，救人才能免於災人的副作用（《莊子・人間世》）。老莊的回歸自然不是歸隱山林，不問世事的消極隱遁，而是讓人人走在自己的常道上，活出自己想要的生命內涵。老子認為，治大國要像蒸煮小魚般清靜無為，才能維護百姓原有的生命美好。「無為」不是什麼都不作，而是無掉人為造作，存全自然美好。他指出，天下有道，道給出方向與力量，讓心靈有安頓，價值得到實現，所以人間已無遺憾，牛鬼蛇神也失其威力。即使鬼神有威力，也不能傷人，因為人的心中無憾，鬼神就沒有作用的空間。如果聖人以自以為是的高標準來責求天下人，達不到標準的人會心生內疚，厭棄自己，進而投靠牛鬼蛇神，來找尋出路。所以聖人傷人在先，鬼神傷人在後，這是生命中的雙重傷害（《道德經》第 60 章）[12]。

教育是價值創生的「生人」與「長善救失」的救人大業，擔負生人和救人使命的教師，如果缺乏道家智慧，很可能衍生聖人傷人的惡果而不自知。就像堯和禹征伐小國的故事，在教育現場則是老師以學生成績做為「生人」和「救人」的指標、媒介，漠視學生在「成績」之外的才情性向，而且以威權姿態來責求，最後師生關係破裂，學生感覺不被接納，於是轉向黑道幫派尋求投靠。教師若回歸道家的自然之道，可以不執著、不造作，心如明鏡般的觀照學生而

---

12 原文：「治大國，若烹小鮮。以道蒞天下，其鬼不神；非其鬼不神，其神不傷人；非其神不傷人，聖人亦不傷人。夫兩不相傷，故德交歸焉。」本章詮釋主要參考王邦雄教授 2001 年 4 月 24 日於洪建全文教基金會講授老子哲學的筆記。

看到學生的美好；能欣賞學生的美好，就不會以自己的高標準來責求、壓迫，「聖人傷人」的問題自然也不存在。所以教師愈是積極投入，承擔教育的理想，愈是需要道家智慧，一方面化解擔當使命的英雄氣與優越感，另一方面從使命感的驅迫中超離出來，給出師生雙方寬廣的空間。

伍、結論

我國的文化傳統以天道做為形上的終極原理，有限人生要開創無限的價值之路，也是以天道為依歸。由天道而開出的價值生命，在儒家是人文之道，在道家是自然之道，道家的「自然」是針對人為造作與外在「他然」對生命的圍限而言，所以具有人文與價值意義（王邦雄，2004a：14）。儒道兩路各有自家的精采，傳統師道是以儒家為主流而開顯，筆者認為，教師以儒家淑世情懷，積極投入與奉獻的精神固然動人，但是積極作為的同時，還需要輔以道家智慧，讓擔當不會變成自己的負累，也不會變成學生的壓力。所以本文以道家立論，通過「天刑之，安可解」、「修行無有」與「聖人不傷人」的道家思維，來開啟師道的多元內涵，讓現代教師在有心有為的同時，也能超離心知執著的自困自苦，還給師生雙方自在自得的天地。

參考文獻

王邦雄（2004a）。**老子的哲學**。台北市：東大。

王邦雄（2004b）。**走在莊子逍遙的路上**。台北市：台灣商務。

王　弼等著（1999）。**老子四種**。台北市：大安。

牟宗三（1993）。**才性與玄理**。台北市：學生書局。

但昭偉（2004）。多元價值社會與教師道德枷鎖的解除。載於黃藿（主編），
　　教育專業倫理（1）（頁 45-70）。台北市：五南。

沈清松（2001）。**台灣精神與文化發展**。台北市：台灣商務。

孟憲承（編）（1989）。**中國古代教育文選**。台北市：五南。

陳伯璋（2001）。**新世紀課程改革的省思與挑戰**。台北市：師大書苑。

陳奎憙（1992）。**教育社會學研究**。台北市：師大書苑。

陳啟天（1969）。**增訂韓非子校釋**。台北市：台灣商務。

陳壽昌（1977）。**南華真經正義**。台北市：新天地。

黃　藿（主編）（2004）。**教育專業倫理（1）**。台北市：五南。

楊深坑（2000）。新世紀師資培育之前瞻。載於楊深坑（主編），**跨世紀教育
　　的回顧與前瞻**（頁 21-46）。台北市：揚智。

賈馥茗（2001）。**先秦教育史**。台北市：五南。

歐陽教（1985）。**德育原理**。台北市：文景。

歐陽教（1996）。教育的概念分析。載於歐陽教（主編），**教育概論**（頁
　　1-20）。台北市：師大書苑。

饒見維（1996）。**教師專業發展──理論與實務**。台北市：五南。

CHAPTER *03*

人師或經師？
從德國 1990 年代以來的討論談教師專業

張淑媚

國立嘉義大學國民教育研究所助理教授

摘　要

　　隨著社會的快速變遷以及社會問題的增多，社會大眾往往將各種社會革新的期待寄望於學校教育之中。這麼一來，教師一方面要教書當個「經師」，另一方面無可推卸的做為「人師」，又得配合外在社會的要求與期待，培養學生多方面的人品與能力。強調經師與人師兩者並重，對教師是否苛求？如果教師的任務主要在於學生人格的培育，面對此種定義不清、成效不確定的教育目標，教師還能在現代社會中稱得上是一門專業嗎？在本文中，筆者引介德國從 1990 年代以來對於教師專業議題的討論，藉此省思教師的基本任務，探究「經師」與「人師」何者重要，期盼能對我國教師專業的定位有所啟發。

關鍵字：教育改革、教師角色、教師專業

壹、前言

　　隨著社會的快速變遷以及社會問題的增多，社會大眾往往將對社會革新的期待寄望於學校教育之中，這可從目前教育改革的趨勢看出。以現階段在中小學所推動的國民教育九年一貫課程來說，其修訂是為了因應二十一世紀的國家發展需求，企望藉由激發個人潛能、促進社會進步以及提升國家競爭力而制定的，綱要中明定十項課程目標及國民教育基本能力，我們將會發現其中所要求的多半是人格特質（國教專業社群網，2006）：

1. 增進自我了解，發展個人潛能。
2. 培養欣賞、表現、審美及創作能力。
3. 提升生涯規劃與終身學習的能力。
4. 培養表達、溝通和分享的知能。
5. 發展尊重他人、關懷社會、增進團隊合作。
6. 促進文化學習與國際了解。
7. 增進規劃、組織與實踐的知能。
8. 運用科技與資訊的能力。
9. 激發主動探索和研究的精神。
10. 培養獨立思考和解決問題的能力。

　　但是上述這些教育目標著實難以定義。提及開發自己的潛能、培育創新的精神、發展終身學習的能力等，雖然立意良好，然而卻涵義不明；第四、五及九項的基本能力中所強調的尊重他人、關懷社會、培養積極主動的精神等特質，同樣讓人覺得模糊。不清楚的不但是其內涵不明，而且其成效難有標準可以檢定。如果教師的任務主要在於人格培育，面對這種定義模糊而成效不確定的教育目標，教師應如何自處？也無怪乎有許多人不看重專業的師資培育過程，誤解為只要有愛心及耐心的溫暖特質就可以當個好老師。

　　其實，出現這種以學生人格培育為主的教育目標並不令人意外。把社會的需求或問題轉移到教育領域來解決，一向是社會大眾慣有的思考方式。特別是學校教育，馬上成為眾望之所歸；因為家庭教育雖然重要，但卻是無法涉入的

私領域，相對而言，學校範圍內的教育就容得每個人插一腳了。在民主化的社會中，大家必須彼此尊重、相互包容，所以學校就必須培養學生包容異己的能力；社會環境日趨複雜，問題叢生，需要眾人投入社會的革新，所以學校得負起責任，教導學生關懷社會；未來社會變動大，知識汰舊換新率加快，就業市場變化大，未來需要的是能彈性應變、解決問題的人，學校當然也應該配合等。在這背後隱含的期待是，學校可以改變、培養學生的某些人格及能力，以解決社會的問題或滿足其需求。德國學者 Koring（1992: 22）將此稱之為社會問題的教育化（Pädagogisierung der gesellschaftlichen Probleme）。太多的期待除了讓學校教育無所適從之外，同時也預設了教師的全能。教師一方面要教書當個「經師」，另一方面無可推卸的做為「人師」，又得配合外在社會的要求與期待，培養學生多方面的人品與能力。強調經師與人師兩者並重，對教師是否苛求？如果教師的任務主要在於學生人格的培育，面對定義不清、成效不定的教育目標，教師還能在現代社會中稱得上是一門專業嗎？如果我們還承認有所謂的教師專業的話，有沒有可能教師就只持守其教書的本分，認真地在課堂上運用其教學技能，幫助學生在課業上的學習，如醫生醫病、法官辦案一般有其明確的工作範圍，以確立教師的專業角色？

　　以下筆者想引介德國從 1990 年代以來的教改措施中，對教師專業議題的討論，藉此省思教師的基本任務，探究「經師」與「人師」何者重要。第二部分再介紹德國對此議題的討論背景，第三部分探討將教師定位在教學的專業角色上的主要論點，第四部分則進行評析，期盼能對我國教師專業的定位有所啟發。

貳、教師專業討論的德國脈絡

　　德國 VW 工會的會長曾經表示，學校教育跟不上社會的腳步，無法培養出未來社會的人才，企業界所期待的合作力、創造力、彈性應變能力、行動能力，甚至網絡化的思考能力，學校教育都沒辦法無能培育。Struck（1995: 15-16）也呼應了這番對學校教育的批評，他認為學校教育遠遠落後於社會發展數十年，從對學校的批評，他也延伸到對教師的批評。他認為教師的養成訓

練只著重在預備教師的教學能力，卻忽略了培養教師的教育能力。教師在學校裡主要負責的是教學、參與教學會議、讓學生考試以及批改考卷等日常活動，大多數教師儘管專門的科學知識非常充足，但是教學方法只是平平，對於如何教育學生的品格與能力卻是一無所知，這使得教育行業中最重要的品格陶冶淪為邊緣地位。Kucharz 和 Sörensen（1996: 96-99）也有類似的觀點，他們指出，在社會快速變遷下，師生關係不佳、父母無能教養子女的這些問題反映在學校課程中，就是學生沒有學習動機、無法跟上進度。根本的治本之道是教師必須改變傳統的教學方式，重視學生的品格教育，同時必須將教學和學生的經驗與行動相互聯結。此類的觀點，認為教師除了教學之外，還應該取代無力教養的父母角色，透過對學生的照顧與教育，培養與陶冶學生的人品。

延續這種觀點，在 1995 年北萊茵—威斯特法倫邦（Nordrhein-Westfalen）的教改藍圖「教育的未來，未來的學校」中，具體呈現出重新定位教師角色的期待[1]。此一報告書受到社會大眾廣泛的注意，不僅是因為它以二十萬本的數量發行，也因為北邦是德國的最大邦，他的教改方向對於其他社民黨主政的各邦有帶頭作用（Giesecke, 1998: 136），而且此邦的教育委員會是德國從 1975 年以來唯一的官方教改團體（Gauger, 1996: 7）。

此份報告書中提到，現代社會的首要特徵是生活方式和社會關係的多元化（Bildungskommission, 1995: 24），在此多元的社會趨勢下，當今的教師不斷面對教學及教育的各種要求與挑戰，學校、家庭以及其他教育機構的相互合作已經愈來愈難，學校裡的學習問題往往是，學生將其生活中的問題帶到學校產生的，因而當教師的教學要有成果，得先解決學生的心理與家庭問題。教師工作所必須面對的複雜性及多樣性，使得教師職業的自我定位變得益發困難，諸如此類，都加重了當今教師的負擔（Bildungsmission, 1995: 300-301）。由此，

---

1 1995 年北萊茵—威斯特法倫邦（Nordrhein-Westfalen，社民黨主政，邦首府為 Düsseldorf，以下簡稱北邦）的首長奧爾（Johannes Rau），於 1992 年召集成立教育委員會（Bildungskommission, 1995），欲討論在社會快速變動下，學校如何因應未來的挑戰。三年後，於 1995 年 10 月 9 日提出厚達三百多頁的學校未來發展藍圖：「教育的未來，未來的學校」（Zukunft der Bildung - Schule der Zukunft）。

報告書推衍出未來教師應有的圖像（Bildungsmission, 1995: 303-306）如下：

＊在未來的學校中建立一種夥伴式的學校文化。學生和教師自在的進行有
　意義及有效率的教與學，學科的、社會的及個人的能力，在此學校文化
　中皆得以舒展。

＊教師的行動主要不是透過外在控制及規定予以確保，而是經由其自身的
　自我規劃以及責任心所驅使。

＊為了讓學校的功效得以顯現，教育的基本態度以及社會行為是不可或缺
　的基礎。

＊當教師可以以一種創新的方式理解其行動，將學習和教育過程予以創造
　性的計畫和安排，學校就能充分因應社會和文化的轉變。

＊教師應理解自己的角色不限於特定的教學工作，而是全心為學校的整體
　發展而投入與擔負責任。

＊一個不但自我發展，同時向四周環境開放的學校，以教師的溝通能力為
　前提。因此，教師可以向學校的夥伴及參與者，對於學校目標與行動進
　行溝通與協調，有效的達成目標並且承受與解決衝突。

　　綜上所述，能夠因應社會挑戰的新老師，除了專門知識的教導之外，同時
也一起合作營造學校整體多樣性的發展，根據學生不同的身心與學習狀況，安
排不同的學習，並輔導學生的不同問題與情況，同時讓學校與社區共同配合，
一起創造開放而互利的交流。因此，此報告書（Bildungsmission, 1995: 306）
認為，教師應具備：專門科目的教學能力、應用不同教學方法的能力、領導學
習團體的能力、診斷學習情況的能力、輔導與諮商的能力、後設認知的能力、
應用媒體的能力，以及團體合作的能力等多樣化的才能。

　　北邦教改報告書不但影響了社民黨主政的各邦，也影響了 1999 年瑞士的
教師同業工會，組織發布了十條教師信條，並擴充為十條教師職業的十大教師
倫理，其中提及學校做為進行教育及陶冶人格有效的生活與學習空間，特別
是：

＊做為基本文化技能學習的地點。

＊做為民主行動體驗的地點。

＊做為建構性的人際交往、對話，以及反省性的彼此生活之地點。

＊做為學生們學習尊重自己的人格與感受，以及其他人的人格與感受，並且學習和他們共同相處的地點。

＊做為經歷並學習有責任的處理自然的及文化的環境之地點。

＊做為一個提供自由空間的地點，在其中有各種機會可以練習社會責任。

由此學校定位，瑞士的教師同業工會也推導出教師是和一起「所有參與在學校教育的人員共同設計一個教育的學校」（引自Giesecke, 2001: 196-198）。

對於這種教改方向以及對教師的要求，德國學者提出不同的批評：Rehfus（1999: 22）認為，把學校功能無限擴大，要讓外籍孩童融入學校之中、讓孩童遠離毒品、交通教育與環保教育都成了學校的任務，學校反而被過度苛求，沒有時間進行專業的教學；Ipfling（1998: 153-154）也提到學校任務無限擴張的不宜，首先是學生在入學之前已經在家庭及其他不同機構接受許多教育的影響，所以學校教育成效原本有限。另外，學生待在學校的時間不長，學校承擔過多任務很容易導致學校的教學及教育，因時間縮短而變得膚淺且品質低落；最後，就師資培育的功能來看，主要在於培養教師的專科知識以及專業教學的能力，不斷提出的教育要求會過度苛求教師的教育能力。因而 Ipfling 認為，一個務實的改革，應該是將教育的任務放在教學過程中進行。2001 年德國教師工會論及，家庭對於教養孩童不可推卸的責任，他們認為孩童會把家庭教育的缺失帶到學校去，如果父母這一方放棄他們教育的影響力，那麼學校就沒有機會確保或是改善教育的品質，因為學校的成果最終不只是來自教室，而是需要一個相應的家庭氣氛（Giesecke, 2001: 206）。Giesecke（2001: 196-197）也有類似的觀點，認為讓所有關於教育的任務都投射入學校中，只是徒然讓學校定位不明，教師疲於奔命而已。

這些批評的觀點可以讓我們重新審視教師的角色，當然一個兼容並蓄可以同時兼顧學生人格陶冶與知識學習的學校，是我們所樂見的，但是否過度樂觀或是高估教師的角色及能力，讓教師的任務失焦，反而失去其專業性？以下即深入德國一些教育學者對此問題的省思。

參、支持教師專業表現在教學的觀點 ▷▷▷

Giesecke、Prange、Sünkel 等德國教育學者分別從不同觀點來分析教師專業，將其界定在教學。以下分別論述之。

一、教師專業不能定位在成效有限、目標模糊的人格教育上

要求老師進行人格陶冶的教育，很容易忽略在現代社會中教師在人格教育的功效上已經大幅減低，若要求教師達成某些教育效果著實是苛求。Giesecke（1996a: 39-43; 1996b: 10, 35-58, 66, 77, 90; 2001: 111）提出五點讓教師的教育功效大幅減低的因素：

1. 學校無法保證未來的發展：當今知識經濟的社會變化快速，失業轉業的人不斷的增加，生涯發展與規劃都是短期的，學校所學不再保證和未來的工作可以相銜接，使得學校的教育功能也會相對減低。

2. 學校無法主導知識的傳播：隨著電視、網路以及電子郵件種種傳播管道的增加，大幅削減了學校做為知識傳播主導者的地位。

3. 學校無法保障單純的童年：學校的環境不若以往單純，不再能夠替孩童過濾不該有的資訊，以其純淨的、教育化的環境陶冶學生的人品。相反地，學校這個教育堡壘已經逐步瓦解，各種多樣而衝突的訊息隨著電子傳媒到處傳播，兒童、青少年和大人可以接受同樣的資訊，無法特別保護未成年者的成長，因而整個多元化社會的發展會限制、影響學校的教育意圖。

4. 媒體及同儕影響力大於學校教師：電視、網際網路的影響力無遠弗屆，其帶動休閒及消費工業的蓬勃，使得娛樂及消費的傾向不斷加深，相形之下，學校教育顯得沒有吸引力。另外，同儕團體休閒與消費引導的社會中扮演中介的角色，彼此交換訊息或是共同活動。同儕間聚會交誼的場所跨出了學校，進入電影院、舞廳以及速食店，在這些不同的社會場所中，他們自行學習發展不同的人際關係，熟稔學校沒有教過的社會規則。在這過程中所學到的偏差行為，可能帶回學校成為所謂的問題學

生。

5. 學校受限於分殊化的趨勢：各個機構及領域各有其運作規範，各司其事，學校做為社會中的一個機構，頂多只能部分的在其社會地點負責而已，如此一來不再能以一種整體性的一致觀點掌握社會，社會自身已經多元化，並且相互矛盾的分配在不同的社會地點中，這就是現代社會逐漸加速的分殊化趨勢（Partikularisierung）。在此趨勢下，更顯出學校功能的限制。學校只是一個教育的國度，只能在學校這個範圍內施行教育，出了學校之外，教師就對學生行為無能為力。

現在的教師不再能根據自己的意圖進行學校教育，受到媒體、同儕等不同社會化勢力的競爭，相形之下學校只能在其範圍內進行教導，其成效有限，不能為學生整體的人格發展負責。Giesecke繼而導出教師無法強力的引導學生人格的發展，在此情況下，教師的專業無法定位在成效模糊不定的人格陶冶上。

二、從學校的功能推導出教師專業在於教學

如上所述，Giesecke認為教師的專業任務，無法定位在抽象而成效不佳的人格陶冶上，而必須先務實地考慮學校身為一個社會機構的社會功能，由此推導出教師的教學任務。在 Giesecke （1996b）出版的《為什麼有學校？》（*Wozu ist die Schule da?*）一書中，他列舉學校主要的社會功能，如下：

1. 經濟的功能：在民主社會中的學校必須讓所有成員享有盡可能的高程度教育，因而不可避免的學校系統必須有效率的運作以滿足最大多數的學生。出於經濟效率的觀點，因而學校必須專注在其他社會機構所無法提供的教學任務（Giesecke, 1996: 200）。

2. 制裁的功能：為了要執行學校主要的教學任務，學校必須界定學生須具備何種程度的紀律得以參與課程的進行，而學生在偏離應有的行為表現時又應如何懲處，以維持課堂的順利運作。因而學校有權定義出「正常情況」（Normalfall）以及所謂的偏離行為，並在必要時加以制裁學生課堂上的不當行為，以確保教學任務的執行（Giesecke, 1996: 200）。

3. 語調與風格（Ton und Stil）：Giesecke認為，現代社會中不同的社會地

點及機構有不同的規則及溝通方式。也就是說，學校不需培養學生其他
社會機構所盛行的行為模式，只需培養學生與教學相關的行為（例如：
專注力、知性能力、表達意見、傾聽他人等行為）（Giesecke, 1996:
203-210）。

4. 評分與檢選的功能：學校提供學生各科的教學以及成績評鑑，讓學生從
中了解自己各方面能力的優劣，可供學生未來發展的參考（Giesecke,
1996: 211）。

由於學校定位、課程改革與教師定位環環相扣，由對學校功能的省思出
發，Giesecke 也進一步引申出教師的角色與功能。他認為，學校的社會功能是
圍繞教學這個主要任務而發展出來的，而教師的主要工作在於教學，以及從中
發展出的評分和對教學相關的行為規範的各種要求。這些教師的任務乍看之下
似乎和人格教育沒什麼關聯，但是 Giesecke 認為，只有在學校機構的這些規
範之下，學生做為個人才有可能發展自己的人格（Giesecke, 1996: 206）。

三、教學的意涵

要深入教師角色的專業性之前，可以先查考教學的意涵。教學（lehren）
和學習兩者並不相同。學習的概念是廣泛的，學生不一定需要從教學中學習，
從不同人、不同生活層面、不同經驗中都可以學習。例如：看病時遇到個有耐
性的醫生，他詳盡告知我們的病情，以及諸般保健事項，那我們就從這醫生身
上學到許多醫學常識；或是從美容師那裡，我們也可學習保養的技巧。生活中
的人、事、物都可以讓我們從中學習，幫助我們學習並非老師的獨門絕活，而
教學卻是學校裡由教師執行的特殊之處。教學有二種特殊的形式（Giesecke,
2001: 30; Prange, 1989: 235-236, 1999: 6; Sünkel, 1996: 35-36）：

1. 由教學帶出學習

每個人在社會生活中都有過「教導」（belehren）他人的經驗，其基礎在
於交換不同的經驗以及意見。然而這些日常生活中的「教導」有別於「教
學」，因為他們以對話、指示、討論等方式隨機的發生在不同情境中。以製作
弓箭的工匠為例，有一位十歲的小男孩偷偷站在他的旁邊觀看，小男孩不斷地

提出問題請教，工匠只得停下工作回答問題，男孩愈聽興致愈高，決定自己親自作一個弓箭，沒料到手藝不純熟的他試了幾次始終不成功，而遭到工匠的大聲責罵，小男孩只能哭泣地離開。在此情況下，工匠被動的因應小男孩的提問，我們可以說工匠在隨機地「教導」小男孩，但是這還稱不上教學。

如果小男孩每天來工匠這邊，而工匠每天花上一到兩個小時詳細地指示小男孩弓箭的製作過程，工匠逐步地引導男孩材料的特性、工具如何製作和使用，並展示男孩手握弓箭的技巧、製造以及切工的進行，逐步地從簡單的到複雜的步驟，而且讓男孩不斷嘗試製作弓箭的過程，男孩做得不好，工匠逐步知道如何修正男孩的動作予以更精確的指導；在此過程中，工匠一直獲得新的認知與觀點，逐步建構他自己系統性的藝術，而男孩也能從不斷嘗試中愈發成功地做出更良好的弓箭。這樣系統性循序漸進的過程即可稱為教學。由此可知，隨機的教導經驗和課堂上的教學不同，後者才緊密地聯結了學習。關於這一點，Prange 從現象學的路徑切入予以解釋：他把「教學」（Unterricht）還原為一個原初的基本現象「展示」（zeigen）。展示可以用示範（Vormachen）、指明（Hindeuten）、闡述（Erklären）、暗示（Andeuten）、引導發現（Finden lassen）等方式呈現。整體而言，生活世界中有許多的展示不見得和教學有關，只有當「展示」和「學習」（Lernen）結合時，也就是展示是為了別人可以再次將同樣的事物展示出來時，那麼展示在此情況下就成了教學（Prange, 1999: 6）。

2. 教學與直接的生活關聯性分離

教學是刻意營造的情境，和直接的生活體驗有所不同。我們可以從學習方式的演化過程來看：人類從誕生之後，是透過做中學、跟著看、跟著學，在這當中兒童跟著周遭人物的一舉一動，直接以模仿的方式進行學習，而非透過成人將事物以主題說明而間接的學習，這才造就了嬰幼兒在短短幾年內可以以驚人的速度掌握世界，這時所掌握的是單一的、簡單的、可以經歷的世界圖像（Weltbild），藉由此圖像可以組合不同行動、溝通不同的資訊以及讓傳統繼續傳遞下來。也就是說，事物的傳遞與學習是不加思索、光憑眼見與效法而傳承的，此時的教育依Prange之見為「透過自然的教育」（Erziehung durch Natur）。然而從人的發展歷程來說，一旦進入學校，學習就脫離了原初的方式而進入了以語言為媒介的教育。在學校教育的階段中，動機和資訊往往缺乏關聯性，即使在生活中不需要的，同樣也得在學校裡學習。學校所提供的是一種為了所有情境的學習，因而要離開僅此一次、受限於時空的情境，我們可以說教學脫離了直接的行動興趣，其目標在於為未來的、至今尚未知曉的應用情境作預備，這也就是所謂博雅教育的核心。通過語言這個媒介，學生們可以學到遠多於人們所能經歷的、所能理解的範圍，人們可以不受此時此地的支配，穿梭在不同的世界圖像中，增加自我發展的可能性。因而學校教學的目的在於讓我們脫離簡單的情境經歷，進入不受時空支配的世界圖像之中，這是學校教學所重視的理性化課程。Prange繼續將之引申到學校的教學，他認為學校的任務在於長期經營如何展示才能使學生更容易學到的方法，用練習與控制去檢測，是否所展示者也被孩童所學習。學校做為一個機構最特殊的表現在於理性化的展示，其表現在課程上就是一種理性化的課程內容，從基礎的 ABC 課程到博士課程，其主題無關於個人的經驗和親身經歷，是在時間架構下依照理性邏輯逐步編排的。

由以上兩方面來看，教師在學校所進行的教學並不是任意在生活中隨意發生的事件，而是人類文明進化後，在特定機構中所進行的循序漸進教導學生學習的歷程，藉此才能幫助學生擺脫舊有的生活世界，為了不可知的未來學習，增加學生自我發展的可能。而教師在現代社會中對於人格教育的成效有限，不如專注在學校特有的教學功能上。由此，也可以了解學校教師特殊之處在於執行學校的教學任務。

然而，令人質疑的是，此觀點是否過於偏頗？是否會把教師任務過度固著在知識的教導上，卻忽略了人格陶冶的重要？以下對此有進一步的說明。

肆、有教育效果的教學：從「教書」中「教人」

Sünkel（1996）認為，教學和整體的教育活動是相互聯結的，透過教學可以開啟教育新的視野、領域及可能性。他提及（1996: 41）：「我們可以在教學中施行教育，隨著教學的機會教育，因為教學的緣故教育，而且再關聯回教

學的內容，最終教學本身也能有教育功效。」Giesecke（2001: 110）認為，教育的任務並非獨立於教學之外，而是在教學中滋長的，因而他引用 Herbart 所說的「進行教育的教學」（der erziehende Unterricht）一詞。具體來說，Giesecke 提出教學蘊含了兩方面的教育效果（2001: 112-113）：

1. 即使在所謂的「死」知識中，都蘊含教育的可能：以背誦而言，看來似乎是落伍的教學法，但是學習者可以動員自己以往累積的經驗和新資訊加以聯結，並從中產生意義。由此，在新者與舊者之間產生一種張力。為了維持這種張力，學生除了自己當前的感受之外，必須進入教材以及教材所代表的自然與文化的實況上。所以，學生的自我紀律是必要的，不然教學根本無法生效。

2. 在教學過程中，進一步可透過教師不同層面的榜樣進行教育：教師可以在許多面向上展現其示範作用，譬如班級裡溝通的語言與風格、如何透過其專業進行教學，如何處理教材的精神內容、如何區分自我的意見與專業的知識等，榜樣不只是展現在和學生的直接相處上，教師如何傳遞教材內容的人格層面同樣也會影響學生。

不過，Giesecke 最後提醒，不論是教材本身還是教師的榜樣這兩個層面，都只是提供影響學生的可能性而已，因為學生人格中永遠保有一種內在對於特定教育影響的抗拒自由，這裡碰觸到了專業師生關係中無法計畫、不可克服的教育效果的界限。

這樣看來，「教書匠」一詞也沒什麼不好，反而點出了教師的本業以及教師角色的核心，在此基礎上教師可以再帶出所謂的人格教育。也就是說，在教學的過程中就提供許多品格學習的機會，學生在課堂上就有許多人格陶冶的可能性。例如：學生學習專注傾聽老師的講課；討論的時候，學生學習尊重他人的意見等，或是當教師因為學生上課講話不專注處罰學生時，同樣是提醒學生，讓他有改進的可能。另一方面，在教學內容上也有許多啟發學生的可能。例如：從一篇文章的閱讀中，可能學到什麼是勇敢，什麼是誠實等。所以教師好好教書所帶給學生的不只是知識上的學習而已，同時也是人格的陶冶，因為學生從教學情境以及教學內容中，同樣有品德上的學習。

從許多教育學者對於教師專業的討論觀點，也影響了後續的教育政策中對於教師專業的界定。相對於 1995 年北邦的報告書所定位的全能教師角色，1999 年德國文化部長聯席會議主席在會議的結束報告中，卻不再擴充教師的任務，而把教師的核心任務加以局限（Giesecke, 2000：15）：「委員會將教與學過程中的計畫、組織、進行和反省，視為教師能力的核心領域。教師的職業品質將表現在其教學品質上」，另外，在第 51 頁還提及：「學校和教師的任務並非取代父母的教育權利和義務，同樣的，學校也並非做為社會教育的機構而存在的。」

2000 年 10 月由德國教師工會主席及文化部長聯席會議主席所共同發布的「不來梅宣言」（Bremer Erklärung, 2000），此報告以 1999 年的文化部長聯席會議報告為基礎，在第二點中將教師定義為「教導學習的專業人士」。其下又繼續解說：「教師的核心任務是有目標的、按照不同學科知識，在教與學的過程中所進行的計畫、組織和反省，以及其個人的評價和系統性的評鑑。」在教師做為教學專業人員的前提下，「不來梅宣言」中提及學校教師和校外機構的合作可能：

> 教師參與在學校的發展之中……學校並非獨立於社會之外的機構，教師因而大幅度的被要求……在跨學校的委員會以及機構中合作，在學校的自主行政下接收責任與任務。為此，也必須和專家以及校外機構合作。學生可以從外在於學校的職業以及社會的實踐中學習，因而，以一種適當的形式聯結校外的夥伴，將它們的專業能力與專業信念帶入學校一起影響學生的學習過程十分具有意義。

Giesecke（2001: 209-210）引申不來梅宣言的精神，進一步地說明學校可以在與教學聯結的基礎上，以演講或是討論的方式邀請校外夥伴到校內來。另外，學生也可以在實習、遠足、方案式學習的範圍內到學校以外地區進行學習，並且在從校外專業人士身上累積學習經驗。然而即使這樣的校外學習因為其耗時及密集的特性，只能有限制的在正常教學的範圍內穿插進行。

伍、評析

　　關於 Giesecke、Prange、Sünkel 等人，將教師專業定位在教學的面向，筆者認為有其重大的意義。一來可以確立教師的專業角色，不會外加給教師各式各樣的期待，反而讓教師無所適從，模糊了教師的專業本職。教師最重要的是把書教好，學生從中所受益的不只是知識，而且也可收到人格陶冶的功效。

　　二來也是減輕教師的負擔。如果將所謂的人格教育放在其他許多額外的活動上，認為要多辦一些活動，以提倡某一個觀念或改變某個價值觀。例如：要改進學生不良的飲食習慣，特別辦個什麼講座或是一個宣導活動，或是下一次又要提倡誠實的美德，舉辦壁報、演講等比賽，結果老師疲於奔命趕著辦活動，其撥給教學的時間精力反而有限，結果不但教師負擔過重，更會忽略了對於教學的改進。教師為了帶領學生系統性、有計畫的循序漸進之學習，必須在教學過程中將其教育理念與教學策略及技巧融合，並在實際的教學情境中因應不同受教對象做適時的調整，這過程展現了教師的專業能力，這也才是教師的本業所在。如果以過多的外在活動轉移了教師專業的焦點，只是本末倒置而已。

　　但是如果教師只把精力放在專科知識的傳授上，卻忽略將知識和日常生活加以聯結，也會導致學生學習動機低落提不起興趣學習。所以教師如何鑽研教學知識與教學技巧，並同時將日常生活經驗適時的融入知識教學之中，期許自己做個好的經師，但是也思考如何在現行的課程中拓展出改革空間，這樣才能在尊重教師專業素養的基礎上，務實的促使教師進行革新，同時兼顧人師的角色。

參考文獻

■■ 中文部分

國教專業社群網（2006，3 月 27 日）。取自 http://teach.eje.edu.tw/9CC/context/01-3.html

■■ 德文部分

Bildungskommission NRW (1995). *Zukunft der Bildung. Schule der Zukunft - Denkschrift der Kommission "Zukunft der Bildung - Schule der Zukunft" beim Ministerpräsident des Landes Nordrhein-Westfalen.* Neuwied: Luchterhand Verlag.

Bremer Erklärung (2000). Retrieved from http://www.vbe.de/html/vbe_n.html

Gauger, J.-D. (1996). Zur Einführung in die Denkschrift "Zukunft der Bildung - Schule der Zukunft". In Konrad-Adenauer-Stiftung (Hrsg.), *Zukunft der Bildung - Schule der Zukunft? Zur Diskussion um die Denkschrift der Bildungskommission NRW* (pp. 7-12). Sankt Augustin: Franz Paffenholz.

Giesecke, H. (1996a). Die politische und pädagogische Dimension der Schule. *Neue Sammlung, 36,* 143-150.

Giesecke, H. (1996b). *Wozu ist die Schule da? Die neue Rolle von Eltern und Lehrern.* Stuttgart: Klett-Cotta Verlag.

Giesecke, H. (1998). *Pädagogische Illusiohen.* Stuttgart: Klett-Cotta Verlag.

Giesecke, H. (2001). *Was Lehrer leisten. Porträt eines schwierigen Berufs.* Weinheim und München: Juventa Verlag.

Ipfling, H.-J. (1998). Über die Grenzen der Erziehung in Schule und Unterricht. In J. Refus (Hrsg.) *Grundfragen des Unterrichts. Bildung und Erziehung in der Schule der ZuKunft* (pp. 151-160). Weinheim und München: Juventa Verlag.

Koring, B. (1992). *Grundprobleme pädagogischer Berufstätigkeit.* Bad Heilbrunn/ OBB.: Julius Kilnkhardt Verlag.

Kucharz, D., & Sörensen, B. (1996). Die Schule ist für alle Kinder da! Eine Replik auf Hermann Giesecke: Wozu ist die Schule da? *Neue Sammlung, 36*, 93-101.

Prange, K. (1989). *Pädagogische Erfahrung.* Weinheim: deutsche Studien Verlag.

Prange, K. (1999). Unterricht - was sonst? Zur Aufgabe der Schule. *Vorträge von evangelische Akademie Hofgeismar, 15*, 3-16.

Rehfus, J. (1999). Die Verteidigung der Kinder gegen die Pädagogik. In M. Felten (Hrsg.), *Neue Mythen in der Pädagogik* (pp. 13-28). Donauwörth: Auer Verlag.

Struck, P. (1995). *Schulreport.* Reinbek bei Hamburg: Rowohlt.

Sünkel, W. (1996). *Phänomenologie des Unterrichts.* Weinheim und München: Juventa Verlag.

CHAPTER 04

教師專業倫理——
理論、困境與實踐途徑

范熾文

國立東華大學教育行政與管理學系副教授

　　教師是教育改革的關鍵人物，有高度的專業倫理，才能夠投入在工作職場，為學生的學習而付出。專業倫理是指學校教育人員表現其教育作為時，所參照之專業規準。教師專業倫理的理論觀點有四項：(1)批判反省；(2)公共利益；(3)公平正義；(4)關懷倫理。當前教師專業倫理實踐的困境包含：(1)非專業力量干涉學校專業教育；(2)欠缺法治觀念，產生不當收禮餽贈現象；(3)行政裁量的困境；(4)組織官僚化，技術理性盛行等。教師專業倫理的實踐途徑包含：(1)形塑倫理文化，建立工作價值；(2)發揮關懷倫理，創造生活意義；(3)透過倫理反省與決定，解決行政倫理困境；(4)慎用行政裁量權力，保障服務對象福祉；(5)組成專業團體，促進專業成長與制定倫理政策。

關鍵字：批判反省、倫理文化、專業倫理

壹、前言

俗話說：「世風日下，人心不古。」這句話正指出了倫理的式微。事實上，從社會變遷的過程來看，包含公務人員倫理、家庭倫理、企業倫理等，確有逐漸式微的現象。在許多的報章媒體上，都可以看得到，虐童案件的發生、夫妻離婚事件的增加；政治上，官員貪污濫權，時有所聞；企業組織上，掏空資產。這些現象足以顯示我們必須重建倫理價值，才能恢復社會安定與和諧。

以往，學校教師專業倫理並未受到重視，教師教學或行政工作常被視為一種簡單之事務處理。然而，學校是由校長、教職員、學生等所建構而成之人的世界，學校各項教育問題是充滿著脈絡性、歷史性與倫理性，忽略了這種倫理議題，常造成學校問題不斷再製，成員存在僵化貧乏理念。事實上，在學校教育之中，有許多決定行為、溝通歷程、權力運用、班級經營等，都與倫理有密切關係。所以，許多學者（吳清山、張世平、黃旭鈞、黃建忠、鄭望崢，1998；吳清基，1990；林永喜，2000；林明地，1999；陳倬民，1989；馮丰儀，2007；黃乃熒，2000；黃宗顯，1999；蕭武桐，1998；謝文全，2003；Greenfield, 1991; Lankard, 1991; Rudder, 1991; Sergiovanni, 1992; Starratt, 1991; Strike, Haller, & Soltis, 1988）極力倡導生活世界之建構、相互主體性之理解、教育愛之發揚等倫理議題，希望建構出學校教師專業倫理的新典範。

學校教師是教育改革的核心關鍵人物，教師有高度的專業倫理，才能夠投入在工作職場上，為學生的學習而付出。基於上述緣由，本文旨在論述教師專業倫理的內涵與實踐途徑。首先分析教師專業倫理的重要性；其次分析教師專業倫理的理論內涵；再次分析教師專業倫理實踐的困境；復次，論述教師專業倫理的實踐途徑；最後是結語。

貳、教師專業倫理的重要性

以下論述教師專業倫理之重要（吳清山、黃旭鈞，1999；林秀珍，1994；Bottery, 1992; Starratt, 1991）。

一、提升教育人員專業化形象

現在的社會，充斥著許多違反倫理的行為。從教師、社會工作者、諮商員、法官等專業人員，常因忽略了專業倫理，而危害到當事人的福祉與權益而不自知；在教育領域之中，也發生一些問題。茲舉幾個案例說明：

案例一：某國小電腦採購弊案，有數所學校的校長和業務承辦人，涉嫌協助廠商綁標，引起各界討論。

案例二：某高中行政人員涉嫌違法，竄改調整學生在校成績，已錄取的十一名學生可能遭取消資格。

案例三：台北市某國中符姓教師，在上課的補充教材內，編印了幾則色情笑話，以便引起學生的上課興趣，結果引起家長不同意見。

案例四：台北市某國小教師因情緒不穩，體罰學生過當使學生受傷，經醫師診斷後，由家長會出面處理。。

上述的案例違背教師專業倫理，不僅傷害到學生的福祉，也危及到教師的專業形象與社會地位。《教師法》第 1 條即明白指出：「為明定教師權利義務，保障教師工作與生活，以提升教師專業地位，特制定本法。」在第 17 條第 6 款更明定：「嚴守職份，本於良知，發揚師道及專業精神。」這些法條的精神，突顯了教師專業倫理的重要性。為人師表者，除了要具備各種專業知能，更重要的是，本身道德操守和行為表現應在一般人之上。尤其是《教師法》賦予教師有籌組專業組織之權利；設立教師組織的目的，一方面是要爭取本身權益，另一方面則是為了提升專業水準。要使教師組織與其他專業團體並駕齊驅，就不可以忽視本身的倫理信條（ethical code）。就像企業有商業倫理、醫師有醫師倫理、律師有其獨特的倫理規約，這都代表著只要是一種專業領域，本身都應該發展出屬於自身的倫理信條，俾使成員加以遵守，以維護專業精神。因此，制定教師倫理信條，以及有效地實踐，是衡量教師專業化的重要規準。

二、保障學生的受教權益

　　公共行政是一個思想與實踐的領域，凡是進入這個領域的人，經常會被要求對於社會帶來深遠影響的倫理問題做出決定。Nicholas Henry 在其所著的《公共行政與公共事務》（*Public Administration and Public Affairs*）一書中提到，公部門的決策是立基於個別決策者背後的道德與倫理假定，因此，行政人員需要倫理上的敏感性來為公共利益服務（引自陳坤發，2001）。學校為服務組織，也是公共行政的一環，其主要受惠者乃是學生，而不是在於教師、行政人員或是家長。然而學校教育人員涉及他們所做的決定是否公平或民主？分配資源時是否公正（just）與公平（equitable）？評鑑教師時是否公平而人道；管教學生時，懲罰是否公正？上述所涉及的「公正」、「公平」，與「人道」（humane），都會影響學生學習權（吳清山、黃旭鈞，1999）。Lashway（1996）就指出，校長天天幾乎都會經歷這種兩難的情境，所以，對社會、對專業、對學校教育委員會、對學生，都有道德的義務。可見，學校教師所從事的是一項「百年樹人」的工作，若沒有倫理考量，則將影響整體學生的學習權，降低學生學習品質。

三、落實教育機會均等的理念

　　學校是保障學生福祉的服務性組織，學校教師具有評鑑、課程發展、資源分配之權力，他們所做的決定要符合公平與民主。教育機會均等概念包含三項意義：第一，重視就學機會的平等與保障：此階段主要在消除因家庭社經背景、性別、種族、身心特質、宗教等因素而存在的不平等，以達到「有教無類」的理想；第二，強調適性教育，以發揮「因材施教」的功能；第三，實施補償教育（compensatory education）：因學習成績低劣或學習失敗的學生，多數來自下層社會，且多肇因於早期生活經驗的不足，形成文化不利（culturally disadvantaged）以及文化剝奪（cultural deprivation）的現象，故本階段乃著眼於補償的角度（楊瑩，1994；Coleman, 1968）。學校內的資源或經費是有限，但透過教師的專業判斷，以積極性差別待遇滿足不同需求的團體，才能符合正

義的原則。

參、教師專業倫理的意涵

一、專業的意義

　　律師是一種專業的工作、醫師是一種專業的工作、建築師是一種專業工作，理想上學校教育人員，包含校長、主任、組長、科任教師與導師，也應該是一種專業的工作。但什麼是專業化？筆者歸納學者的看法（林清江，1986；秦夢群，1997；劉春榮，1997；Lieberman, 1956），專業工作者具有下列幾項特徵：⑴明確而且獨特的服務：專業工作一定要提供一個明確而且獨特的服務，比方說，醫生服務的對象是病人，這種服務的歷程與付出的勞力歷程是不一樣的；⑵高度智慧的運用：一個專業的工作就是一個智慧的運用，必須靠專業者運用複雜的知識體系來完成任務；⑶長期的訓練：專業者必須要經過一個專門長期的訓練。以醫師來講，目前醫學院必須經過七年的大學修習歷程，而且畢業之後還要經過醫師的考試，獲得國家的證照，才能夠擔任醫師；⑷專業自主權：專業者必須享有很廣泛的專業自主權，能夠憑自己的專業智能進行判斷；⑸接受績效責任：專業工作者除了享有專業自主權之外，也能夠接受績效責任；換句話說，專業工作者做決定的時候，實際的結果必須由專業工作者負最大的責任；⑹服務精神：專業精神是指教師對教育工作產生認同與承諾之後，在工作中表現出認真、敬業、主動、負責、熱誠服務、精進研究的精神；⑺專業團體組織：專業工作者必須要有專業團體或組織以從事專業成長；⑻明確的倫理信條：每一種專業組織都會訂定其倫理信條，讓他能夠負起對服務對象與社會的道德責任，以維護專業精神。

二、教師專業倫理的意義

　　「倫」即為類，義也；「理」則為分也，為文理、事理，亦為性也。倫理兩字可引申解釋為一切有紋路、有脈絡可循的條理，是透過行為對或錯的判斷，來解析道德的目的、行為的動機及行為模式的善惡等，是研究人與人的關

係、人與社會（蕭武桐，1998）的。林火旺（2001）、許士軍（1994，1999）、歐陽教（1985）等人認為，倫理是規範人倫兼身分關係及其應盡責任，強調倫理是代表一種對道德觀點所做的「對」與「錯」的判斷，是涉及一個基於道德責任和義務的行為規範或體系，它引領我們該如何言行舉止、如何判斷是非的能力。

　　不論是企業界，政府或學校，對一個領導者而言，倫理是一個很重要的價值核心，任何一種組織都須靠成員之間的互信才能夠提高效率，而沒有倫理就無法信任。倫理是一種無形的訓練，強調的是成員之間的共同價值，具有同化作用，可以增加組織成員的認同感與成就感，因此成員認為在有倫理的企業內工作是令人驕傲的（許士軍，1999）。專業倫理（profession ethic），係指某一專業領域人員（如：醫師、律師、教師、法官、工程師、會計師、建築師……等）所應該遵循的道德規範和責任。有人常把「專業倫理」和「專業道德」一併使用，事實上，兩者都涉及到某種規範系統，只不過「專業倫理」較偏重於社會規範層面，而「專業道德」則偏重於個人德行的實踐層面（吳清山、林天祐，2000）。

　　由上述分析，專業倫理是指學校教育人員表現其教育作為時，所參照之專業規準。簡言之，是指校長、主任或教師等，在推展教育政策、學生輔導或班級經營時，所依循之道德原則或倫理規約等。將工作價值內化為積極的工作態度，願意為工作而積極奉獻出自己的時間與心力，並從工作中獲得滿足與樂趣。其特點包含：第一、學校教育人員的專業素養：例如校長是依照《國民教育法》規定，經過導師、組長、主任的服務年資及相當的考績，經甄試儲訓合格，才能夠擔任校長，其目的就是要讓行政人員能夠對行政工作歷練有所了解。學校教師專業倫理的特點就是要具備行政與教學專業智能；第二、圓熟的教育智慧：教育智慧是由教育學之父 Johann Friedrich Herbart（1776-1841）所提出的。學校教育是一個科際整合的學術，也是倫理性的實踐工作。從事教育實踐如沒有教育理論作引導，則將流於技術性的問題解決；同時，教育理論如未透過實際的歷程加以落實，則失之空泛。所以，如何將教育理論與實踐之間做密切的聯結，實有賴我們學校教育人員建立一個圓熟的教育智慧來加以判

斷;第三,教師個人的人格修為:面對複雜的行政工作、上級交辦的政策執行、家長的要求,如無適當的人格修養或積極態度,長期累積下來,就易產生所謂的無力、空虛、厭煩的倦怠感。事實上要避免這些倦怠的現象,學校教育人員必須保持心理健康,以及情緒的平衡,所以其人格修養是相當重要。《論語》上記載著孔子的人格修養,說:「其為人也,發憤忘食,樂以忘憂,不知老之將至。」雖然,教育工作壓力愈來愈大,複雜度也愈來愈高,我們要秉持孔子的精神將教育視為傳道的熱誠,把個人奉獻在教育工作上。如孔子所說:「志於道,據於德,依於仁,遊於藝。」這是我們從事學校教育工作最高的人格素養。最後是激發承諾感,認同組織目標,承諾是對學校有強烈的情感依附,同時具備積極的意願來達成教學目標。更重要的是,能激發學生有較好的學習意願,對學校有正面的態度。簡言之,是成員能夠認同組織的目標與價值,願意為組織或工作付出個人的心力,同時希望能繼續留在組織中服務的一種態度與行為表現。

肆、教師專業倫理的理論觀點

筆者參酌學者(林明地,1999;馮丰儀,2007;黃乃熒,2000;歐陽教,1985;謝文全,2003;Sergiovanni, 1992; Starratt, 1991)的意見,將學校教師專業倫理的理論觀點分成四項說明。

一、批判反省的觀點

學校教育是中立的嗎?教學是客觀的嗎?事實上,解析學校教育場域、權力、利益、對抗、衝突等現象是無所不在的。傳統的師資培育制度,係將教師視同國家的精神國防,與公務人員、軍人一樣,具有同樣重要的地位,由國家來設立師範校院,透過公費制度與分發,培育出一波波優秀的師資到中小學任教,也因為傳統保守的師範校院學風,所造就的師資自然以執行國家機器的重要政治思想為角色,按上級既定的「官方知識」教學,很少會去質疑課程內容,也很少批判不合理的政策,這是典型的政策執行者。

倫理是屬於人的事務,是在於完滿地達成自身目的之實踐或選擇,是我們

在不斷地實現活動中的判斷依據（陳坤發，2001）。我國儒家的觀點就主張求仁成仁的概念，希望成就善的道德行為。孔子說：「仁者愛人」、「克己復禮為仁；一日克己復禮，天下歸仁焉。為仁由己，而由人乎哉？」（《論語》）、「故為政在人，取人以身，修身以道，修道以仁。」（《中庸》）、「物格而後知至，知至而後意誠，意誠而後心正，心正而後身修，身修而後家齊，家齊而後國治，國治而後天下平」（《大學》）。

批判倫理，能促使教育人員意識到政治與社會的課題，解析出權力、階級與利益的糾葛。因此，學校教育人員對不合理現象無法加以批判反省，很容易成為特定利益團體的附屬份子或代言人，甚至本身就是特定利益團體，協助再製社會不平等。革新在於「革心」，革心是要對信念、價值，徹底加以改革。教育改革即是教師改革，要以新的人性觀、知識觀、價值觀來參與教育改革。

二、公共利益的觀點

行政具有公共性的本質，是立基在《憲法》規範下，基於公眾信任來代表主權運作，則公眾利益自為其關心的焦點。在行政決定的運作中，最重要及普遍的原則是要考量公共利益，但這並非意味著必須忽略私人的利益。Barry認為，公共利益幾乎等於社群成員的「共同利益」（common interest），在某些情況下，行政人員必須促進「公共財」（public goods），說服公民犧牲個人利益，達成和他人共享的利益（林鍾沂，1994；陳坤發，2001）。有關公共利益，Schubert提出行政理性論者、行政哲人論者及行政實務論者三種觀點（江岷欽、林鍾沂，1995；楊佳慧，1996）：

第一種類型是行政理性論者（administrative rationalists）：大多數人的利益是普遍意志的表達，主張價值中立的決策過程，公共利益可藉由理性化的決策過程而獲得，行政人員最重要的任務即是有效率的執行公共意志的信念。

第二種類型是行政哲人論者（administrative idealists）：此類型真正的公共利益不在實證法中，而是在更高的法律位階，也就是存在於自然法中，行政人員認為本身具有判斷力，能判斷哪些利益更具有公共性，可以毫無偏見的決策方式去制訂政策。

　　第三種類型是行政實務論者（administrative realists）：行政人員扮演者將各種利益團體相互競爭的多元利益，轉化為合乎公共利益的行動。所以行政人員的自覺（self-awareness），是實務論者的重要思想成分。

　　唯不論哪種類型主張，公共利益都是教育人員施政最重要的方針，必須從大眾而非少數人來加以考量，從長遠發展而非短期績效來衡量。誠如 Cooper 指出，公共利益應用在行政運作上，是在提醒行政人員，在做決定及行動之前，是否已經儘可能將各種不同利益考慮在內？是否已超越自我、家庭、部落、種族的利益（蕭武桐，1998）？

　　在此背景下，學校公共利益就是要保障學生的學習權，服務的重點在於教師教學與學生學習，服務的宗旨是為學校整體的公共利益，以大多數人的最大利益來考量，並有能力去管理私人及個人的利益，這是要有道德的勇氣去執行的。

三、公平正義的概念

　　John Rawls 的正義論廣受哲學界、社會學者、經濟學者的討論，Rawls 認為，傳統的功利主義及直覺論對正義的主張都各有缺失，而無法建立起一公平正義且穩定的社會。他在這兩種主張之外找到第三種傳統方法：社會契約理論，並以此為依據建立起自己的正義理論。契約論式的道德理論學者主張，這是大家所同意遵守的規則，就是道德原則，是參與制定者所給予的同意（石元康，1989；何靜茹，1998）。Rawls 發展出正義之二大原則：第一原則是有關基本自由權的保障：每一個人都有平等的權利（簡稱為平等自由權原則）；第二原則是處理社會及經濟不平等的問題：又可細分為二大原則：(1)公正的機會平等原則（fair equality of opportunity）；(2)差異原則（difference principle）（石元康，1989；Rawls, 1971）。

　　茲就平等自由權原則、公正的機會平等原則、差異原則之內容論述如下（石元康，1989；林秀珍，1994；Rawls, 1971, 1993）：

　　1. 平等自由權原則：Rawls 的第一原則是：「每個人和他人一樣都有平等的權利，擁有一相當完備體系下的各項平等的基本自由，而且這些基本

自由與他人所擁有同一體系下的各項自由權相容。」也就是說,所有人的基本自由是一樣的,要透過制度來加以保障。

2. 公正的機會平等原則:正義的第二原則重在社會及經濟不平等的問題,Rawls 認為,社會及經濟的安排必須滿足二個條件:一是各項職位及地位,在公正的機會平等條件下,對所有人加以開放;二是社會及經濟不平等的安排,必須使社會中處境最不利的人獲得最大的利益(Rawls, 1971)。

3. 差異原則:Rawls 認為,正義理論必須有效地處理人與人之間不平等的現象,特別是因為家庭的社會地位、自然天賦及歷史因素,對每個人所造成的差異。儘管社會、自然及歷史因素所造成的差異,也許不十分顯著,但是經過長時間作用累積的結果,卻可能產生重大的影響(Rawls, 1993)。差異原則以照顧社會情況最差者為優先考量,透過博愛之人道關懷,從法律體系、社會資源予以保障(林秀珍,1994)。

綜上所述,Rawls 第一原則(平等自由權原則)在處理政治法律上的問題;第二原則(公正的機會平等原則、差異原則)在處理社會及經濟不平等的問題。在學校情境中,就希望能透過公平、合理的程序,建構正義原則,使學生獲得最大利益,為多數人謀取最大的福利。

四、關懷倫理的觀點

Gilligan(1982)和 Noddings(1984, 1992)所提出的關懷倫理概念,對學校專業倫理的建構,有重要助益。首先,Gilligan 是不滿於以男性為中心出發的道德認知發展理論,而建構出女性觀點的關懷倫理學,她說:「當我們開始要從女性的生活中建構屬於女性的道德發展觀時,其道德的概念應該迥異於 Freud、Piaget、Kohlberg 所提出的道德觀。女性的道德問題是從衝突的責任中出發,而不是從衝突中爭論權利;其解決問題的思考模式是重視情境的而非重視形式;是敘述性的而非抽象的。道德的概念集中在關懷的活動,責任和理解成為道德發展的中心,就好像男性的道德概念集中在公平,道德發展的重心在於權利和規則的理解」(簡成熙,1997)。總之,Gilligan 批判男性為中心的

道德認知發展理論，從而建構出女性觀點的道德觀。關懷倫理學是存在於人際互動的脈絡中，最終目的是使能對自我、他人所涉及責任的終極關懷。

其次，Noddings（1984）倡導關懷倫理學（care ethics）之理念，她認為人類之道德發展是從母性自然關懷之情為出發點，個體從出生之後，即生存在關懷之人際脈絡之中，也就自然而然對他人會施以關懷（方志華，2000）。進一步分析來看，關懷是代表情境中的關係，此一關係至少涉及 A（關懷者）、B（被關懷者）。對 A 而言，所謂關懷的發生，至少 A 必須對 B 加以關注，並願意設身處地的思考其立場，並給予可能的協助。也就是很真誠地傾聽、感受、考量 B 的利益與需求而給予反應。當 B 知覺到 A 所投以的關注後，並有了適當的反應，二者即共同構成了關懷的情境（簡成熙，1997）。

Noddings（1992）認為，關懷的對象相當多，包括：⑴關懷自己；⑵關懷周遭熟識之人；⑶關懷他人（遠方不相識之人）；⑷關懷動植物及自然環境；⑸關懷人為環境；⑹關懷理念。她認為在國小階段應以這些關懷主題為核心，至於在中學，至少每天應占一半時間在關懷的主題上。Noddings 認為，關懷倫理觀點下的道德教育有四項重點：

1. 身教（modeling）：師生關係就是關懷者與被關懷者的關係，教師要做為一個關懷者，成為一個楷模。

2. 對話（dialogue）：在關懷模式的對話中，不在於論題爭辯、邏輯推理，而是要視為一種人際推理，在對話的過程中關注每一位參與者。

3. 實際（practice）：關懷倫理雖是從女性的特性中發展而來，卻是兩性應共同必備的。在社區服務、合作學習等活動中，去發展關懷社會及助人、分享等關係。

4. 肯定（confirmation）：指在關懷模式中，關懷者肯定並激勵被關懷者的表現。

從上述分析來看，關懷倫理學強調個體從出生之後，即生存在關懷之中，學校是活生生的生活世界，缺乏此種關懷人際關係，個體是無法生存的。在此相互依存之關係中，彼此要對話溝通，關注每一位參與者的聲音。

伍、教師專業倫理實踐的困境

一、非專業力量干涉學校專業教育

當前社會風氣的快速變遷，其結果使得教師專業倫理規範來不及調整，不當功利風氣快速滲入到學校組織之間，貶損了許多教育人員的人格尊嚴。學校常受到非專業化影響，甚至干涉學校教育之專業領域，給予學生非常錯誤的想法。教育改革之背後，和政治、權力及意識型態之爭，有密切關係。楊深坑（1999）指出，在後現代反理論、反專家、重實行的思潮下，各國師資培育有反教育理論、重實務之傾向。甚至陷入專家無用，「什麼都行」（Anything goes）的反專業危險；而我國教育改革審議委員會的組織結構及運作方式就有強烈的反專業主義色彩。所以「教育大家談」變得相當盛行，但都缺乏理論之深度反省。

二、欠缺法治觀念，產生不當收禮餽贈現象

學校教育人員產生違法倫理的原因，包含政治、社會、行政與心理上的環境。教育人員是在公務體系的一個部門，在執行重要的教育政策，一樣會受到制度、法令所規範。教育人員的作為如被某種權力或利益所誘惑，而屈從於不合理且不合法的要求，那麼就會違背專業倫理。在學校行政體系之內，也可能受到這種社會價值觀念的改變，讓有些教育人員玩法、違法，謀取不當利益。此外，例如接受服務對象的餽贈禮物、廠商設宴款待，都容易造成違反倫理的情事發生。

三、行政裁量的困境

學校教育人員行政裁量的困境就是角色的衝突與利益的衝突。在行使行政裁量權的時候，會造成主觀責任與客觀責任的衝突。主觀責任是自己價值的信念，客觀責任是組織的層級節制，二者常形成一種困境。例如：身為領導者究竟要全力貫徹上級交付的政策，或是協助教師抗拒不合理的政策執行，這就是

角色的衝突。其次，是利益的衝突，利益包含個人利益與組織利益。例如：屈服於私利，犧牲了公共利益，最常見的包含送禮、兼差、任用私人、濫用影響力……等，造成利益的衝突。

四、組織官僚化，技術理性盛行

官僚組織有典型的權威型人格，不利於民主文化的發展。Marcuse（1964）在其著作《單向度的人》（*One-Dimensional Man*）指出，人的主體在被工具理性壓制下，人變得麻木，而失去理性判斷與創造自由。學校是教育行政之一環，一樣會受到教育行政理論實證化之影響，這種實證技術所發展之組織，是受到效率與控制的技術興趣（technical interests）所引導（陳伯璋，1987）。知識成了工具，人也成為一種工具。以學校教育為例，如果教師以學生考試得分、參與競賽名次或讀書能力等，藉此來評斷學生好壞，這就是工具理性之思維。過度嚴密的科層組織設計，使得行政人員緊守命令而欠缺變通能力，造成非人性化與欠缺適應力的情況（范熾文，2000）。工具理性的影響仍潛藏在各個角落，為了管理龐大的組織與教職員工，勢必以階層職位與法定職責來做好人事管理；為了追求最佳的辦學績效，以課程標準、教學進度、考核來管理校內課程發展；為了管理學生行為能標準化、守秩序，又以動用懲罰，來要求學生服從。

陸、學校教師專業倫理的實踐途徑

一、形塑倫理文化，建立工作價值

以往各種教育改革的重點，大多集中在硬體建設或外在制度，而忽略了教師專業自主。教師是第一線教改行動者（agent），如忽略其專業自主的一面，將導致成效不彰。同時，組織文化是影響倫理決定的最明顯因素之一，學校教育人員如能感受組織中重要人物的行為反應態度，或同輩團體的行為態度，將會影響倫理決定。因此，校長除了要求成員遵守規範以外，更應積極的創造倫理的情境，塑造學校倫理文化，以使教育人員能將倫理準則內化到價值體系。

二、發揮關懷倫理，創造生活意義

關懷倫理領導，講求在開放氣氛中彼此互動，透過相互主體之理解，形成互為主觀性，這種溝通對話不是輸贏的零和遊戲，也不是上下階層關係，而是處在民主的夥伴關係，彼此能為教育議題參與討論、傾聽溝通，這種歷程，能真實診斷出學校問題的所在。校長要關心成員之工作或生活，滿足教師需求，採取服務協助方式，表達真誠善意、理解與關懷，與每位教職員工形成良好的人際網絡，在充滿人情味及相互依賴之開放模式之中，去分享意義，建構知識，創造生活意義，形塑教育願景。Sergiovanni（1992）也強調，為避免造成學校成員被增權後，產生各自獨立的負面效果，所以要與學校所追求的教育目的相結合，具備目的感（purposing），使其能全力對整個學校所追求的目的奉獻心力。

三、透過倫理反省與決定，解決行政倫理困境

反省實踐是教育人員專業成長的重要方法之一，旨在揭發個體的錯誤假定與技術宰制思維，希望恢復人之實質理性，透過專業判斷與慎思歷程，將教育行政行為回歸到教育本質。基於此，教育要再概念化，以反省實踐來重建教育的本質（Codd, 1989）。反省不只是追求客觀事實之重視而已，更要對行政作為或教育政策之矛盾、假定、不合理之處，一一加以分析批判；同時在思考過程中，獲得自我啟蒙，以避免自己的思維僵化不前（陳惠邦，1998）。事實上，在這種多元變遷以及價值分歧的教育情境中，如何做出正確的決策，對的決策，能夠兼顧正義、社會公道、倫理，則是一個新的議題。決策者要思考誠實、正義、人性、尊嚴等，這些原理原則的考量就是倫理決策，透過這種倫理決策能夠解決教育人員的倫理困境。

四、慎用行政裁量權力，保障服務對象福祉

在民主法治的國家之下，行政機關的行政作為，一定是以依法行政做為最高的準則。因為，一切依法，才能夠有客觀的準則。但是行政機關在執行業

務，找尋適用法規之餘，仍有若干賦與行政人員做合理判斷的空間，這個就稱做裁量。當然，裁量不是任意的思維，而是有某種目標、原則，所做出來的行政作為。蕭武桐（1998）、謝文全（2003）建議，行政裁量必須考量下列幾個原則：第一，公共利益大於私人利益：在行政裁量的過程之中，優先考量的是整體的公共利益，而不是想到個人的或者是對自己升遷有關的利益；第二是深思熟慮的選擇：所謂深思熟慮就是教育人員，在眾多方案中，要做抉擇的時候，必須加以反省思考，有無違背倫理，有無違背公平正義。有深思熟慮的過程，裁量權才不會濫用；第三，行為是公正、公平、公開等。

五、組成專業團體，促進專業成長與制定倫理政策

專業團體是專業化規準之一。為了使學校成為專業領域，最重要的是成立學校教育人員專業團體，協助成員專業成長，共同參與專業倫理準則的制定，並針對專業倫理方面的相關問題進行研究，才有助於提升學校教師的專業形象。其次，個人認知的道德發展，是解釋倫理或不倫理行為時最重要的變項。專業倫理準則，能協助教育人員了解專業所期望的行為。校長可運用教育、訓練及非正式組織之影響等方式，將組織道德或責任，傳達予組織成員，以建立組織合作系統，讓成員發展道德認知，以較高的倫理承諾，才能充分實踐專業倫理準則。此外要減少不倫理的行為，除了遵守《陽光法》、公職人員利益迴避……等相關辦法；也要擬訂組織之倫理政策，研訂《教育人員倫理法》，對教育人員倫理行為加以適度規定。

柒、結語

隨著時代變遷以及價值觀念的改變，倫理成為教育專業化關注的一項重要規準。學校倫理實踐，係強調主體之間相互依賴關係，由於相互依賴之關係，必須從主體理解立場開展，故本質上是一種關懷、憐憫行動，是一種愛的表現，更是服務他人之企圖（黃乃熒，2000），這種概念可謂是學校民主化之核心。學校教育是科學，也是哲學，處在多元複雜的教育環境中，學校教育人員要有豐富的哲學素養與紮實的教育理念，才能表現出卓越行為。尤其當前學校

校園權力生態大幅改變，教師組織專業團體，要求教學專業自主，學生家長組成家長會要求積極參與校務發展等，這些聲浪日益提高。學校教育人員不僅要面對組織外在政治及經濟之挑戰，更要發揮專業倫理，滿足服務對象的需求，來解決各項價值問題。

教育改革是一項持續不斷的歷程，需要慎思過程與熱情參與。教師要對學校的組織目標與價值，有著強烈的認同感，對學校充滿希望與關懷，願意為學校教學或行政工作，付出心力，以創造一個民主機構，建構倫理的教育環境。

參考文獻

中文部分

方志華（2000）。**諾丁關懷倫理學之理論與教育實踐**。國立台灣師範大學教育研究所博士論文，未出版，台北市。

石元康（1989）。**洛爾斯**。台北市：東大。

江岷欽、林鍾沂（1995）。**公共組織理論**。台北縣：國立空中大學。

何靜茹（1998）。**契約與正義——論洛爾斯的兩個正義原則**。私立輔仁大學哲學研究所碩士論文，未出版，台北縣。

吳清山、林天祐（2000）。教育名詞——專業倫理。**教育資料與研究，35**，107-108。

吳清山、張世平、黃旭鈞、黃建忠、鄭望崢（1998）。**教師專業倫理內涵之建構**。行政院國家科學委員會專題計劃成果報告（編號：NSC 87-2413-H-133-006）。台北市：行政院國家科學委員會。

吳清山、黃旭鈞（1999）。教育行政人員專業倫理準則之建構。**理論與政策，50**，37-54。

吳清基（1990）。重建教育行政倫理。**研習資訊，63**，1-5。

林火旺（2001）。**倫理學**。台北市：五南。

林永喜（2000）。淺談行政或教育行政需要有哲學基礎。**學校行政，3**，2-14。

林秀珍（1994）。**羅爾斯的正義原則及其教育涵義之研究**。國立台灣師範大學教育研究所碩士論文，未出版，台北市。

林明地（1999）。重建學校領導的倫理學觀念。**教育政策論壇，2**（2），135-162。

林清江（1986）。**教育社會學**。台北市：台灣書店。

林鍾沂（1994）。**政策分析的理論與實踐**。台北市：瑞興。

范熾文（2000）。領導的倫理議題：關懷倫理。**中等教育，52**（5），

162-175。

秦夢群（1997）。**教育行政——理論部分**。台北市：五南。

許士軍（1994，6月24日）。卓越的企業文化植基全員倫理觀念上。**經濟日報，6版**。

許士軍（1999）。新管理典範下的企業倫理。**通識教育，6**（3），35-46。

陳伯璋（1987）。**教育思想與教育研究**。台北市：師大書苑。

陳坤發（2001）。**公務人員行政倫理認知研究——地方行政菁英調查分析**。私立東海大學公共事務碩士在職專班碩士論文，未出版，台中市。

陳倬民（1989）。重振教育行政倫理芻議。**教育家，22**，7-11。

陳惠邦（1998）。**教育行動研究**。台北市：師大書苑。

馮丰儀（2007）。學校行政倫理理論內涵及實踐之探究。**教育研究與發展期刊，3**（3），219-248。

黃乃熒（2000）。**後現代教育行政哲學**。台北市：師大書苑。

黃宗顯（1999）。**學校行政對話研究——組織中影響力行為之微觀探討**。台北市：五南。

楊佳慧（1996）。**官僚體制責任衝突之研究**。國立政治大學公共行政研究所碩士論文，未出版，台北市。

楊深坑（1999）。**知識型式與比較教育**。台北市：揚智。

楊　瑩（1994）。**教育機會均等——教育社會學的探究**。台北市：師大書苑。

劉春榮（1997）。教師專業自主與學校教育革新。載於高強華（主編），**學校教育革新專輯**（頁97-116）。台北市：國立台灣師範大學。

歐陽教（1985）。**德育原理**。台北市：文景。

蕭武桐（1998）。**行政倫理**。台北縣：國立空中大學。

謝文全（2003）。**教育行政學**。台北市：高等教育。

簡成熙（1997）。閱懷倫理學與教育——姬莉根與諾丁思想初探。**屏東師院學報，10**，133-164。

■ 英文部分

Bottery, M. (1992). *The ethics of educational management: Personal, social and political perspective on school organization.* New York: Cassell.

Codd, J. (1989). Educational leadership as reflective action. In J. Smith (Ed.), *Critical perspective on educational leadership* (pp. 157-159). New York: The Falmer Press

Coleman, J. S. (1968). The concept of equality of educational opportunity. *Harvard Educational Review, 38*(1), 7-22.

Gilligan, C. (1982). *In a difference voice.* Cambridge: Harvard University Press.

Greenfield, W. D. (1991). *Rationale and methods to articulate ethics and administrator training.* (ERIC Document Reproduction Service No. ED332379)

Lankard, B. A. (1991). *Resolving ethical dilemmas in the workplace: A new focus for career development.* (ERIC Document Reproduction Service No. ED33446891)

Lashway, L. (1996). *Ethical leadership.* (ERIC Document Reproduction Service No. ED397463)

Liberman, M. (1956). *Education as a profession.* NJ: Prentice-Hall.

Marcuse, H. (1964). *One-dimensional man.* London: Rontledge & Kegan.

Noddings, N. (1984). *Caring: A feminine approach to ethic and moral education.* Berkley, CA: University of California Press.

Noddings, N. (1992). *The challenge to care in schools: An alternative approach to education.* New York: Teachers College Press.

Rawls, J. (1971). *A theory of justice.* Cambridge, MA: Harvard University Press.

Rawls, J. (1993). *Political liberalism.* New York, NY: Columbia University Press.

Rudder, C. F. (1991). Ethics and educational administration: Are ethical policies "Ethical"? *Educational theory, 41*(1), 75-88.

Sergiovanni, T. J. (1992). *Moral leadership: Getting to the heart of school impro-*

vement. San Francisco, CA: Jossey-Bass

Starratt, R. J. (1991). Building an ethical schools: A theory for practice in educational leadership. *Educational administration quarterly, 27*(2), 185-202.

Strike, K. A., Haller, E. J., & Soltis, J. F. (1988). *The ethics of school administration.* New York: Teachers College Press.

CHAPTER 05

教師專業倫理之實踐功能及其限制

黃嘉莉

銘傳大學師資培育中心暨教育研究所副教授

摘　要

　　學校教育與教學活動，除培養學生未來社會生活所需的知識外，也必須具備道德與公民素養。因此，教師不僅是傳遞知識者，更是社會的道德傳人。本文從美國教育知識組織的「教育專業倫理守則」為例，了解教師專業倫理守則的內涵，進而從學校教育與教學的本質分析，了解教師必須是基於道德基礎上，進行教育活動。而教師專業倫理除了展現專業文化的圖像外，也具有約束教師的行為以及引導教師進行判斷之功能。然而，因為教職的歷史文化限制、科層管理、專業權力運作較為薄弱下，使得專業倫理之規範強度較弱。在近年教育改革改變教學文化之潮流下，新教師專業的呼籲，已使得教師專業倫理功能不強，不僅有關倫理內涵已納入正式法律內，而且管理策略的運用，使得專業人員的行為與判斷也由證照價值來彰顯，更突顯出教師專業倫理在先天基礎不穩固下，難以應付歷史發展脈絡下環境的需求。然而，證照制度不足以彰顯教師的道德層面，使得教師在師資培育階段道德意識的培養即顯得相當重要，以彌補證照制度所不足之處。

關鍵字：教師專業、教師專業倫理、教師專業倫理守則

壹、緒論

論及教師專業倫理，可以先藉由「美國教育組織」（National Education Association, NEA）所制定的「教育專業倫理守則」（Code of Ethics of the Education Profession）的內涵做為開始。自 1929 年以後，美國教育組織的「教育專業倫理守則」更改過六次，最後一次的倫理守則是在 1975 年修訂，並沿用至今，其內容也大幅減少為二部分，每一部分又分為八條規則（NEA, 1994, 2008）：

原則一：為學生的承諾

主要基於教育者應激發學生探究的能力，取得知識與形塑有價值的目的上，讓每位學生都能了解自己是社會中有價值且有能力的人，所以在此目標下，教育者：

1. 不應該沒有理由限制學生學習時的獨立行動。
2. 不應該沒有理由否認學生引用不同的觀點。
3. 不應該壓抑或曲解任何有關學生進步的事務。
4. 應該合理努力保護，使學生免於在身體上與安全上，或在學習上的有害狀況。
5. 不應該企圖揭露讓學生陷於窘境或毀謗學生。
6. 不應該因種族、族群、信仰、國族、性別、物質地位、政治或宗教信仰、家庭、社會或文化背景或性傾向，對學生有不公平的待遇，包括參與學習的機會、給予學生的獎勵、給學生的利益等。
7. 不應該利用專業關係與學生交換私人利益。
8. 除非有專業上的目的或法律上的需要，否則不應該關閉學生取得專業服務上的資訊。

原則二：對專業的承諾

基於社會大眾的信任與提升專業的服務水準之責任，教育者必須提升專業

標準、善用專業進行判斷、吸引有能力者，並且協助資格未符合者，以增進影響人們生活的專業服務。基於此，教育者：

1. 不應該為了專業職務，製造錯誤的陳述或無法提供有關能力和資格上的書面證據。
2. 不應該提供錯誤的專業資格。
3. 不應該協助在人格、教育或其他相關的特質不符合資格的人員進入教職。
4. 不應該製造合格應徵專業職務的人之錯誤論述。
5. 不應該協助非教育者在沒有授權下進行教學。
6. 不應該洩漏同儕取得專業服務的資訊，除非是為了專業上的目的或法律上的需要。
7. 不應該製造同儕的錯誤或有敵意的論述。
8. 不應該接受賞金、禮物或有可能影響或損害專業決定或行動的偏見。

　　而且在美國教育組織「教育專業倫理守則」的前言中，也提及守則乃基於對於人之為人的價值與尊嚴，追求真，投入於卓越，以及孕育民主的原則下，教育人員有責任讓所有的人都有自由學習與教學的權利，且每個人都是公平，而守則則提供教育人員在實踐中做為行為的準則。

　　從「教育專業倫理守則」的內容中，我們似乎已經對於身為教育人員之一的教師、教學工作，以及教師專業有所認識。然而有趣的是，「教育專業倫理守則」自 1975 年修正以來迄今逾三十載，幾無改變[1]；再者，從「教育專業倫理守則」的規範對象來看，就如 Travers 和 Rebore（1995: 144）指出，美國教育組織所提出的倫理守則，經過法院的判決，僅對美國教育組織的成員方有限制作用，對於未加入美國教育組織的教師則不適用。是以，「教育專業倫理守則」並非所有教師都需遵守，亦即「教育專業倫理守則」對非美國教育組織的成員就不具約束力。另外，從「教育專業倫理守則」的實踐性而言，也如 Soltis（1986: 2）所提，美國教育組織的倫理守則，是一種廣泛性的規定，雖清楚指

---

1 詳見美國教育組織（NEA）網頁：http://www.nea.org/aboutnea/code.html

出教育者對學生以及專業的基本責任，但僅是一系列告知教育者何種不可行或者何種可行，並沒有提供一個倫理中的哲學原則，教師無法在面對衝突的情緒中，以其有限的倫理守則，釐清情境中的倫理原則。由此可見，美國教育組織的「教育專業倫理守則」在法律上、規範對象上與實踐上都有其限制。

相較於醫學專業，英國的醫學倫理則由「大不列顛醫學協會」（British General Medical Council）所界定，以確保成員得以適當的理論知識和技巧，以及合適的態度、價值或動機來解決病人的問題（Carr, 2000: 25）。由於教育專業倫理的規範與實踐空間有限，使得論及教師專業倫理時，即需質疑為何醫學倫理可以成為醫師共同的規範，而教師專業倫理則否。此乃因教師專業倫理的規範力不足嗎？如是，為何不足？此問題可進一步的質疑，哪一個組織或團體可以讓教師有向心力，齊為所界定的價值共同努力，而成為每位教師在進行教學實踐上得以遵守，名符其實的教師專業倫理。有鑑於此，本文即針對教師專業倫理為核心，探究教師的職業性質、教師專業倫理的功能、教師專業倫理的限制、教師專業倫理的可行發展，做為探討的議題，進行剖析教師專業倫理的實踐與限制。

貳、教學的職業性質

自學校成立發展以來，其目的如 Goodlad（1990: 28）所言，學校不僅必須培育學生具備進入民主政治的文化涵養，也必須培養學生能與世界對話的知識與技巧。因此，學校教育不僅培育學生生活所需的知識，也培育學生的公民素養，使學生成為知德兼具的公民。尤其學校是國家活動的地方機構，不僅可以進行提供培育公民的場所，也傳遞文化、價值、現代化認同途徑的場所（Popkewitz, 1991: 52）。學校身繫社會進步與培育公民道德等重任，因此，學校若僅重視學科知識或工具性的學習，將會忽略教育本質的價值（Carr, 2000: 189）。

而教師則是達到學校教育目的所需的必要條件，若教育僅被視為是傳遞知識和工具技術，則教師不過是技術工匠，有效的傳遞由上而下的課程政策。然而，教師的教學若僅是單純的傳遞知識與技術，則恐難完成培育學生道德態度

與價值之學校目的。而且學校教育是開放的制度與機構，立法、輿論都可對學校教育的樣貌進行修正與批評，就如教育改革的失敗，教師往往成為眾矢之的，此顯示出教師身負培育之責任乃為社會大眾的期望。況且，現今教師參與學校決策的機會甚多，但卻有不少的限制，包括來自家長、學校行政、社會輿論等，成為公眾議決學校事務的現象，教師也非單獨之決策者。再者，現今家長或精熟學科知識者不少，教師專業知識絕不在於教師對學科知識的精熟程度。那麼在教育的過程中，除傳遞知識外，教師的重要性何在？就像 Carr（2000: 244）所提，相較於醫師專業主義係以診斷的客觀正確性，以及增進專業智慧的信任為基礎，那麼教師專業[2]的基礎為何？

欲回答上述問題，則需回到教師的教學工作。誠如 Schwab（1983: 265）指出，教學是一種藝術。如教學是藝術，則有賴教師在教學場域，做出恰如其分的判斷且掌握每位學生的學習。而 Fenstermacher（1986）則是從何謂教學的理性角度出發，以分析哲學方式解析教學的要素，他認為教學的任務不在於學科知識的傳遞，相反的是讓學生學習；教師必須讓學生知道如何學習以及學生角色的要求，篩選教材進行學習，建構出屬於學生自己的學科知識。除此之外，教師還必須輔導與獎勵學生的進步。就 Fenstermacher（1986: 40）的觀點而言，學生學習的重要性優於學科知識的教授，而教師採取適當的活動可以讓學生學習，並非證明學生取得學科知識的多寡，而是激發學生學習的內在動力。換言之，所謂的「好（good）的教學」不在於學生學習了多少，而是在學生學習的過程中，教師是否採取符合道德規範的適當行動，以及是否喚起學生的學習動機。因此，可以了解教師在教學以及校園生活中，諸如課程設計、篩選及分配教材、遊戲規則、討論、學習活動內容等的判斷，都須符合教育道德規範。誠如 Carr（2000: 168）所言，學校教育不僅傳遞工具性知識，也傳遞社會文化傳統，也如 Goodlad（1990: 19）所指，教學必須以規範性考量為出發點，培育公民以及讓每位學生都能依其個性而有其取得知識的途徑。如此，

---

2 本文在「教師是否是專業」的問題上，是採肯定的立場。而教師專業的探討，則非本文所欲探討之處。

教學方能成為一種專業的行業。由此可知，學校教育和教學本質上而言，是規範性或評價性的事業。

Fenstermacher（1990: 148）於 1990 年更進一步說明教學工作的獨特性，他認為教學是一種公眾的事業（popular profession），教學是開放給所有人，讓有精熟教學所需能力的人得以進入教學場域，培育下一代。再者，教學也是一種平等的專業（egalitarian profession），除了科層管理的權力差異外，教師之間並不會因專長與特殊能力，而有地位和控制上的差異，而是資源共享的。另外，教學也是有所要求的專業（demanding profession），教學需要教師進行反省知識與教學技巧，以便靈活運用於複雜的教學環境中。教學因有這些特徵，得與醫學、法律不盡相同，亦即教學除了傳遞學科知識外，還得讓學生自行學習，而且教師與學生的社會距離不應拉長，學生給教師的回饋往往是非物質的。因此，以專業知識的科學觀加諸於教師專業是不恰當的，教學過程中也應賦予教師教學的自主性，基於此教育目標，教學是一種道德的責任，且知識與技術訓練並非為教育的唯一目的。

Soder（1990: 72）也建議應以教學本身的定義和工作脈絡，來尋求教師專業的基礎。即是教師都相信兒童有學習的權利，為促進兒童生理及心理上的發展，教師必須成為確保兒童的天性能夠發展的批判保護者，這是來自於教學上的道德使然，教師教學必須開展於學生有權學習的著眼點。Goodlad（1990: 4）也同意 Soder 的觀點，認為建立教師專業的地位，就必須從教師的複雜工作，以及工作脈絡中的不確定性為基礎，並且在不確定的脈絡中，進行道德上的判斷。而國內學者姜添輝（2000: 18）也認為，教學事務充滿高度的複雜性，需要教師高度的心智活動與專業判斷，從實踐的不確定性去建立專業地位，教育的任務以道德為基礎，教學也必須以道德為基礎，做為教師取信於大眾的基礎，建立教師專業的地位。

綜上所述，教師的教學工作有其複雜性，且非僅是單純的知識傳遞，重要的是教師的教學，還必須包括學生道德與公民素養的培育。再者，教學工作端視教學當下，教師是否能從學生有權學習的立場上，做出符合道德依歸的判斷，啟發學生的學習興趣。無論學校教育或教學工作，都是屬於規範性與道德

性的工作，擔任教學工作的教師，則必須從道德出發，建立自身的專業基礎。

參、教師專業倫理的實踐功能 ▶▶▶

　　從上文美國教育組織的「教育專業倫理守則」之內容來看，教師專業倫理的內容可包括兩部分：一為對學生的承諾；另一為對專業的承諾。對學生的承諾之理念，乃基於學生有權學習，且基於人之價值，教師應保護學生的學習權。而對專業的承諾之理念，則基於教師身為教師專業成員的一員，即應遵守專業集體之規範。如此之觀點亦如Goode（1969: 299）認為，工作倫理的出現原因有二：一為顧客容易受到傷害；另一為專業人員值得相信。相較於中小學教師的顧客或服務對象，係為法律上尚未成年的兒童或青少年，是以教師的顧客是容易受到傷害的，而且教師工作的歷史文化，一直都與宗教有著密不可分的關係，也促使教師能具有家長或社會大眾所信賴的特質。而且基於教學工作具有規範性及教師是專業的成員，教師應表現出符合專業地位文化規範的行為舉止，不應做出有危害專業信譽之行為。因此，教師專業工作所需的專業倫理，則具有下列功能，以保護顧客權益與專業地位的文化。

一、教師專業倫理提供專業文化圖像

　　日常生活中社會大眾普遍認定的「專業」，象徵著地位、優勢和優渥的報酬（Soder, 1990: 44）。如結構功能論者所言，專業之所以具有社會地位、優勢和優渥的報酬，來自於專業的功能，包括社會分工的需要、穩定社會之和諧、抗衡商業私利、提供獨特的服務。對結構功能論者而言，專業的道德典範，以維持社會變遷的和諧，是諸如 Carr-Saunders 和 Wilson（1933）、Flexner（1915）、Parsons（1954）探討專業特質所特別重視。專業人員的責任不僅是聯繫著社會體系，同時也必須隨著社會變遷帶領社會與時代的改變（Kultgen, 1988: 7-8）。專業是維持社會和諧的要件，在無私的服務理念下，專業以其理性、技術、品質控制、倫理的特質為社會帶來穩定與進步。

　　由於專業人員所提供的服務攸關於人類的基本權利，除生活所需的人類需求外，醫藥、法律和教育都是人類成為公民的必須需求（Carr, 1999: 37），而

專業的服務有利於人類在健康、法律責任、社會安全等方面的提升。這些基本權利的道德概念，也促使專業人員必須具有道德意識（Carr, 2000: 27, 29）。專業人員在進行個別的專業服務時，必須根據道德原則，進行有利於服務對象的福祉。就教師而言，如 Goodlad（1990: 27）所言，教師必須以兒童及教育的最大利益做為考量進行判斷，同時也負起責任。但對集體的專業職業而言，誠如 Greenwood（1957: 52）所指，每一種專業都有其歷史發展涵養其職業文化，每一種專業文化即是一種規範性的象徵；此專業文化的象徵具有意義負載（meaning-laden）的功能，代表著一種階級、個人角色與對社會的責任，同時也代表著社會對於專業的看法與信賴。因此，專業規範內部成員的倫理原則，即展現每一個行為規範所應包含的工作情境。對於個別專業人員與集體專業職業，專業倫理具體而言，即如 Jackson（1970: 6）所指，不僅規範個別專業人員的工作情境，同時也指出集體專業生活的地位與風格。對於教師專業倫理而言，如倫理信條代表著專業的規範，規範著專業人員的行為與生活，則教師專業倫理即提供了專業文化所規範的行為準則，也展現了教師專業文化的圖像。

二、教師專業倫理約束專業人員行為

Parsons（1954: 38, 42）在歸納專業的特質時指出，在專業具有的普遍性中，差異性的知識與技術能力，是社會分工的現象，也是專業提供的獨特服務，更是專業建立權威之所在。由於專業知識與技術具有心照不宣的成分，是非接受過專業訓練者所知曉的部分，也需特定途徑方能取得。由於心照不宣的專業知識，使得專業和社會大眾之間產生了距離感與神秘感，造成專業人員與非專業人員之間產生資訊不對等的現象，使得專業人員在面對不確定的情境時，可以掌握比非專業人員更多的知識，控制情境的不確定性，客觀思考進行專業判斷。

在專業人員與顧客的互動歷程中，Goode（1969: 278-279）指出，專業服務理念之特色，包括專業人員必須以顧客的需求來決定事務，但是如果由顧客主導或影響決定，將會降低專業人員的專業程度；再者，專業人員必須奉獻於服務的理想。另外，專業人員必須依照規定提供服務；最後，專業團體建立報

酬和懲罰制度，以約束或保護專業人員。由 Goode 的分析得以了解，專業人員與顧客之間的分際，雖在提供專業服務之前有規定，服務之後有獎賞制度，但是如何拿捏，方不致於降低專業人員的專業程度，也不致於傷害顧客，則有賴專業人員進行具道德意識的專業判斷。也由於專業人員與顧客之間的社會距離感，使得專業必須具有專業倫理，以約束專業人員的行為，保護顧客不受到專業人員的剝削。

　　教師的教學工作，因教師所具有的專業知識，使得教師和學生之間存在著距離。誠如前述，教師不僅傳遞知識，也培育學生的道德與公民素養。在教師專業知識的基礎上，亦如 Strom（1989）在探究教師的道德意識中指出，在教師專業能力中，除了能夠批判性理解教學的道德基礎，也必須具備倫理思考、感覺、行動中所涉入的價值原則與學習過程的知識。是以，教師在面對學校以及教室脈絡的不確定性時，必須成為能夠善用權力、選擇、評估，做為具道德意識的判斷者，整合正義、自由、平等、真理與人性的價值，具體表現在專業行為上，並且以理性反省的道德為基礎，進而擔任行動的專業責任。

　　綜上所述，在學校教育與教學具有的規範與道德之基礎上，教師專業倫理對於教學職業的集體宣稱，使得教師得以擁有社會所信賴的地位，也使得教師專業組織的形成，做為規範與約束教師行為的管理者，並藉教師專業倫理做為約束教師行為的準則。

三、教師專業倫理提供行事判斷依據

　　教學的基本特質是道德，但 Shulman（1987: 477）認為，教學有了基本可以宣稱為專業的內涵，才能提供服務，才能有理念足以實踐，才能從實踐過程中進行倫理判斷。對於教學而言，好的教學是以最好的方式尋找提升學生的道德、心理與生理的發展，避免學生受到最基本的危害。而教學專業技巧的特別性以及難以一般化或編碼化的專業知識，可以讓教師得以遇見可能的教學情境，進行具有創造性和想像力的教學（Carr, 2000: 9）。由此可見，教師必須結合理論與實際，在脈絡中慎重地做出有利於學生的判斷，以及教師能用其對教育理論的理解，提出家長與學生不能了解的觀點進行溝通，並且評估實際上

學生學習的困難與採用具優先性的策略（Carr, 2000: 37-38）。因此，教師必須具備教學的專業知識，提供專業的服務。

教師在教學脈絡中，依據專業知識所做的判斷，可謂是教師專業自主的展現，亦如 Hoyle 和 John（1995: 78）指出，專業自主是專業實踐者在實際的情境中，所具有的決定與執行決定的自由。教師專業自主是一種教師工作滿足的現象，基於專業倫理以及顧客權利，在教室層面上，教師專業自主展現於教學目標、主題、內容、教學風格、教學策略、評量等的決定與執行。在教育目標層面上，教育目標常涵蓋知識、技術、價值、信念與態度，且具抽象性，而教育目標的運作，最終仍落在學校與教室層面，教師必須轉化教育目標的抽象為具體可行之措施。教師在教育目標層面上的自主性，則展現在工作方法的執行（Hoyle & John, 1995: 83-84）。

由教學脈絡的複雜性與道德引導的判斷，成為教師專業的基礎，甚者可謂評價上的深思熟慮（evaluative deliberation），是為教師專業的核心。教師必須能夠在採用策略的過程中，根據實踐脈絡的需要，以道德規範為依歸，做出有利於學生或教學的方法或內容（Carr, 2000: 111）。因此，教師專業倫理絕不是主觀的個人嗜好，也不是依循客觀的行為準則；相反的，教師專業倫理是以價值理性，針對相關議題所進行的專業理性反省與判斷（Carr, 2000: 132）。是以，教師專業倫理便成為教師在專業自主之際，做為引導教師進行專業判斷之依據。

綜上所述，在做為專業的一門職業，教師專業倫理是為教師專業集體文化的展現，且為保障顧客的權益以及維護專業的形象，專業倫理得以規範專業人員之行為，另也做為專業人員在不確定的脈絡中得以判斷的準則，以展現教師專業之自主性。因此，教師專業倫理在建立教師專業地位是必要的，且可做為規範與引導教師專業行為之依據。

肆、落實教師專業倫理的限制

呈上所述，雖然教師專業倫理可以展現教師專業的集體文化，規範教師之行為，且能做為教師在判斷各種決定時的依據。但教師專業倫理在實際運作

時，卻因下列因素，影響教師進行專業判斷與專業服務之程度，也影響教師專業倫理不及典型專業倫理之規範強度。

一、教職的限制

教職是一門職業，這是無庸置疑的想法，但是教職成為每個人都認同是專業，有著本質上的疑慮，使得教職的特質形塑教師無法成為專業人員的地位，包括以下幾點。

（一）教學是一種「照顧」的職業

在文化傳統上，教學是一種「照顧」的職業，Lorite（1969: 22）亦如Carr（2000: 11）提出相同的觀點，認為照顧兒童是女性的工作，需要具有女性或母性特質的教師，來進行教育下一代的工作。女性的養育天性與耐心的特質，使得女性較容易取得教學的工作；相對的，源自於天性的概念，也就不需要具有認知技巧或理論基礎的教師。因此，教師不需要複雜的認知或理論性技巧來進行教學任務。

（二）教學的宗教蘊義

十八世紀，特別是在英國，教育活動多由宗教團體或慈善團體捐助，教育活動是藉由宗教教學與聖經的閱讀，傳送社會和平，教授謀生技巧與自我管理的能力，以教導貧窮兒童具備基本生活技能與符合當時社會所需的行為（Maclure, Ed., 1979: 4）。當教育活動轉由國家管轄時，教師便承繼宗教所具的特質。在加上最早的師資培訓機構，也源自於由諸如「基督知識促進會」（Society for Promoting Christian Knowledge）宗教與慈善團體所成立，其成立的目標即在訓練教師做為維護貧窮者的道德感，以宗教上的承諾及道德意識為重點（黃光雄，1977：114）。誠如Carr（2000: 12）所指，教學富有濃厚的宗教意涵，教師肩負傳遞文化價值的重責大任，教師的「文化代表」或「文化管理者」的角色，是不需要高度的知識或技巧，相反的，教師必須具備社會重視的文化價值。

（三）教職工作的替代性

　　教學是一種高尚的信念，雖然可以吸引年輕人接受訓練進入教職。但就教師的工作環境及薪資結構而言，教職是讓人從事一階段的工作後，進入他職，或是讓女性從事的工作，待結婚生子後離開之暫時職業，相較於教師的招募、教育和報酬而言，教師專業充其量不過是個呼籲（Goodlad, 1990: 15）。而且歷史發展過程中的變化或不確定的工作環境，使得教職相當易於取得。例如：女性教師在美國南北戰爭後大為增加（Mattingly, 1987: 42）；又如教師市場供需時，有著大量的教師缺額，為解決此問題，如美國即設置「緊急證書」（emergency certificates），讓未完成師資培育而有意擔任教師者，得以藉由緊急證書制度擔任教學工作（Lieberman & Miller, 1992: 1046）。當教職工作成為其他工作的跳板，且因時代脈絡而容易取得的情況下，讓教職工作成為替代性高的職業，教師工作的專業程度也就不如典型專業。

　　教師工作因上述的特質，使得老師成為專業往往是一種呼籲，或是成為一種「教師應為專業」的應然結果，教師專業倫理也在此限制下，顯得著力點不足，對於現場教師的幫助或提供教職的專業集體文化象徵，即展現出有所限制之感。

二、科層體制的管理

　　當政府管理教育之後，學生與學校數量激增，尤其義務教育開始後，教師的需求量也隨之增加。在十九世紀末至二十世紀初，教育改革的重點在於建立教育行政管理架構，特別是以視察方式監督學校教學與課程的運作，而女性居多的教師，也透過督學的視察，用以了解教師的教學成效（Spring, 1997: 143）。二十世紀初期科學化的潮流，也影響學校教育的管理，藉由科層體制的建立，由行政人員來管理學校。由於政府與社會大眾普遍認為教師缺乏知識和教學決定的能力，所以科層管理有助於確認教師的教學品質；再者，教師在傳遞知識的過程中，為確認教師不會扭曲社會共同價值，確保教師傳遞的價值無誤，科層控制管理教師成為重要的方式（Simpson & Simpson, 1969:

204-205）。

　　但是科層管理如 Densmore（1987: 138）所提，如過於重視專業人員的利益優於顧客的利益，則會造成去人性化的管理，然而如掌握專業人員在意識型態上的認同，即會產生責任自主的管理方式。但是在教學場域上，教師接受科層管理的工作情境，主要在於教師沒有集體的聲音，教師很少有最後的選擇或決定權，Densmore（1987: 151）稱這種現象為「意識型態的去敏感性」（ideological desensitization），用以說明專業人員在工作上少有或沒有責任，並且與工作的社會脈絡脫離的現象。就如 Wilensky（1964: 146-147）指出，專業人員在科層體制下，授薪的專業人員對工作並沒有全然的掌握權，控制權力是由管理階層擁有，另外專業人員對於工作也無全然的責任，無論在工作過程或最終產品上，專業人員都必須服從。教師在學校的科層體制中，無法決定教室外的教育目標，也無法決定學校活動的進行。也如 Parsons（1954: 38-39）指出，專業技術限制於「契約關係」（contractual relationship）中的權利與責任，技術的應用範圍有所局限，所以專業人員的行為需要接受行政上的管理。教師同樣也依其契約或科層體制的規定行事，且教師發揮專業自主權僅限教學脈絡，教師的判斷仰賴的是學校脈絡經驗的累積。在科層體制管理下，教師所處的是由行政人員所管轄的權力架構（Wilensky, 1964: 55）。

　　如 Clandinin 和 Connelly（1996）在研究教師的專業知識時便指出，從教師在學校中的生活切入了解教師的專業知識，可以分為教室中、教室外以及學校三地點的知識類型。教室中的生活是屬於教師和學生，是屬於私密的，教師得以發展其自主；在教室外，教師的專業知識則瀰漫著期待可以影響但卻無法影響的現象；在學校中，教師並非是自主的工作，且服從於科層體制。另外，教師的報酬也非單純僅來自科層體制的規定薪資，根據 Lortie（1969）的研究，教師報酬包括物質的外在報酬（extrinsic reward）、伴隨著教師角色附帶報酬（ancillary reward），以及內在報酬（intrinsic reward），但卻屬內在報酬最受教師重視。學生行為有所轉變、學生態度有所改變、學生成績有所改善等來自學生的回應，使得教師對於學生行為改變具有敏感度，相對於教師對於行政或同儕之間便較缺乏動力。教師可以因內在報酬需要投注時間與精力在學生

身上，以換取學生具體行為改變的事實來加以肯定自己。許多教師明顯相信
「好老師」，是以教師個人的觀察和使用他自己的期待結果來檢視教學行為。
但這也使得教師與學校行政的管理目標有所不符，並且與同儕的關係不甚密
切。亦如Wilensky（1964: 146-147）所指，顧客取向的關係將會削弱同儕控制
和專業規範，如果專業所發展出的知識和技術是大眾所熟悉的，是來自於經驗
的累積，或者知識或技術範疇過於狹隘，而使多數人可以無須經由系統的訓練
便可取得，專業便缺乏可以排外的判斷權（exclusive jurisdiction）。

因此，在科層體制管理下，教師既無法脫離行政管理，而需依循規定行
事，較難發揮專業知識之影響力，也因重視內在報酬的獲取，而不重視同儕間
的控制與專業的規範。此現象影響著教師在行使專業知識與提供專業服務時，
教師專業倫理難據以發揮引導之功效。

三、專業權力的運作

Larson（1977）在《專業主義的崛起——社會學分析》（*Rise of Profes-
sionalism: A Sociological Analysis*）一書中，研究醫師和律師專業職業的歷史發
展指出，專業絕非是無私的職業，而是透過特定商品的交換，以累積社會和文
化權威。而Larson（1977: 15-16）所指的「特定商品」，乃是在具有「認知排
他性的協商」（negotiation of cognitive exclusiveness）的專業知識上，讓專業
知識來建立專業服務與服務的商品。然而，更為重要的是，專業知識必須為政
府官方所認可，且以證照制度加以保障，以證照代表專業權威，使得證照劃分
專業與非專業，且也形成社會的認同（Collins, 1990: 19-20; Torstendahl, 1990:
53-54）。但是無論是專業知識或建立專業服務，都須仰賴職業集體成員奮鬥
的結果，使專業成為影響團體，用以爭取定義工作的條件與方法，控制生產者
的生產，建立職業自主的認知基礎與合法性（Larson, 1977: 49-52）。

Soder（1990: 63）指出，美國醫學成為專業的過程中，醫學專業化的成功
在於歷史發展與醫學知識的配合，即在社會條件和醫學發展的裡應外合下，合
法化各種複雜性情境所需要的專業服務，包括展現科技發展與科學發現的功
效、聯結科學醫藥和醫學訓練、除自我管理外也必須透過社會控制專業人員、

要求醫藥服務的增加、有權勢的利益團體捐助成立醫院、研究中心和醫學院等，這些趨勢成功地聯結醫學知識的發展與經濟因素和社會因素，使得醫學成為符合社會利益和價值的專業。是以，醫學知識是否能在歷史發展脈絡中合法化複雜性，便成為醫學專業取得專業權威、權利和聲望的來源。由此可知，專業服務市場必須具有差異性的「商品」，此商品是為了因應社會的需要，亦即由專業知識所產生差異性的專業服務。此商品不同於勞動，但卻是「虛構（與創作）的商品」（fictitious commodity）（Larson, 1977: 14）。因此，在專業化過程中涉入的主張、宣稱、權力下，專業人員讓服務成為一種交換地位、權力的資源，而專業利益絕非是中立於顧客利益和專業信念之外（Popkewitz, 1994: 3）。然而，對於教師而言，教師專業權力的行使，明顯不如其他典型的專業。如此的考量來自於教師專業知識是否存在，教師專業知識是否足以讓教師提供獨特的專業服務，教師專業組織是否生產專業知識，教師專業組織是否有權力得以控制或管理教師的生產等疑慮，而這些疑慮進一步使得教師服從政治與規定，甚於教師專業組織的規範，遑論教師專業倫理的落實。

　　專業主義的權力一方面使得個別專業人員有其自主，另一方面則局限於專業主義的概念中，專業人員必須服膺於集體專業中，以彰顯專業權力。因此，專業主義一方面描繪個人的行為與特徵外，另外也是一種宣稱明確的特別能力，以及一種可以規範專業能力的責任與對專業的承諾（Laffin & Young, 1990: 5）。但是這種對於專業的承諾是相當模糊的，在個人的實踐上，對專業的承諾可指規範自我的態度，但在社會服務上，卻又必須遵守集體專業的政治運作，俾使專業以集體的事業與社會進行交換（Ginsburg, 1987: 107）。對教師而言，教學文化亦如 Lortie（1975）的觀察，在學校與社會結構下，教師是持保守主義（conservatism）、個人主義（individualism）、即時主義（presentism）的價值，進行教學工作。在學校的教學生活中，教師處於學校建築結構與科層體制下，總是緊守於教室內的教學，雖遵守教育改革的措施，但是上有政策、下有對策，教師仍是重視學生的改變。也如上文所指，教師的自主無法獨立於教室之外，在國家教育事業下，教師遵守的是科層體制的管理或國家政策的發展。對教師而言，集體的學校控制，如 Bull（1990: 126）所言，將會降

低教師警覺和了解社會的期待，並且限制教師負起教學的道德責任。

綜合上述內容，得以了解到教師專業倫理落實在教學場域上的限制。由於教職歷史發展下所醞釀而成的文化，使得多數人認為教學是不需要太多的深奧知識，每個人都有能力成為教師，遂成為普遍性的想法。也由於教師欠缺深奧的專業知識，教學能力偏向技術與經驗的累積，使得教師無法具備如學者所提之專業知識所產生的差異性服務，也就無法進一步從提供服務的行為中，捍衛自身的專業權益。再加上社會認同科層管理的科學性可以帶來進步，教師在學校科層體制下進行教學工作，教師重視從學生身上獲得的內在報酬，與學校科層為確保教師傳遞價值無誤或維護教學成效有所差異，而造成教室自主，服從於契約或行政規定之情形，顯得教師專業倫理較無法發揮其功能。

伍、教師專業倫理的轉化與展望 ▸▸▸

從上文可以得知，學校教育與教學在本質上是具規範性與道德性的，從事教學工作的教師，也是具有道德典範，教師也因此成為結構功能論者所稱，具有維護社會和諧之功能，並具有引導社會和諧發展之功能，使得教師得以成為一門專業。教師在成為一門專業以及實踐專業的過程中，也受到專業倫理的規範與約束。教師專業倫理亦如其他專業倫理一般，具有展現集體專業文化圖像、約束專業人員以及引導專業人員實踐過程中的判斷。但是卻因教職的特性，長期以來因教職的宗教與性別傾向，以及教職的替代性高，而不為社會認為需要高度的心智運作與專業知識。再加上，科層體制的科學化與監督教師傳遞知識與價值無誤，使得教師為行政人員所管理，教師專業自主只能展現於教室內的教學。由於缺乏排外性的專業知識以及專業服務，在專業集體的市場交換上，教師專業的地位就顯得較為不穩固，教師專業倫理在影響教師判斷教學與學校事務時，即不甚明顯。再加上近年的教育改革趨勢，對教師的期待與要求也不同過往，教師專業倫理面對的是轉化的契機與展望。

一、教師專業倫理的轉化

從教師專業倫理必須存在層面與落實限制層面來看，不難了解為何美國教

育組織的「教育專業倫理守則」自 1975 年後即不再改變之可能原因。比較台灣《教師法》與美國教育組織的「教育專業倫理守則」得以了解，有些「教育專業倫理守則」之規範已成為具有法律基礎的條文，如《教師法》第 17 條對教師義務事項之規定，其中便包括教師必須導引學生適性發展，培養學生健全人格，且應嚴守職分，本於良知，發揚師道及專業精神，此即為「教育專業倫理守則」中教師對學生的承諾。另外，有關保障學生隱私的條文，也成為《教師法》第 17 條的規範，不因學生性別、年齡、能力、地域、族群、宗教信仰、政治理念、社經地位等差異，接受教育之機會一律平等，也成為《教育基本法》之規範。換言之，在台灣，教師專業倫理儼然納入法律規定，教師如行為違反相關規定，則必須接受法律的制裁。是以，教師專業倫理守則已轉換為具法律規範的條文，儼然成為判斷教師具體行為的依據。

另外，自 1980 年代英美教育改革潮流以來，誠如 Whitty、Power 和 Halpin（1998: 39-41）的研究指出，英國（英格蘭和威爾斯）、紐西蘭、瑞典、澳洲、美國等國家的教育改革，雖有不同的政治體制與文化，教育改革的措施也不盡相同。但是國家間教育政策的仿效與工業生產效益的宣揚，教育改革的全球化趨勢係以新管理模式為主，強調以標準穩定生產品質、消費者的選擇與多元模式途徑反映市場狀況。例如：在英國自 1980 年代以來，即形成一股形塑新教師專業的風氣，英國政府將教師視為是政府公共服務的一員，以提升教師本身的專業程度，並且重建政府對教師專業的信任，形塑教師的新專業地位。英國政府的措施包括：(1)專業的高標準，包括進入和領導的標準，由強而有力的教師總會（General Teachers Council, GTC）建立全國性的訓練方式，界定教師素質；(2)建立最佳教學的知識體系以及專業人員例行訓練和發展機會，並且不斷更新教學知識；(3)有效率的組織支援性人員，以支持最佳的專業實踐：包括新聘學校教學助理、技工、辦事人員、會計等；(4)有效的運用尖端科技，以履行最佳的專業實踐；(5)激勵和回饋表現卓越的教師，包括經由薪資結構；教師的卓越表現程度與其獎勵金，係由校長來決定；(6)專注於提供學生和家長最佳的服務，以清晰且具體的績效以及表現和成果的測量，讓學生和家長更加信任教師的專業表現（Morris, 2001: 19-26）。英國政府的呼籲也正式於《2002

教育法案》落實，讓教師專注於發展教學能力，無須花費時間於非教育事務上，更讓教師地位高於行政科層上，且由校長掌管教師的獎懲，管理新進教師的訓練，已建立管理教師的新模式。

雖然英國政府有意強化教師的教學能力，但是為掌控教師的教學，以管理師資培育階段至教師專業發展階段的教師素質，政府對教師教學績效的掌控，採取的是如 Darling-Hammond（1989）所指的績效運動，混合科層與市場的形式，使得專業愈來愈講求品質的保證。具體追求績效的策略，包括：增加管理者的權利、由地方來經營學校、開放的入學機會、國家制定課程、國家統一測驗成效、教師評鑑等，都是教師專業達到績效的表現。由這股新管理模式來看，教師專業係建立在符合績效要求的基礎上，與傳統強調教師專業自主有所差距；相對的，教師專業倫理已不如專業標準或績效來得重視。

另外，學者也紛紛提出新教師專業的圖像，如 Hargreaves 和 Goodson（1996: 20-21）的新專業主義，其內涵包括：(1)增加教師更多的機會與責任，促使教師在教學、課程與學生的照顧等問題做明確的判斷；(2)賦與教師更多的機會與期望，促使教師參與教學價值和社會及道德價值之論辯；(3)建立合作的文化，與同儕共同致力於運用專業知識來解決實際的問題，而非聽命於他人；(4)教師不應躲在自我保護傘下，而應公開地與影響學生學習深遠的社區合作；(5)教師應主動積極地照顧學生，而非僅提供服務而已；(6)教師應持有自我導向的探究與不斷學習的精神，發展本身的專業知識和實踐標準；(7)確認教師工作的高度複雜性，給予相對應的地位與酬償。新教師專業的圖像，不僅為教師帶來新的形象，教師的教學生活不能僅局限於和學生的關係，而必須將範圍擴及到與教學或學校事務有關的規範，且必須具備合作與研發的能力與態度。

然而，無論來自於官方或學者對於新教師專業的革新或呼籲，在在顯示一改教師的教學文化，相對而來的是教師的責任與義務的改變，而管理的方式也隨之轉變。

在追求績效的教育改革中，Darling-Hammond（1990: 33）建議，教師專業應改變以往管理專業成員的規範方式，而改為具管理性質的策略，包括：(1)教師引進管理機制，並藉由管理機制繼續其志業；(2)定義教師在學校和教室中

的實踐和政策；(3)管理如何，以及由誰來決定專業成員和教學實踐的內容。由此方向發展的教師專業化過程，便是確定：(1)所有的教師都有責任擔當且適當的實踐能力；(2)即使在未能確定的情境脈絡中，教師亦能個別地及集體尋找最具責任的行動；(3)教師都能保有初衷，以學生的福利為最高依歸。具體而言，Darling-Hammond 以管理專業人員的策略，建立或繼續專業地位與事業的發展。對教師而言，管理策略便是可以有效區分合格教師與不合格教師的證照制度。Bull（1990）認為，教師必須成為具有政府合格證照的專業人員，而教師的責任在於：(1)達到發展兒童有能力選擇、掌握、追求自身的善的道德目的；(2)具有足夠能力的進行教學；(3)教師能夠告知社會或他人教學中所進行的實踐知識；(4)教師必須公平的對待學生。Goodlad（1990: 29-30）也認為，教師專業的意義來自於了解民主社會中教育與教學的角色知識，以及教師能夠提供理解人類經驗的途徑，並且有足夠的能力教導兒童理解知識與取得技巧，同時也有高度警覺學校和教室中的卓越與平等的標準。教師必須能夠證明各種決定是基於教育道德事業的承諾。因此，在理想化的教師證書內涵中，即具備教師具有道德意識，且在專業知識與能力上，具有合格的標準。而教師證書即為管理教師行為的方式，並且由證書具有的具體、條件明確、保障的性質，來彰顯教師專業的地位與形象。

二、教師專業倫理的展望

　　雖然教師證書可以具有規範與約束行為的作用，但是實際上，教師證書往往會忽略教師實踐過程中的道德與態度，也較難保證教師的道德倫理，使得證照的管制作用有所缺憾。為消弭證照管制不足，Soltis（1986）提出要培養教師倫理意識，讓教師感受到教室中以及學校中的倫理議題，而不僅是單單處理教學有效性的事情，以符合外在的規定，而忽略教學與學校的道德本質。且如Goodlad（1990: 27）所提，在師資培育階段，除教學技巧訓練、培育課程、輔導制度外，應該教授教師權威的知識與道德敏感度，經由判斷、社會化民主社會對教師的期待，以及所需要的責任等，進而發展策略和技巧以診斷倫理議題及進行倫理判斷。正如 Wenzlaff（1998）與 Wayda 和 Lund（2005）的研究成

果一般，應強化師資生了解有效教師的道德與態度，身為一位教師所應具有的道德意識，與教學專業知識和技巧同等重要。

　　從上文教師專業倫理落實的限制，以及現今教育改革對教師專業的期待，再加上從學者的建議中得以了解，師資培育階段應確保師資生具有教學與學校道德倫理判斷的能力與態度，而培育師資生的道德意識，也將影響未來進行教學時，能內化對學生與對專業的承諾，在複雜的教學與學校脈絡中，進行符合道德規範之判斷與行為。

中文部分

姜添輝（2000）。論教師專業意識、社會控制與保守文化。**教育與社會研究，**
　　創刊號，1-24。

黃光雄（1977）。**蘭開斯特與皇家蘭式機構期間的導生學校運動**。國立台灣師
　　範大學教育研究所博士論文，未出版，台北市。

英文部分

Bull, B. L. (1990). The limits of teacher professionalization. In J. I. Goodlad, R. Sod-
er & K. A. Sirotnik (Eds.), *The moral dimension of teaching* (pp. 87-129). San
Francisco: Jossey-Bass.

Carr, D. (1999). Professional education and professional ethics. *Journal of Applied
Philosophy, 16*(1), 33-46.

Carr, D. (2000). *Professionalism and ethics in teaching.* New York: Routledge.

Carr-Saunders, A. M., & Wilson, P. A. (1933). *The professions.* London: Oxford Uni-
versity Press.

Clandinin, J. D., & Connelly, F. M. (1996). A storied landscape as a context for tea-
cher knowledge. In M. Kompf, W. R. Bond, D. Dworet & R. T. Boak (Eds.),
*Changing research and practice: Teachers' professionalism, identities and
knowledge* (pp. 137-148). London: The Falmer Press.

Collins, R. (1990). Changing conceptions in the sociology of the professions. In R.
Torstendahl & M. Burrage (Eds.), *The formation of profession: Knowledge, sta-
te and strategy* (pp. 11-23). London: Sage.

Darling-Hammond, L. (1989). Accountability for professional practice. *Teachers
College Record, 91*(1), 220-225.

Darling-Hammond, L. (1990). Teacher professionalism: Why and how? In A. Lieber-

man (Ed.), *Schools as collaborative cultures: Creating the future now* (pp. 25-50). Hampshire: The Falmer Press.

Densmore, K. (1987). Professionalism, proletarianization and teacher work. In T. S. Popkewitz (Ed.), *Critical studies in teacher education: It's folklore, theory and practice* (pp. 130-160). New York, NY: The Falmer Press

Fenstermacher, G. D. (1986). Philosophy of research on teaching: Three aspects. In M. C. Wittrock (Ed.), *Handbook of research on teaching* (3rd ed.) (pp. 37-49). New York: Macmillan.

Fenstermacher, G. D. (1990). Some moral considerations on teaching as a profession. In J. I. Goodlad, R. Soder & K. A. Sirotnik (Eds.), *The moral dimensions of teaching* (pp. 130-151). San Francisco: Jossey-Bass.

Flexner, A. (1915). Is social work a profession? *School Society, 1,* 901-911.

Ginsburg, M. B. (1987). Reproduction, contradiction and conceptions of professionalism: The case of pre-service teachers. In T. S. Popkewitz (Ed.), *Critical studies in teacher education: Its folklore, theory and practice* (pp. 86-129). New York: The Falmer Press.

Goode, W. J. (1969). The theoretical limits of professionalization. In A. Etzioni (Ed.), *The semi-professions and their organization: Teachers, nurses, social workers* (pp. 266-313). New York: The Free Press.

Goodlad, J. I. (1990). The occupation of teaching in schools. In J. I. Goodlad, R. Soder & K. A. Sirotnik (Eds.), *The moral dimension of teaching* (pp. 3-34). San Francisco: Jossey-Bass.

Greenwood, E. (1957). Attributes of a profession. *Social Work, 2,* 45-55.

Hargreaves, A., & Goodson, I. (1996). Teachers' professional lives: Aspirations and actualities. In I. F. Goodson & A. Hargreaves (Eds.), *Teachers' professional lives* (pp. 1-27). London: The Falmer Press.

Hoyle, E., & John, P. (1995). The idea of a profession. In E. Holy & P. John (Eds.), *Professional knowledge and professional practice* (pp. 1-18). London: Cassell.

Jackson, J. A. (1970). Professions and professionalization: Editorial Introduction. In J. A. Jackson (Ed.), *Professions and professionalization* (pp. 1-15). Oxford: Cambridge University Press.

Kultgen, J. H. (1988). *Ethics and professionalism.* Philadelphia, PA: The University of Pennsylvania Press.

Laffin, M., & Young, K. (1990). *Professionalism in local government.* Harlow: Longman.

Larson, M. S. (1977). *The rise of professionalism: A sociological analysis.* Berkeley, CA: University of California Press.

Lieberman, A., & Miller, L. (1992). Professional development of teachers. In M. C. Alkin (Ed.), *Encyclopedia of educational research* (6th ed.) (pp. 1045-1051). New York, NY: American Educational Research Association.

Lortie, D. C. (1969). The balance of control and autonomy in elementary school teaching. In A. Etzioni (Ed.), *The semi-professions and their organization: teachers, nurses, social workers* (pp. 1-53). New York: The Free Press.

Lortie, D. C. (1975). *School teacher: A sociological study.* Chicago: University of Chicago Press.

Maclure, J. S. (Ed.) (1979). *Educational documents: England and Wales 1816 to the present day* (4th ed.). London: Cambridge University Press.

Mattingly, P. H. (1987). Workplace autonomy and the reforming of teacher education. In T. S. Popkewitz (Ed.), *Critical studies in teacher education: Its folklore, theory and practice* (pp. 36-56). New York: The Falmer Press .

Morris, E. (2001). *Professionalism and trust: The future of teachers and teaching.* Retrieved October 22, 2002, from http://www.dfes.gov.uk/speeches/12_11_01/index.shtml

National Education Association (NEA) (1994). *NEA handbook.* Washington, DC: NEA.

National Education Association (NEA) (2008). *Code of ethics of the education pro-*

fession. Retrieved August 15, 2008, from http://www.nea.org/aboutnea/code. html

Parsons, T. (1954). The professions and social structure. In T. Parsons, *Essays in sociological theory* (Rev ed.) (pp. 34-49). New York: The Free Press.

Popkewitz, T. S. (1991). *A political sociology of education reform: Power/knowledge in teaching, teacher education, and research.* New York, NY: Teachers College Press.

Popkewitz, T. S. (1994). Professionalization in teaching and teacher education: Some notes on its history, ideology, and potential. *Teaching & Teacher Education, 10*(1), 1-14.

Schwab, J. J. (1983). The practical four: Something for curriculum professors to do. *Curriculum, 13*(3), 239-265.

Shulman, L. S. (1987). Sounding an alarm: A replay to Sockett. *Harvard Educational Review, 57*(4), 473-482.

Simpson, R. L., & Simpson, I. H. (1969). Women and bureaucracy in the semi-professions. In A. Etzioni (Ed.), *The semi-professions and their organization: Teachers, nurses, social worker* (pp. 196-265). New York: The Free Press.

Soder R. (1990). The rhetoric of teacher professionalization. In J. I. Goodlad, R. Soder & K. A. Sirotnik (Eds.), *The moral dimension of teaching* (pp. 35-86). San Francisco: Jossey-Bass.

Soltis, J. F. (1986). Teaching professional ethics. *Journal of Teacher Education, 37* (3), 2-4.

Spring, J. (1997). *The American school, 1642-1996* (4th ed.). New York: McGraw-Hill.

Strom, S. M. (1989). The ethical dimension of teaching. In M. C. Reynolds (Ed.), *Knowledge base for the beginning teacher* (pp. 267-276). New York: AACTE.

Torstendahl, R. (1990). Essential properties, strategic aims and historical development: Three approaches to theories of professionalism. In R. Torstendahl & M.

Burrage (Eds.), *The formation of profession: Knowledge, state and strategy* (pp. 44-61). London: Sage.

Travers, P. D., & Rebore, R. W. (1995). *Foundations of education: Becoming a teacher* (3rd ed.). London: Allyn & Bacon.

Wayda, V., & Lund, J. (2005). Assessing dispositions: An unresolved challenge in teacher education. *Journal of Physical Education, Recreating, & Dance, 76*(1), 34-41.

Wenzlaff, T. L. (1998). Dispositions and portfolio development: Is there a connection? *Education, 118*(4), 564-572.

Whitty, G., Power, S., & Halpin, D. (1998). *Devolution & choice in education: The school, the state and the market.* Melbourne: The Australian Council for Education Research.

Wilensky, H. L. (1964). The professionalization of everyone? *American Journal of Sociology, 70*(2), 137-158.

教師權威——
教師專業形象的一環

郭諭陵

國立台灣師範大學教育學系助理教授

教師的專業形象，主要展現在教師角色、教師文化、教師權威、教師專業自主權、教師專業發展、教師專業評鑑、教師專業組織、教師專業倫理等幾個層面，而教師權威乃是其中的一環。本文以教師權威為題，依次論述權威的意義與要素，以及教師權威的意義；教師權威的理論觀點；教師權威的來源；教師權威的功能與影響限度；最後提出相關建議，俾供教育工作者參考。希望藉由本文的探究，一方面期能充實師資培育、教師社會學、教學社會學及教育社會學的相關文獻，二方面則能幫助教育實務工作者強化及善用教師權威，以達到理論意涵及實務價值兼具的雙重功效。

關鍵字：教師權威、權威、權威類型

壹、前言

「班級」是由教師與學生所形成的一個小型社會體系，有其既定的規範及教育目標。為達成教育目標，在師生交互作用的情境裡，教師藉著本身所擁有的權威，遂行知識的傳授、技能的指導，並促使學生遵守既定的規則或規範。易言之，在班級社會體系中，教師是領導者，學生是被領導者，教師在教室中，自覺的或不自覺的，總是在運用教師權威，藉由對學生的評量、指示、教導、命令、獎懲等等，期能使學生獲得預期的學習成果（林生傳，2000）。總之，在教學情境中，教師的權威，是無處不在的；教師的日常工作，即是一種權威遊戲，除了對學生展現權威之外，又必須隨時準備好接受學生對權威的挑戰。因此，對教師權威做深入的探討，確有其必要。

截至目前為止，專門針對教師權威議題做詳盡而深入探討的文獻尚不多見。以國內而言，除郭丁熒（1992）在〈教師權威之探討〉一文中，曾對教師權威的涵義、功能與限制、類型、理論觀點、相關研究等做系統探究外，其餘的研究，如吳瓊如（2005）與吳明隆（1996），其探究焦點都比較狹隘而缺乏整全性。其次，在國立編譯館所主編的《教育大辭書》中，亦有幾條辭目與教師權威有關，如方永泉（2000）的〈權威與教育〉、方永泉和張建成（2000）的〈權威〉，以及張建成（2000）的〈教師權威〉；此種辭目性質的文章，內容精簡扼要，但廣度與深度均嫌不足。此外，當前主要的教育社會學教科書，如吳康寧（1998）、林清江（1981）、郭丁熒（2005）、陳奎憙（1990，2001）、鄭世仁（2000）等，雖亦論及教師權威，但篇幅均不大，頂多只是「一節」而已，而非「一章」。因此，作者乃希望能「踩在巨人的肩膀上」，運用文獻分析法，以前人的探究為基礎，再廣泛蒐集國內外相關資料，俾對教師權威這個主題，做一面向更為周延而系統的探究。

本研究的主要目的，包括：(1)簡述權威的意義與要素，以及教師權威的意義；(2)說明教師權威的理論觀點；(3)探究教師權威的來源；(4)分析教師權威的功能與影響限度；(5)提出教師權威的相關建議，俾做為教育實務工作者的參考。茲將本論文的組織架構，繪圖如 6-1；希望藉由本文的探究，期能充實師

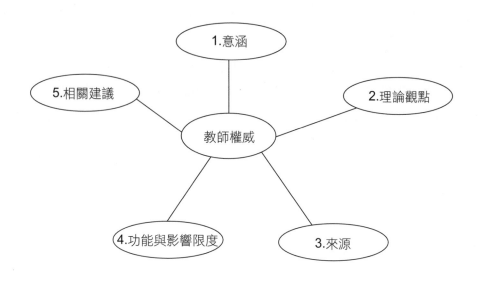

圖 6-1　本論文的組織架構圖

資培育、教師社會學、教學社會學及教育社會學的相關文獻，幫助學校行政人員強化教師權威，以及協助教師善用教師權威，相信都可收到或多或少的預期功效。

貳、權威及教師權威的意涵

一、權威的意義

　　所謂權威（authority），指的是一種公認正當的權力（張建成，2002）及影響力；一位領導者，具有某些強迫人服從的特質，此種特質，來自於領導者所具有的某種合法性。在組織體系中，權威是領導者施加影響力的合法化、制度化之權利（或權力），它往往透過做決定的歷程，以導引或影響他人之思想、觀念、信仰及行動，進而達成組織目標（郭丁熒，1992，2004）。

　　從字面上看，權威具備兩項基本要素：一為可趨使他人從事某事的勢力或力量；二為行使權威者，具令人悚懼又敬重的感覺（郭丁熒，1992）。從字義上看，歐陽教認為中文「權威」二字，是合「權」與「威」而成，有了「權」

後始有「威」。「權」本指秤錘,在行事上指用以衡量得失,即衡情度理後據以做判斷的標準尺度,因它是根據客觀的權衡結果,故能折服眾人,如此,方有權威可言。可見「權威」一詞,具有對認知及價值做出客觀公平的判斷之意(方永泉、張建成,2000)。而權威的英文 authority 一字,相當於拉丁文的 auctoritas;其語根 auctor 是從 augere 引出的,意謂「增加、產生、創見與發明」,這是指有關意見、建議、命令及認知的創發擴充而言(歐陽教,1973);以此,authority 應有「權衡斟酌舊知,創發新知,而對大眾有所創新及貢獻」之意(方永泉,2000:937)。綜合來看,中文或英文「權威」的本義,並非只是單純的權力或威武之運用,更非等而下之的威脅壓制與作威作福,而是具有客觀衡量的標準,甚至具有創造的積極意涵。

二、權威的要素

權威的要素,包括權威者、權威的對象及相關的領域三項,誠如 Tirri 和 Puolimatka(2000: 159)所言:

> 權威是由權威者(the bearer of authority)、權威的對象(its subject)及相關的領域(the relevant field)所構成之三角關係。⋯⋯雖然沒有一個人能成為他自己的權威,但是兩個人就可以在不同的領域中,互為彼此的權威。

Tirri 和 Puolimatka(2000: 159)進一步指出,權威者若是過度擴張其權威,將權威用到無關的領域或是用錯對象,就是權威的誤用:

> 權威可能在兩方面被誤用:其一為領域;其二為權威的對象。在第一種情況下,權威者試圖將他的權威,擴展到非他所屬的權威領域之外⋯⋯。在第二種情況下,權威者試圖將他的權威,擴展到實際上他對他們並不具權威的人。在這兩種情況下,權威者都試圖過度擴張其權威。

三、教師權威的意義

所謂「教師權威」（teacher authority），乃是師生在學習組織體系中，教師施加影響力的合法化、制度化之權利或權力，它往往透過做決定之歷程，以引導或影響學生思想、觀念、信仰及行為，進而達成預定的教學目標（郭丁熒，1992，2001，2004）。簡言之，教師權威是教師正式控制或約束學生的「社會權力」與「既成權利」（張建成，2000）。

參、教師權威的理論觀點

關於教師權威，功能論、衝突論、批判論及互動論，都曾提出不同的理論觀點，茲說明如下。

一、功能論

結構功能論假定社會是一個大結構，且由許多小結構（如制度或體系）所組成；每個制度或社會行為，對於社會整體大結構，均有其特殊的作用或功能。結構功能論學者 E. Durkheim 由於誕生在社會急劇變遷與個人主義盛行的時代，首先意識到社會結構之轉變，加上個人主義過度膨脹所形成的利己主義思想，將會造成舊道德權威沒落，而新道德秩序尚未建立的「脫序」危機。因 Durkheim 意識到「脫序」的社會危機，故想嘗試去解決「人如何從脫序中被解救出來」的問題。Durkheim（1956）認為，在脫序社會中，教師權威為社會道德權威之代表，教師權威的運用，將有助於教育功能的實現──可防範學習組織免於脫序危機（郭丁熒，2001，2004）。由此可見，從功能論的觀點來看，教師權威的行使，有其重要的社會功能，亦即有其存在的必要與價值，且學生對教師權威的接受度與遵從度，是比較高的，連帶地，師生關係亦是比較和諧愉悅的。

二、衝突論

衝突論反對結構功能論者所認為，社會是一個平衡而和諧的結構，他們認

為，社會生活的基本狀態，並非和諧一致，而是不斷地傾軋衝突。因此，衝突論的分析，著眼於一個社會中，利益如何差等的分配，以致某一或某幾個群體獲得較多的利益，而成為優勢團體，某一或某幾個群體獲得較少的利益，而淪為弱勢團體，以及優勢團體如何維持其既得權益（林生傳，2000；郭丁熒，2001，2004）。然衝突論者對教師權威的看法，重點並不完全相同，茲說明如下。

（一）W. Waller 對教師權威的看法

Waller視學校為一種暫時處於平衡狀態的專制組織，因學校體系經常面臨各種勢力的影響，須不斷調適以求平衡，而且學校本身是一種強制性的機構，師生關係是一種制度化的「支配─從屬」關係，教師高高在上，學生只能順從權威、接受指導；所以師生之間，含有潛在的對立情感。由於 Waller 認為，班級社會屬於對立與強制的關係，而非和諧的價值觀念所構成，因此，師生之間有願望的衝突，有時班級秩序會失去控制，但可恢復平衡，且教師權威必須凌駕學生之上，而後始可進行教學（郭丁熒，1998，2001，2004；陳奎憙，1989）。誠如Waller（1967: 196）所言：「權威存在於教師這一方，教師幾乎總是勝利者。實際上，他是非勝利不可，否則他就不再是教師了；畢竟學生通常是聽話的，他們無法抵擋成人用以鞏固其決定的那種手段。」這一段話道出：優勢的教師權威，是教師進行教學時的必備要件之一。

Waller認為，教學為制度化領導的過程，教師必須使用權威，且其權威均得自制度而非個人。師生之間制度領導的關係，若欲維持長久，必須強調「正式」、「地位的區分」及「對立」等特徵。所謂「正式」，就是要注意目的，不因教學過程中重視和善愉快的氣氛，而淡忘了教學的真正目的。所謂「**地位的區分**」，是指師生地位不同，一為領導者，一為被領導者，教師的表現，絕不可和學生的表現相同；如果兩者的表現相同，所扮演的角色錯誤，教學目的就無法達成。所謂「**對立**」，是師生的需求不同，目標或有差異（教師希望學生學習的事物，學生可能不願意學習，但是，教師仍然得要求學生學習），因此，二者之間的社會距離，要比自然領導關係中的社會距離為大（林清江，

1981；郭丁熒，1998）。

　　林清江（1981）認為，Waller（1967）的教師權威觀，與心理學的動機理論是對立的。心理學家強調教學必須重視學生的意願、興趣、動機，而不可勉強學生學習，同時更強調師生之間的社會距離，應該儘量縮短。但 Waller 卻坦率地指出，師生之間的社會距離是必要的，更是有用的。他以權威的運用、規則的遵守及訓練的實施，做為維持師生之間制度化領導關係的必要條件。因此，Waller的主張，若真的應用在實際情境中，當會引起不少爭議。誠如 P. R. Sarkar 所言：

　　　　教師們必須記得，不論學生年紀如何，是小孩、青少年或老人，他們只不過是不同年紀的孩子，而教師們也要像他們一樣是個孩子。假使老師老是與學生保持距離或維持嚴肅的態度，老師就無法與學生建立甜美互動的關係。少了這種相互的親愛，自由安適地交換意見即不可能。因為缺乏這種友善的關係，許多孩子衷心希望他們那殘酷、無情的教師早死。（褚幼梅譯，1993：53-54）

　　不過，林清江（1981）依然肯定 Waller 的教師權威觀，因為它在以下兩方面，仍具重要價值：其一，教師必須根據教育制度的目的，扮演適當的角色；其二，無論師生之間，維持何種氣氛與關係，教師仍要適當運用其社會權威。因為教師若不了解教育制度的目的，且無法運用其社會權威，則目的與方法盡失，根本談不上教學效果，更遑論教育功能的實現。心理學從個人的觀點論興趣、動機及意願，社會學從社會的觀點論制度、權威、角色及社會目的；事實上，兩者都具重要意義，且都具某種程度的參考實用價值。

（二）S. Bowles 和 H. Gintis 對教師權威的看法

　　Bowles 和 Gintis （1976）在《資本主義美國的學校教育》（*Schooling in Capitalist America: Educational Reform and the Contradictions of Economic Life*）一書中指出：美國的教育，擔負使資本主義制度永存或「再製」的任務，教育是保存與增強現存社會與經濟秩序的社會制度之一。因此，教育不能做為一種

促進更大的平等與社會正義的力量,相反地,它是來符應基本的社會與經濟制度。教育以這種方式運作,並不是透過教師與行政人員在日常活動裡有意的意圖,而是透過「個人在工作場所的社會關係」與「教育系統的社會關係」之密切符應;尤其是行政人員與教師、教師與學生、當幹部的學生與未當幹部的學生,以及學生與其工作間的權威和控制關係,再製了支配工作場所的階層分工。由此可見,從 Bowles 和 Gintis 的觀點來看,教育是社會的一部分,因而不能獨立於社會之外來了解;而教育為符應社會基本的經濟制度,師生之間教師權威的運用,是不可避免的(郭丁熒,2001,2004)。誠如 Blackledge 和 Hunt(1985: 143)指出:

> 雖然 Bowles 和 Gintis 在《資本主義美國的學校教育》整本書裡,一再批評資本主義社會固有的獨斷權威,但是,他們並不希望看到那種權威的廢除;相反地,他們認為它是人類社會裡一項永恆的必需品。

(三)P. Bourdieu 對教師權威的看法

Bourdieu 的論述,係從「文化專斷」(culture arbitrary)這個觀念開始,他認為文化的某些層面,並不能用邏輯分析來說明,因為所有文化,都含有專斷的特色;因此,當我們經由社會化而獲得一種文化時,我們也獲得該社會的文化專斷而不自知。而文化專斷這種觀念對教育的涵義是:教師的權威大都被接受,但是權威不是自由存在的事物,而是其來有自(郭丁熒,2004):

1. 所有的權威,都依賴某種文化的專斷。例如:議會制訂法律的權威,依賴顯示在投票箱裡「人民的意志」這種文化專斷;同樣地,一位教師的權威,是基於證明他有教學能力的這種文化專斷。
2. 權威源於一個自願的聽眾或觀眾,人們必須接受這個權威者有權利做或說某些事物,否則權威即告消失;因此,在學校裡,學生必須接受「教師有權利告訴他們要學習什麼」這個事實。

綜觀衝突論者對教師權威的論述,可見 Waller 是從師生衝突的角度,來肯定教師權威的不可式微性;Bowles 和 Gintis 則從經濟再製的觀點,來說明

教師權威的必要性；而 Bourdieu 則從文化專斷的角度，來闡明教師權威的來源。儘管幾位學者的切入點各不相同，但他們均一致肯定教師權威的重要性與價值性。

三、批判論

批判理論最早是源於 K. Marx 的著作，但卻由法蘭克福學派（Frankfurt School）加以發揚光大，而遠離正統的馬克思主義。其著重於批評社會的畸形、不平等和不公正，並致力於問題的解決及社會的轉變（吳根明譯，1988；郭丁熒，2001）。

從批判理論來看，學校中的師生關係，表面上知識的鑽研或獲取，應是學習的主要目標，但事實上，接受「上─下」關係的倫理觀更為重要，因為後者才是維持現存社會秩序的重要憑藉（陳伯璋，1988）。而教師權威由此看來，可謂是「父權」意識型態的反映，它靠著特殊的倫理觀，即「上─下」關係，來維持教室秩序（郭丁熒，2004）。

由於批判理論所採取的批判立場，使它關切如何對權威加以質疑，並對各種階級制度、支配與權力進行檢視，這在在都使那些擁有權力、權威及地位的人，感到不安。例如：即使批判理論典型地把檢視的範圍，局限於學校或教室外的權力關係，但身兼「權威接受者」和「權威者」兩種角色的教師，仍然感覺批判的意圖，將對教師個人及專業本身構成威脅。不過，另一方面，郭丁熒（2001：25）卻指出，批判理論有助於吾人了解教師權威行使背後的意識型態：

> 從批判理論可發現，由於批判理論所具威脅性的本質，以及對權威的質疑，使得大部分教師對其感到不安，但由於其重視主體的闡揚，對種種支配與宰制問題的批判，對有關合理性、合法性與意識型態的探討等，因而把客觀性的傳統概念轉化成問題，並進而企圖把片面的觀點，修飾成普遍的、中立的、階級的和永久的。故從批判理論觀點，將有助於對教師權威行使背後的意識型態，有一番認識與了解。

此外，在教師權威方面，批判理論提出所謂「解放的權威」，誠如張建成（2002：83-84）所言：

　　批判教學論認為，學校（教室）是文化政治的場所，教師是社會變遷的觸媒，教學是主體解放的過程。因而主張要讓學生了解各種差異性的聲音及身分認同，以及造成這些差異的社會歷史力量，俾以開創新的知識與文化。就這項工作來說，Giroux 提出教師需要另外一種形式的權威，即解放的權威（emancipatory authority）。……解放的教師權威觀，不僅關心傳統形式的學業成就，還關心做為轉化型知識份子的教師，能將批判性的思考及行動能力，跟社會參與及改造的觀念結合起來。……對許多學生來說，學校乃索然無味之所（place of 'dead time'），跟他們的生活或夢想沒有什麼關係。是以必須教育學生勇於冒險患難（take risks），跟現行的權力關係奮鬥，以促使大社會中尚未實現的可能性，指向更為人道、更為民主的未來。

　　總之，批判理論認為教師乃是依賴「上－下」關係的倫理觀，來鞏固其教師權威；且批判理論高唱解放的教師權威觀，期望教師做個「入世」的知識份子，從學校結合社區、社會的力量，包容所有邊緣團體的聲音，有系統地尋覓對抗制度化之種族主義、階級主義、性別主義的通路（張建成，2002），以促成社會的改革，進而建立更富公平正義的社會。

四、互動論

　　功能論或衝突論，在研究內容方面著重鉅觀，即以整個社會制度的運作，來解釋社會現象；而互動論則可謂鉅觀取向之反動，在研究內容方面注重微觀。例如：在學校研究方面，期能抓住學校生活的實體，以幫助人們理解師生在教與學的互動歷程中，做了些什麼。

　　從互動論來看，互動論者傾向於將師生關係，看成是一種衝突的情境，在此情境裡，教師與學生都有他們想要達成的目標，每一個當事人，都試圖發展出各種策略，以迫使其他人接受當事人對情境的特殊定義。互動論者認為，雖

然教師比學生擁有更多的權力，但是這種支配，從來都不是完全的，因此有「磋商」發生，而班級則被認為是磋商性的組織（郭丁熒，2001，2004；Blackledge & Hunt, 1985）。在師生互動時，大多數班級都呈現一種「假和諧」的情況（Blackledge & Hunt, 1985），師生都利用各種策略，來嘗試界定他們自己的定義，或修正他人的觀點，進而形成一種磋商的情境。而諸多策略彼此影響的最終產物，是一種相當有秩序的班級，並對正在進行中的事物，發展出某種共識。

　　綜上所述，和諧論、衝突論及批判論，大都從社會結構及社會制度等鉅觀層面來論述教師權威，而互動論則從微觀的角度著手，強調教師必須經常透過「磋商」的手段，來行使其教師權威。雖然每個理論所強調的重點有所不同，但各理論均一致肯定教師權威的必要性與價值性。

肆、教師權威的來源

　　教師權威的來源與類型是多方面的，且不同的學者，有不同的分類方式，茲說明如下。

一、Durkheim 的說法

　　教師權威來自何處？最早觸及這個問題的教育社會學家是 Durkheim。他在《教育與社會學》（*Education and Sociology*）一書中指出，教育在本質上，是一種權威性的活動，教師乃是社會的代言人，是他所處的時代和國家重要道德觀念之詮釋者；與此同時，教師必須具有堅強意志和權威感的道德權威（吳康寧，1998；Durkheim, 1956），他也是社會道德與社會文化的促進者（陳奎憙，1989）。

二、Waller 和 R. S. Webb 的說法

　　在 Durkheim 之後，衝突論的重要先驅人物 Waller（1967），在《教學社會學》（*The Sociology of Teaching*）一書中，提出「制度的領導」（institu-tional leadership）與「個人的領導」（personal leadership）這一組概念。Waller

所說的「領導」概念，在內涵上大致等同於「權威」，即指「一個人對他人行為的控制」，而他將領導明確區分為「制度的」與「個人的」兩個層面之觀點，乃成為其後諸多教育社會學家分析教師權威時，所沿襲的基本思路。例如：Webb 在 1981 年，便將教師權威分為「地位的權威」（positional authority）與「個人的權威」（personal authority），前者指由教師在學校組織中的地位所賦予之權威，學生僅僅因為教師是「老師」，而被要求尊敬之，師生之間因一定的社會距離而相互分離；後者則是由學生對教師的判斷、經驗及專業知識等方面的信任而產生之權威，師生之間具有某種程度的親密關係（吳康寧，1998）。

三、M. Weber 的說法

如果教師權威運用的基礎，不為學生所認同，那麼師生在班級歷程中，所展現的行為，自然充滿了衝突與對立。Weber 在〈正當性規則的三種類型〉（'The Three Types of Legitimate Rule'）一文中，一再提到權力的公認正當性，他認為權力之所以能夠公認正當而形成權威，主要的基礎有三（Weber, 1947, 1969）：

1. 傳統的基礎：這種權威的基礎，在於大家都尊崇過去承襲下來的習俗及傳統，認為傳統是神聖不可侵犯的；因此，領導者的權威，源於繼承了某種尊榮的地位，而理所當然地受人服從。

2. 法理的基礎：這種權威的基礎，在於法令規章至高無上的約束力，在大型的社會組織中，尤其是科層體制之中，為了導引行為以有效地達成既定目標，典章制度有其必要性及合理性。因此，領導者的權威，源於其職位賦予他發號施令的法定地位。

3. 人格感召的基礎：這種權威的基礎，在於常人難以企及的神祕氣質和個人魅力，使人相信這種超凡的性格或力量，能夠滿足大家的期望與需要。因此，領導者的權威，源於其人格特質能夠為人帶來希望，足以吸引眾人的追隨與遵從。

由此可見，依 Weber 之意，教師的權威來源有三，也就是傳統的權威（traditional authority）、法理的權威（legal-rational authority），以及人格感召的權威（charismatic authority）。關於教師權威的來源這個問題，教育社會學家大都是從 Weber 的古典理論出發，再予以修正或補充。

四、W. G. Spady 的說法

教育社會學家在討論教師權威時，通常都參考 Weber 的理念類型（ideal type），並依據當時教育專業的發展，將專門知能的權威基礎，從法理的權威分立出來，增列一項專家的權威（expert authority）。例如：美國學者 Spady（1974）便將 Weber 的權威類型，修正如表 6-1 所示。Spady 認為，傳統的權威、人格感召的權威、法定的權威及專家的權威等四種權威類型，形成一種類型學，並且可從社會結構層面及規範層面兩種參考架構來定義它。就社會結構層面而言，傳統的權威及法定的權威，是建立在強調社會制度的優先性之價值觀與忠誠度上，而人格感召的權威及專家的權威，則主要反映特定個人的屬性；就規範層面或價值導向層面而言，傳統的權威與人格感召的權威，著重的是神祕性與情緒性，而法定的權威與專家的權威，則著重世俗性與合理性。

表 6-1　教師的權威類型

		社會結構層面	
		社會制度的	教師個人的
規範層面	神祕性 情緒性	傳統權威	人格感召權威
	世俗性 合理性	法定權威	專家權威

資料來源：Spady（1974: 48）

五、R. A. Clifton 和 L. W. Roberts 的說法

Clifton 和 Roberts（1990）的研究，也是以 Weber 著名的權威三類型說為基礎。Weber（1947, 1969）認為，權威的來源有三：第一種是傳統的權威，

即在長期的傳統因素影響下形成的權威，亦即以歷史文化背景，做為教師影響力的主要根源。第二種是人格感召的權威，即由個人魅力所獲得的權威，它是以個人的人格特質，做為教師影響力的主要根源。第三種是法理的權威，Clifton 和 Roberts （1990）與前述的 Spady 雷同，將此種權威，分離為法定的權威與專業的權威兩種：所謂法定的權威，係指以明文規定的法律條文，做為教師影響力的主要根源；所謂專業的權威，係以個人的專業知識、技能及素養，做為教師影響力的主要根源。

易言之，Clifton 和 Roberts 以 Weber 著名的權威三類型說為基礎，提出教師權威的四層面說：法定的權威與傳統的權威，源於教育制度，屬於制度的權威（或稱為地位的權威），指的是以社會和組織所授與之一種外爍的、強制的權威；而人格感召的權威與專業的權威，則源於教師個人因素，屬於個人的權威，這種權威，並非由組織所授與，而是以個人的獨特修為，做為影響力來源之一種自發性的、互動性的權威。所謂教師權威，乃是這四個層面交互作用的結果，教師權威的強弱，端視這四個層面的具體情況而定。因此，Clifton 和 Roberts 提出了教師權威的層面構成表（見表 6-2），表中每一方格，代表教師權威的一種組合類型，各方格中右上角的數字，表示該類型的教師權威，所包含的高水平層面權威之數量。例如：在 A 方格中，右上角的數字「4」，表示此一類型的權威，在法定、傳統、感召及專業等四個層面上，都處於最高水平，堪稱完美的教師權威；而 P 方格中右上角的數字「0」，表示此一類型的權威，在四個層面都處於最低水平，簡直近乎「無權威」，可說是徒有教師之名，而無教師之實。

由表 6-2 可知，教師的所有權威類型，都涵蓋在這十六種之內，且教師權威的強弱，既不單純取決於教師群體在教育系統中的位置（法定因素）或在社會中的地位（傳統因素），也不單純取決於教師個人的人格魅力（感召因素）或知識技能水平（專業因素），而是取決於這四個層面因素的綜合（吳康寧，1998）。

表 6-2 教師權威的層面構成表

權威的組合 個人的權威	制度的權威	高法定權威		低法定權威	
		高傳統權威	低傳統權威	高傳統權威	低傳統權威
高感召權威	高專業權威	4 A	3 B	3 C	2 D
	低專業權威	3 E	2 F	2 G	1 H
低感召權威	高專業權威	3 I	2 J	2 K	1 L
	低專業權威	2 M	1 N	1 O	0 P

資料來源：Clifton 和 Roberts (1990: 394)

六、Tirri 和 Puolimatka 的說法

　　Tirri 和 Puolimatka（2000）認為，有兩種基本的權威：認識論的權威（epistemic authority）及義務論的權威（deontic authority）。教師需要義務論的權威，以便控制教師情境及維持秩序；此外，也需要認識論的權威，因為教師宜精熟學科內容及所需的教育學知識。一位教師若同時擁有義務論的權威（能對別人發號施令的權威）及認識論的權威（在探究領域中是博學多聞的），是可欲的；不過，這兩種權威彼此是獨立分離的，兩者未必如影隨形。

　　Tirri 和 Puolimatka（2000：164）進一步指出，兩種基本的教師權威——認識論的權威及義務論的權威，若被認為是教師必備的特質，則教師將會更樂於運用這兩項權威：

　　一旦適當地運用教育權威被視為當老師的先決條件，而非對學生自主性發展的一種妨礙，則教師可能更樂於運用認識論的權威及義務論的權威。

七、林清江的說法

林清江（1981）認為，具社會學意義的教師權威，以三種不同的方式存在：

1. 地位的權威：教師受傳統文化與職業聲望的影響，所享有的權威，稱為「地位的權威」。我國社會對於教師甚為推崇，教師的思想言行，經常被奉為圭臬，使教師很自然地享有地位權威。

2. 法定的權威：教師擁有法定的權威。例如：教師可強迫要求學生上課、繳交作業、考試、參加學校活動、遵守校規，對於違反校規者，可予以處分；這種法定權威的存在，使學生一進校園，即受適度規範，俾便於教育工作的進行。

3. 專業的權威：教師的專業權威，是一種建立在專業理論知識上，並具明確目的之權威。教師運用專業權威時，不是重地位或法令，而是重教育目的之達成。每位教師都有地位的權威，但地位權威的運用，未必符合專業的要求；每位教師也都有法定的權威，但法定權威的運用，也未必符合教育的目的。沒有專業素養的教師，可能濫用或誤用教師的地位及法定權威；能夠適度運用專業權威的教師，其地位及法定權威的運用，通常比較得宜。

綜觀上述，關於教師權威的來源，不同的學者，雖有不同的說法，但大底不外乎傳統的權威、法定的權威、人格感召的權威及專業的權威四種；即使不同的學者，提出不同的權威名稱，但是依其意涵，均可將它歸入這四種權威類型之中（見表6-3）。教師權威的運用，宜同時兼顧這四種權威基礎，無所偏廢，才能有效達成教育目標。

最後，要附帶說明的是：此四種權威類型，構成一個類型學，這個類型學，可幫助吾人理解學校或班級中社會控制的性質；不過，它純粹是理念化的，或純然屬於理念類型的理論構念，因為在真實世界中，幾乎找不到純屬某一種權威類型的實例，而大都是某幾種權威類型的混合體，學者專家之所以將它們分成幾類，僅僅是為了研究、說明及理解的方便而已。

表 6-3　教師權威的來源對照表

學者 ＼ 權威類型	傳統的權威	法定的權威	人格感召的權威	專業的權威
E. Durkheim	道德的權威			
W. Waller	制度的權威	制度的權威	個人的權威	個人的權威
R. S. Webb	地位的權威	地位的權威	個人的權威	個人的權威
M. Weber	傳統的權威	法理的權威	人格感召的權威	
W. G. Spady	傳統的權威	法定的權威	人格感召的權威	專家的權威
R. A. Clifton L.W. Roberts	傳統的權威	法定的權威	人格感召的權威	專業的權威
K. Tirri T. Puolimatka	義務論的權威	義務論的權威		認識論的權威
林清江	地位的權威	法定的權威		專業的權威

資料來源：作者自製

伍、教師權威的功能與影響限度

一、教師權威的功能

　　權威是具學術與教育意味的，只要教師能予以正用，則教師權威是具多重教育價值與功能的。Spady 和 Mitchell（1979）曾具體地說明，四種教師權威與班級功能體系間的關係（如圖 6-2 所示）。圖的中間，表示教師所擁有的四種權威類型，每一種權威類型都與一種權力資源相對應；這些權力與權威的基本機制，是教師的基本工具，透過這些工具，教師便能達成他們的管理責任及教育目標。其次，教師的四種權威，影響到外面三層——分別代表學生個人、班級功能及社會期望等基本要素：圖的最外層，代表和學校教育成果有關的四種不同社會期望，也就是社會責任、社會統合、個人發展和技術能力；圖的次外層，代表為達成這些社會期望所需的班級活動結構和組織功能，包括監督視導、涵化、教學和資格檢核；圖的內層，代表學生對班級活動結構的期望與需

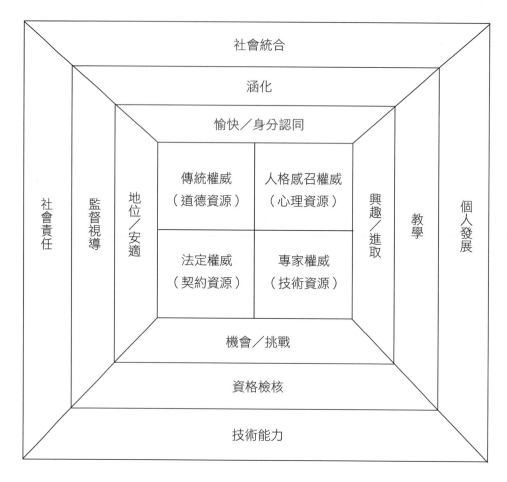

圖 6-2　教師權威類型與班級功能體系的關係

資料來源：張建成（2002：82）；Spady 和 Mitchell (1979: 113)

求，包括地位／安適、愉快／身分認同、興趣／進取和機會／挑戰。圖的外面三層，被四條對角線均分為四個期望與活動的領域，每一個領域，都涉及兩種不同的權威類型與權力資源。

　　由圖 6-2 可見，根據 Spady 和 Mitchell 的看法，四種教師權威類型，一方面會影響學生的興趣、動機與感受等，二方面會影響班級功能的發揮，三方面則會影響到學校教育目標的達成；足見教師權威的影響力，是相當廣泛而深遠

的。此外，根據作者的歸納與整理，教師權威在「班級層面」的具體功能[1]，主要展現在以下幾方面：

（一）可增進學生的模仿與認同

　　學校是學生學習成長的主要場所，教師則是學生的重要他人，也是學生認同與模仿的對象，教師若能適當地使用合法化權威，不但能導引學生，有助於增進學生的學習成效，並且能做為學生的好榜樣，進而協助學生順利地社會化（郭丁熒，1992）。

（二）可幫助教師維持秩序

　　首先，R. S. Peters指出，除非社會規則能提供一個架構，在此架構內，學生能服從教師的命令，且至少他們所宣布的一些事項，能對學生產生約束力；否則，若教室內或學校內無秩序、規矩可言，則教師將無法成功地達成任務（Tirri & Puolimatka, 2000）。

　　其次，P. W. Jackson指出，教室內的學生如同群眾，好幾十個人擠在狹窄的空間裡，面對此種情況，教師只好建立一套明確的權威系統，才能有效控制學生（Jackson, 1968），讓學生在有秩序的教育情境中，有效地進行學習──包括行為及課業兩方面。

　　最後，依據陳英豪在1990年所進行的「中華民國教育問題民意調查研究」也發現：不尊重教師權威，是造成訓導問題日趨嚴重的原因之一（引自郭丁熒，1992）；由以下這位國中教師的心聲，即可見一般：

> 　　教室管理、教師適度的權威非常需要，一開始自己的身段擺得太低了，學生不知如何尊師重道，……要讓學生知道老師的地位，上課要遵守一個遊戲規則……新進老師教室管理比較弱的原因，在於將學生朋友化了，但是國中生不能分辨上下課，抓不住那個分界，成熟度不一樣。（陳怡錚，2000：260）

---

1 班級是展現教師權威最主要的場所。

總之，教師權威的運用與展現，是教師維持班級與校園秩序不可或缺的要素；一旦學生能守秩序、懂規矩，則教師的教化功能，較易發揮。

（三）可節省師生磋商的時間

根據互動論的看法，在教學情境中，師生宜不斷地進行磋商協調，此種方式，固然合乎民主領導方式，不過，也並非師生互動的萬靈丹；因為很多教師，都經常感受到教學進度的壓力，當師生意見不一時，教師若能適度地運用其權威，通常能讓教學順利進行，而不致趕不上進度。誠如張建成（2002：78-79）所言：

> 班級團體之中，師生可謂各有立場，雖然有的時候，他們的利益可能趨於一致，但更有些時候，他們的目標可能扞格不入，而形成對立的狀況。……如果教師採用協商的方式，說服學生合作，固有助於目標的達成與師生關係的良性發展，但長此以往，將造成無止境的協商，教師的時間與精力能否負荷，大有疑問；況且每一次的協商是否都能有效，亦在未定之天。面對此一問題，教育社會學家通常都建議教師善用其權威，以取得學生的信服。

（四）可捍衛課室內的公平正義

在多元文化的教學中，教師權威也需善加利用，否則課堂外的特權地位，會轉移到教學過程的討論中，當某些成員的聲音壓過其他弱勢成員時，教師便需善用教師權威，來做適當的處理（游美惠，2005），以維護弱勢學生的發言權。

總之，大多數的教師，通常都擁有淵博的知識、精湛的技能，以及良好的情意態度，但學生卻未必樂意學習。為達成重要的教育成果，必須大大地仰賴教師創造「以權威為基礎」的教學情境與師生關係，俾確保學生能夠主動而熱烈地參與各項學習活動，進而讓他們獲得社會服務、領導、創造及卓越表現等能力，以展現出最佳的教育成果，而非在教師權威不足的班級情境中，讓學生

僅以消極被動、無精打采或隨隨便便的方式去學習及參與，而導致教育成效不彰。而假如班級組織能夠展現出可增進學生的模仿與認同、可幫助教師維持秩序、可節省師生磋商的時間、可捍衛課室內的公平正義等幾項教師權威之功能，則 Spady 和 Mitchell（1979）所謂的監督視導、涵化、教學及資格檢核等四項班級功能，亦將能夠充分發揮出來。

二、教師權威的影響限度

教師要真正對學生產生預期的影響，首要條件是教師權威的展現方式，能得到學生的認同。但即使是教師權威的展現方式，都能得到學生的認同，教師權威的影響力，依舊不可能完全展現，充其量只是部分展現而已，因為教師權威的影響限度，會受到校內、外因素的左右。

首先，從校外的角度來分析：學生到校受教，雖然接受學校的各種正式與非正式的影響，但這些影響，依然無法涵蓋他所接受的全部影響，而只是眾多影響之一；因為校外的社會影響力，無時無刻不在學生身上發揮作用。外部社會狀況的改變，對教師權威的影響是廣泛的：

1. 從傳統權威來看：愈是封閉保守的社會，教師的傳統權威愈受尊崇，而在較開放民主的社會中，傳統權威就難以獲得青睞。例如：台灣社會在1950～1960 年代，民風相當保守，社會大眾及學生，普遍都對教師相當敬重，然在民風開放的今日，教師權威已日趨式微。
2. 從法定權威來看：在極端的情況下，外部社會狀況的改變，甚至可使教師的法定權威盪然無存。例如：中國大陸「文化大革命」期間，教師所受的遭遇，便是有力的說明（吳康寧，1998）。
3. 從人格感召權威來看：在民風較為保守傳統的制式社會裡，中規中矩、一板一眼的教師，較易擁有人格感召權威；然而在求新求變的現代社會中，屬於前衛型的「麻辣教師」，反倒能樹立其人格感召權威。
4. 從專業權威來看：在資訊不發達的社會裡，教師的專業權威，因擁有知識的壟斷權而獲得保障；然而在資訊化社會中，以電腦網絡及大眾傳播媒體為主的社會教育功能之發揮，打破了學校教育及教師在知識傳授中

的壟斷地位，使得教師專業權威的獲致、鞏固與發展，變得日益艱難。歐美及日本等先進國家的經歷，早已證實這一點，而台海兩岸自 1990 年代中期以來，資訊科技的突飛猛進，對學校教育及教師權威的衝擊，也應驗了這一點（吳康寧，1998）。

其次，從校內的角度來分析：教師權威對學生的影響限度，受到幾項因素的左右，茲分別說明如下（鄭世仁，2000）：

1. 師生社會背景的吻合度：師生社會化經驗的相似程度，對教師影響學生的限度，有相當的決定力。首先，學生家庭的社會階層與教師的社會階層差距愈小，則學生可能受到教師的影響愈大；其次，學生的社區居民所持之價值觀與教師的價值觀差距愈小，則學生可能受到教師的影響愈大；最後，學生的同儕文化與教師文化的差距愈小，則學生可能受到教師的影響也愈大。由此可見，教師對學生的影響程度，受到師生家庭社經背景、價值觀及同儕文化等因素的影響，當師生的情況愈近似時，教師權威的影響限度愈大。

2. 教師使用權威的方式：教師具有各種可用的權威，但在使用時，因個人所強調的重點不同，對學生的影響限度，也就不同。有人偏愛使用制度的權威，也有人偏好個人的權威。制度的權威因為是植入在機構中，對於任何占有該職位的人都同樣享有，是最為便捷的、立即可用的權威；但是制度的權威要求學生絕對服從，常會引起學生的不滿與反彈。至於個人的權威，乃是經由師生建立親密關係之後，由學生自願賦予教師的權威；個人的權威不強調盲目的服從，而強調共同目標的磋商與心悅誠服的順從，因此對學生的影響強度，通常高於制度的權威。

3. 教師所抱持的信念：權威類型的採用，源於教師所具有的信念。保守型的教師，通常會比較喜歡採用制度的權威；而自由型的教師，通常會比較喜歡採用個人的權威。因為保守型的教師認為，宇宙間具有絕對真理與固定法則，且學生對於真理是無知的、易犯錯的，而維護真理、端正品行是教師的主要任務；此種信念，造成教師喜歡採用制度的權威。反之，自由型的教師不承認絕對真理的存在，而認為真理是人類理性不斷

提升的產物，教育是發展理性的主要途徑，學校是解放人類理性、培養人類合作的主要場所；此種信念，造成教師喜歡採用個人的權威。

4. 何時建立師生之間的親密關係：美國的一項研究指出，進入教師行業的動機有許多，但是最大的理由是「關心人們」及「喜歡和年輕人一起工作」（NEA, 1987）。新進教師對於師生關係，通常持有一種浪漫的想法，多數追求包容關懷、相互支持的親密關係，以便與學生合力達成教學目標。但是學校本身的結構，並不利於此種關係的維持，教師很快地發現他們與學生的關係是冷漠、隔閡的，有時甚至是操縱、算計的，因而感到非常失望；此時，多數教師會放棄與學生的親密關係，開始擺起威嚴的面孔。這樣一來又增強了學生對教師的既有信念，以為沒有一位教師是親切可信的，結果造成師生間的敵對狀態與社會距離。其根本原因在於：教師未能先建立自己合宜的權威，就想立刻和學生建立起親密關係，所以無法正常發揮教師權威的影響力。

5. 師生之間的社會距離是否適當：師生之間的社會距離，表面上是造成教師影響力減弱的原因，但是若師生之間，完全無社會距離的存在，則教師的影響力，便無法充分發揮，更會造成相當多的管教困擾；所以適當的社會距離，可以保護教師，使其免除痛苦、免受攻擊，進而充分發揮教師權威的影響力。

6. 學生的求學階段：學生的年級及求學階段不同，對教師各種權威的渴求程度，並不相同，因此，各類權威的影響限度，也不盡相同。例如：專業權威對大學生的影響限度，遠比對小學生的影響限度大；又如，人格感召的權威對中小學生的影響限度，遠比對大學生的影響限度更大。

綜觀上述，教師權威對學生的影響限度，深受校內、外因素的左右。就校外因素而言，因涉及社會環境的變遷，教師無法加以掌控。就校內因素而言，除了「師生社會背景的吻合度」這一項，是教師無法加以控制的以外，其餘的五項，包括教師使用權威的方式、教師所抱持的信念、何時建立師生之間的親密關係、師生之間的社會距離是否適當，以及學生的求學階段等，教師均可運用其專業能力，讓教師權威的影響限度，能發揮到極致，以充分達成學校教育

的目標。

陸、對教師權威的相關建議

作者擬從功能論的角度出發,分別對學校及教師,提出教師權威的相關建議,茲說明如下。

一、對學校的建議

Clifton 和 Roberts(1990)指出,教師贏得及維持學生順從的能力,可透過增加教師的制度權威及個人權威,來加以強化。

就強化制度權威而言,Clifton 和 Roberts(1990)認為,學校可採行以下幾項策略:第一,學校必須建立一套清楚明確的目標,因為這樣的目標,有助於強化制度權威;第二,為建立清晰陳述的、定義清楚的目標,學校組織必須有某種程度的分權化(decentralized),如此,家長、學生及教師對於學校目標的訂定,才會有更多的投入;當他們對學校目標的建立有更多投入時,他們也才有可能對目標的達成,有更多的投入;第三,要小心且精確地界定學生、教師、學科主任(department heads)、校長、督學及學校董事會的權利與義務,並且清楚地界定學校的權威結構;最後,要建立系統的方法來達成教育目標,並且,有必要採用一些方法,讓各種不同角色的扮演者,均能遵循上級的正當性要求。此外,還要建立一套完善的監督系統,以確保學校行政人員、教師、學校董事會成員、家長及學生等,皆能支持具正當性的教師權威。簡言之,學校領導人宜採民主領導方式,建立明確的學校教育目標,並清楚界定扮演各種不同角色者的權利與義務,加上一套健全的監督管理系統,以強化教師的制度權威。**就強化個人權威而言**,舉凡多激勵教師參加正式或非正式的在職進修活動、讓學校成為學習型組織等,以增進教師的專業權威及人格感召權威,都是學校行政人員可加著力之處。

二、對教師的建議

張建成(2002)指出,從社會學的觀點來看,任何形式的社會關係,包括

君臣關係、夫妻關係、親子關係、朋友關係、長官與部屬的關係、教師與學生的關係等，皆帶有權力的成分，所以任何一種社會關係，都可說是一種權力關係。在一個既有的權力關係中，如何讓施受雙方都公認正當，使之成為一種權威關係，以激發權威接受者之自願性服從與積極主動的參與，便是權威者必須努力的課題了。職此，教師如何善用其權威，讓學生能心服口服且樂意向善向學，是為人師者應該關注的課題；因此，本文謹提出三點建議，供教育工作者參考。

（一）要符合教師權威的運用規準

歐陽教（1973：97）指出：「做為一個現代教師，應當了解本身所具備的種種權威，期能慎用其權威，以促進各種教育活動的最佳效果；而絕不可濫用其權威，窒礙教育活動的進行，導致反教育的後果。」教育的過程，是一個啟發、引導的過程，教師在天職上，本應正用各項權威，才能順利從事教育工作，進而產生真正的、有意義的教育價值。如施以學生羞辱、體罰等不當懲罰，製造學生過度的課業競爭，要求學生不當的課外補習，歧視低階層與低成就學生，以及對學生性騷擾等，都是濫用教師權威的事例；這些均足以損害師生關係，並造成學生心理的緊張與焦慮，而造成反教育效果。

至於要如何才能避免濫用教師權威呢？歐陽教（1973）及方永泉（2000）曾根據權威運用的規準，指出在師生互動中，教師權威的運用，應符合三項規準：⑴ **權力**（power）：教師權威的執行，應有其法定範圍，亦即在其位方謀其政，否則易造成濫權；⑵ **合理**（reasonableness）：教師面對學生，必須講究以理服人，所謂的「理」，即是一切合乎認知事實或價值判斷的法則；⑶ **共鳴的情感**（attractiveness）：教師與學生之間，應有「適度的」共鳴、共感作用，如此，一方面可避免師生之間形同陌路、離心離德，另一方面則可避免學生對教師，有過度崇拜或盲目追隨之情。總之，權力、合理及共鳴的情感，是教師在運用教師權威時，應當考量及遵行的規準。

（二）要多發揮專業權威的影響力

隨著時代的演進與變遷，教師專業權威的運用，益發顯得重要。教師專業權威的運用，具有下列功能（林清江，1981；張建成，2000）：(1)客觀分析學生問題，改變學生的行為方式；(2)修正領導學生的方法，提高教學效率；(3)協助改進學校組織與行政，達成學校教育的功能。反之，缺乏專業權威的教師，可能會濫用或誤用教師的傳統、法定與人格感召權威，而能夠適度運用專業權威的專家教師，其他三種權威的運用，也較得宜；因此，教師傳統、法定與人格感召權威的運用，均需統攝於專業權威之中，才能發揮教師權威的最大功效。

教師若要充分發揮專業權威的影響力，則如何創造一種社會秩序與控制的體系，此種體系一方面能尊重學生個人的權力與自由，二方面又能支持並維持有效的教與學，而不至於產生個人的疏離，或造成班級社會體系的僵化與無效能（Mitchell & Treiman, 1997），作者認為可朝以下六個方向去努力（林清江，1981）：

1. 兼重評鑑與協助：教師對學生有評鑑成績的權力，也有協助改進的義務——協助學生建立良好的學習態度與習慣，運用有效的學習策略，以進行有效的學習。

2. 兼重權威與溫暖：教師必須在了解、親近與愛護學生的過程中，適度運用教師權威，以改變學生的思想觀念與行為氣質，並增進學生的知識與技能。

3. 兼重正式課程與潛在課程：在教育情境中，有正式課程也有潛在課程（hidden curriculum）。所謂「潛在課程」，是與正式課程並存，或存在於其背景中，是教師及其他人員之價值、規範、期望、態度、關係等的影響。潛在課程的影響，有時甚於正式課程。因此，教師應當兼重正式課程及潛在課程，即以正式課程「教導」學生，並以潛在課程「薰陶」學生。

4. 兼重期望與行為：教師不但要透過本身的行為影響學生，而且要透過本

身的期望影響學生；教師對學生的期望，會使學生產生符合教師期望的行為表現，此即「比馬龍效應」（Pygmalion effect）。

5. 兼重教學與學習：教師除重視教學外，還要重視自身的充實學習與在職進修，不斷增進專業知識、技能與素養，讓教學與學習相輔相成、相得益彰。

6. 兼重學生言行與教師言行：教師一方面要改變學生的言行，另一方面則須檢討及改變教師本身的言行，以便樹立可佩的行為楷模，並建立良好的師生關係。

（三）宜擴大教師權威的影響範圍

教師權威的影響範圍，不應僅局限於學生、教室及學校，而宜擴及社區乃至整個社會、國家。謝維和（2002）認為，如果按照傳統的觀點，僅僅將教師的權威，局限在學校和教室中是不夠的；因為這樣狹義的理解，不足以真正理解教師權威的涵義，亦無法充分發揮教師權威的功用。

從教師做為社會的知識份子之角度來看，教師權威的研究，應該廣義地從知識份子的權威去理解。根據 Bourdieu 的觀點：「知識份子其實是統治階級中被統治的一部分。他們擁有權力，並且由於占有文化資本而被賦予某種特權，他們中的一些人，甚至占有大量的文化資本，大到足以對文化資本施加權力，就這方面而言，他們具有統治性；但作家和藝術家相對於那些擁有政治和經濟權力的人來說，又是被統治者」（包亞明譯，1997：85）。因此，對做為知識份子的教師之權威分析，亦應放在這樣一種位置上進行。也正由於教師權威的本質，在於他們掌握了一定程度的文化資本，所以，教師權威的大小，將隨著文化資本在社會中的作用之變化而變化。在現代社會中，隨著知識經濟的到來，教師權威在社會中的作用，將進一步擴大。誠如方永泉和張建成（2000：932）所云：

為了社區的需要及維持學校中的社會控制，教師一方面有執行某些工作的權威；另方面也應該是社區中文化的權威，以肩負起傳遞文化的責任。

柒、結語

綜觀上述,本文的探究重點包括:**第一**,權威的意義與要素——權威者、權威的對象及相關的領域,以及教師權威的意義;**第二**,有關教師權威的理論,功能論、衝突論、批判論及互動論,都提出不同的理論觀點,不過,各個理論均肯定教師權威的必要性與價值性;**第三**,關於教師權威的來源,不同的學者雖有不同的說法,但大底可歸納為傳統、法定、人格感召及專業的權威等四種;**第四**,教師權威的功能,由微觀到鉅觀,可展現在學生個人、班級功能及社會期望等三個層面。而就班級層面而言,教師權威的具體功能,主要包括:可增進學生的模仿與認同,可幫助教師維持秩序,可節省師生磋商的時間,以及可捍衛課室內的公平正義;整體言之,這些功能的達成,有助於教學的順利進行,及教育功能的充分發揮。而教師權威的影響限度,則會受到校外及校內諸多因素的左右,這些因素當中,有些是教師所能掌控的,有些則是教師無能為力的,可見教師權威的影響力,是有某種局限;**第五**,本文分別對學校及教師,提出強化及善用教師權威的建議。就學校而言,學校行政人員可透過若干具體作為,來強化教師的制度權威與個人權威。就教師而言,作者提出三點建議,供教育實務工作者參考:(1)要符合教師權威的運用規準;(2)要多發揮專業權威的影響力;(3)宜擴大教師權威的影響範圍。

總之,教師權威的影響力,相當廣泛而深遠,因此,不論是師資生、教育實務工作者或教育研究者,對教師權威的議題,均宜持續加以關注,以促進教師工作的專業化及卓越化,進而將預期的教育功能,發揮得淋漓盡致。由於篇幅所限,本文僅針對教師權威做概念性及理論性的分析,今後,研究者可再針對我國教師權威的運用情形、所遭遇到的問題與困難,以及相關的因應之道或改進建議等,再進行實徵性的研究,以協助教師在權威運用方面,能上達盡善盡美之境。

參考文獻

中文部分

方永泉（2000）。權威與教育。載於國立編譯館（主編），**教育大辭書**（第十冊）（頁 937-939）。台北市：文景。

方永泉、張建成（2000）。權威。載於國立編譯館（主編），**教育大辭書**（第十冊）（頁 931-933）。台北市：文景。

包亞明（譯）（1997）。R. Jenkins 著。**文化資本與社會煉金術——布爾迪厄訪談錄**。上海市：上海人民出版社。

吳明隆（1996）。從皮德思的教育思想及權威教育觀論述教師權威的運用。**訓育研究**，**35**（4），7-16。

吳根明（譯）（1988）。R. Gibson 著。**批判理論與教育**。台北市：師大書苑。

吳康寧（1998）。**教育社會學**。高雄市：復文。

吳瓊如（2005）。國民中學教室情境中的教師權力分析：社會學的觀點。**教育資料與研究**，**62**，85-98。

林生傳（2000）。**教育社會學**（增訂三版）。台北市：巨流。

林清江（1981）。**教育社會學新論**。台北市：五南。

張建成（2000）。教師權威。載於國立編譯館（主編），**教育大辭書**（第六冊）（頁 1042-1043）。台北市：文景。

張建成（2002）。**批判的教育社會學研究**。台北市：學富文化。

郭丁熒（1992）。教師權威之探討。**臺南師院學報**，**25**，145-161。

郭丁熒（1998）。教學。載於陳奎憙（主編），**現代教育社會學**（頁 207-250）。台北市：師大書苑。

郭丁熒（2001）。「教師社會學」的研究範疇及其概況。**初等教育學報**，**14**，1-50。

郭丁熒（2004）。**教師圖像：教師社會學研究**。高雄市：復文。

郭丁熒（2005）。教師。載於臺灣教育社會學學會（主編），**教育社會學**（頁

305-337）。台北市：巨流。

陳伯璋（1988）。**意識型態與教育**。台北市：師大書苑。

陳怡錚（2000）。描繪女性教師的圖像：國中女教師的工作與生活。載於潘慧玲（主編），**教育議題的性別視野**（頁 251-275）。台北市：國立台灣師範大學。

陳奎憙（1989）。**教育社會學**（增訂初版）。台北市：三民。

陳奎憙（1990）。**教育社會學研究**。台北市：師大書苑。

陳奎憙（2001）。**教育社會學導論**。台北市：師大書苑。

游美惠（2005）。**性別教育最前線：多元文化的觀點**。台北市：女書文化。

褚幼梅（譯）（1993）。P. R. Sarkar 著。**對當前教育的省思**。台北市：中華民國阿南達瑪迦瑜伽靜坐協會。

歐陽教（1973）。**教育哲學導論**。台北市：文景。

鄭世仁（2000）。**教育社會學導論**。台北市：五南。

謝維和（2002）。**教育社會學**。台北市：五南。

英文部分

Blackledge, D., & Hunt, B. (1985). *Sociological interpretations of education*. London: Croom Helm.

Bowles, S., & Gintis, H. (1976). *Schooling in capitalist America: Educational reform and the contradictions of economic life*. NY: Basic Books.

Clifton, R. A., & Roberts, L. W. (1990). The authority of teachers: A sociological perspective. In E. O. Y. Miranda & R. F. Magsino (Eds.), *Teaching, school, and society* (pp. 381-403). London: Falmer Press.

Durkheim, E. (1956). *Education and sociology* (S. D. Fox, Trans.). NY: The Free Press.

Jackson, P. W. (1968). *Life in classroom*. London: Teachers College Press.

Mitchell, D. E., & Treiman, J. E. (1997). Authority and power in educational organizations. In L. J. Saha (Ed.), *International encyclopedia of the sociology of education* (pp. 416-421). Oxford: Pergamon.

NEA (1987). *Status of the American public school teacher: 1985-1986*. Washington, DC: NEA Research Division.

Spady, W. G. (1974). The authority system of the school and student unrest: A theoretical exploration. In C. W. Gordon (Ed.), *Uses of the sociology of education* (pp. 36-77). Chicago: University of Chicago Press.

Spady, W. G., & Mitchell, D. E. (1979). Authority and the management of classroom activities. In D. L. Duke (Ed.), *Classroom management* (pp. 75-115). Chicago: University of Chicago Press.

Tirri, K., & Puolimatka, T. (2000). Teacher authority in schools: A case study from Finland. *Journal of Education for Teaching, 26*(2), 157-165.

Waller, W. (1967). *The sociology of teaching* (3rd ed.). NY: John Wiley & Sons.

Weber, M. (1947). *The theory of social and economic organization* (A. M. Henderson & T. Parsons, Trans.). NY: The Free Press.

Weber, M. (1969). *The three types of legitimate rule* (H. Gerth, Trans.). In A. Etzioni (Ed.), *A sociological reader on complex organizations* (2nd ed.) (pp. 4-14). NY：Holt, Rinehart and Winston.

CHAPTER 07

我國初任教師導入訓練之研究——
以台南縣市幼托園所為例

張弘勳

台南科技大學幼兒保育系助理教授

羅蒨華

合格中等學校幼兒保育科教師

初任教師導入訓練是教育與學校行政的責任，但常被忽略或被草草了事，導入訓練是促進初任教師發展出學校所期望的表現能力和行為；但若初入教職就缺乏良好的導入訓練，常會導致初任教師遭遇蠻多的工作困擾，甚至無法留住好人才。因此，本研究的主要目的在探討初任教師導入訓練的目的、內容、功能、方法、規劃原則和評估，與了解幼托園所在初任教師導入訓練上之意見和現況。為達此目的，本研究採用調查研究法，自編問卷，採用分層隨機抽樣方式，問卷總計抽得180所樣本幼托園所，共發出930份問卷，得有效問卷714份，占全部發出問卷的76.77%。研究結論有八：(1)幼托園所初任教師導入訓練目的有「加強教學技巧的成長」等五項；(2)幼托園所初任教師導入訓練的內容有「班級經營技巧訓練」等十三項；(3)幼托園所初任教師導入訓練的功能有「增進教師的專業技能」等五項；(4)幼托園所初任教師導入訓練的方法有「活動設計」等十三項；(5)幼托園所初任教師導入訓練的規劃原則有「連結應用」等五項；(6)幼托園所初任教師導入訓練的評估項目有「訓練課程是否能提升教學專業技能成長」等十二項；(7)幼托園所初任教師的十三項導入訓練皆符合現況；(8)不同背景變項對初任教師導入訓練的意見大同小異。

關鍵字：幼托園所、初任教師、導入訓練

壹、研究動機與目的

　　初任教師導入訓練是教育與學校行政的責任，但常被忽略或被草草了事，但工商業卻將導入訓練視為相當重要的事，他們已知道導入訓練和員工的留任和工作表現具有相當的因果關係（Rebore, 2007）。因為企業界深信：「員工是企業經營最重要的資產。」所以對於員工教育訓練非常重視，將其視為企業永續經營與員工續任、留任的重要規劃。Seifert（1996）認為，教師流動率提高的主要原因是初入教職就缺乏良好的導入訓練，導入訓練是初任教師的重要因素之一。Castallo、Fletcher、Rosseti和Sekowski（1992）也認為，導入訓練做得正確的話，能促進教師專業發展，並留住好人才。導入訓練對於學校組織和初任教師個人都是非常重要的，它是一連串複雜的活動，以求獲取學校組織和初任教師個人的需求達成一致（Webb & Norton, 1999）。Castetter（1996）也認為，導入訓練是促進初任教師發展出學校所期望的表現能力和行為。由於初任教師階段乃是決定一位教師日後專業發展方向與品質的關鍵期，然而此課題目前在國內卻仍甚少引起足夠的關注，以致於初任教師常在前三年，尤其是第一年，必須深陷於心理上調適為一位完完全全的教師、適應外在環境，以及理論與實踐間不一致等現實震撼的慌張、無助之中。初任教師的專業比起其他階段的教師，顯得更為辛苦且危機重重。因此，此時期格外需要他人的協助，以逐漸建立專業的自信心，解決專業發展上所遭遇的問題（陳美玉，2002）。此乃引起研究者的研究動機之一。

　　擁有優良的師資，一直以來都是教育成功的基本要件之一，尤其近年來教育改革的腳步隨著社會的進步而日漸加快，不論是課程的改革，或是師資培育多元化，都顯示出國家對於改革教育的企圖心。其中，因為教師是站在教育改革現場的最前線，肩負著教育改革的重責大任，因此，培育出優良的師資，對於教育相關機構來說也成為一項重要的課題（李建彥，2002）。關於初任教師的工作困擾，初任教師的一、二年間，除了面對「現實震撼」，還有許多教學上的實務問題、學校環境問題、人際間互動問題等。由於知識基礎的薄弱，他人過多的期望或孤立的周遭，會使初任教師對自己愈來愈沒有信心。Seyfarth

（2002）認為，初任教師的困擾有教學準備工作、教學後的身心俱疲、教學準備干擾其正常生活，以及學生的學習興致不高；大部分學校很少提供初任教師諸如工作責任、工作期望、收入、升遷機會、工作夥伴和上級長官等資訊，以協助其適應新環境。張碧蘭（2001）探討台中市國民小學初任教師工作困擾之現況，研究結果發現大多集中於「身心壓力」、「學生管理」、「課程管理」、「人際關係」等層面。白青平（2000）研究發現初任教師工作困擾，研究結果大多集中於「學生管理」、「身心壓力」、「行政運作」等層面。陳珮蓉（1998）以質性研究來探討幼稚園初任教師的專業成長歷程之問題，研究結果大多集中於「人際溝通」、「學生管理」、「課程管理」等層面。盧榮順（1996）研究國小教師感到工作困擾的層面，研究結果大多集中於「身心壓力」、「學生管理」、「人際溝通」等層面。盧富美（1992）曾以問卷調查法的方式來探討國小實習教師的工作困擾，結果發現大多集中於「個人進修」、「課程教學」等層面。綜合上述研究，可看出初任教師有很多層面的工作困擾，究竟初任教師導入訓練應規劃哪些內容來消除其工作困擾，此乃引起研究者的研究動機之二。

　　了解初任教師在工作上的導入訓練需求，將對於擬定出初任教師導入訓練的方案有著相當大的助益，這同時也是值得所有關心教育的相關單位與人士一同來思考的重要課題，然而目前國內學者鮮少有針對幼稚園教師做一個深入的探討，且大多都是做質性研究居多，如：彭欣怡（2000）做了一份研究，研究題目為「幼稚園新進教師適應歷程之研究——以兩個個案為例」，此研究以兩個個案為研究對象，採質性研究取向，透過訪談、觀察、蒐集文件檔案資料等方式進行資料蒐集，藉以了解新進教師在新環境中遭遇到的問題和因應策略、影響其適應歷程的因素，以及其在適應歷程中的關注焦點。幼托機構大都組織規模不大，經費有限，所以對於老師的教育訓練沒有企業界來得願意投資在教職員工的成長上，近期由於受到經營競爭的壓力，與長期師資不穩定的狀況，才逐漸意識到教育訓練對於園所經營生存的急迫性（當代幼教經營管理雜誌，2000）。因此，有必要探討幼托園所初任教師導入訓練，此乃引起研究者的研究動機之三。

基於上述之研究動機，本研究欲探討之研究目的如下：

1. 探討初任教師導入訓練的目的、內容、功能、方法、規劃原則和評估。
2. 幼托園所在初任教師導入訓練上之意見。
3. 了解幼托園所在初任教師導入訓練上之現況。

貳、文獻探討

本部分主要針對初任教師導入訓練之意義、目的、內容、方法、功能、規劃原則及評估等進行探討，以下分成四部分加以敘述。

一、初任教師導入訓練的意義

每位學者專家對初任教師（beginning teacher）的定義多採年段論，其解釋任教年限的定義不一。目前我國並沒有「初任教師」這個階級，一般來說，對於初任教師的定義可從教師生涯發展中的年齡論或階段論來界定（林慧瑜，1994）。謝寶梅（1991）認為，初任教師是接受師資培育職前訓練之後，進入學校開始任教的最初一至二年的老師。而饒見維（1996）則認為，一個教師從任教第一年至約任教第四年止是「初任教師的導入階段」。另外白青平（2000）則認為，依據《師資培育法》取得正式合格教師，且任教年資在三年（含）以下者。張碧蘭（2001）認為，依據《師資培育法》取得正式合格教師後，且其任教年資在五年以下者，但不含教育實習之年資。綜合上述學者專家的意見，將初任教師的意義定義如下：「取得正式合格教師後的教師，任教年資未滿三年，皆屬於初任教師。」

接著探討導入訓練的意義：Smith（2005）認為，導入訓練（orientation or induction training）是為了使初任教師熟悉社區、學區、學校、教學計畫和同事的活動過程，為期一年，有的學區（如 Quakertown）甚至達五年之久；Rebore（2007）認為，導入訓練為使初任教師熟悉社區、學區和其同事所設計的過程。Castallo 等人（1992）認為，導入訓練是學區協助初任教師適應新社區、學區、學校和工作的過程。蔡培村（1999）認為，當實習教師被聘任為正式教師時，可任用為初級教師，主要執行班級教學工作，可獨立進行教學活

動、決定班級事物、進行學校輔導工作，但仍須接受校長、主任或資深教師的指導。再參考張波鋒（1988）和吳復新（2003）等人的看法後，本研究將導入訓練的意義定義如下：「為了改善初任教師的教學知識、技能、態度與行為等，施予初任教師相關訓練，以符合學校教育目標與教師工作的需求。」

　　綜合上述初任教師與導入訓練之定義，對於初任教師導入訓練之定義為：「任教年資在三年（含）以下之初任教師，透過教育行政機關和學校安排之計畫性、系統化的學習過程，熟悉教育行政機關、學校、工作職務和同事，改善其教學知能、態度與行為等，以符合學校教育目標與個人需求」。

二、初任教師導入訓練的目的

　　一個有效的導入訓練必須有定義清楚其目標，以符應初任教師的需求和教育系統的哲學。Castetter（1996）認為，初任教師導入訓練的最主要目的是提供資訊。Castallo 等人（1992）認為，導入訓練的目的有四：(1)了解學區和學校的資訊；(2)了解工作任務的相關資料；(3)清楚掌握導入訓練的各項活動；(4)讓相關的人士都能清楚了解自己在導入訓練中的責任。Seyfarth（2002）認為，導入訓練的目的主要在增加教師的留任率，此外尚有：(1)改進教師效能；(2)提供支持與協助；(3)提升專業和個人幸福；(4)熟悉學區和學校的文化；(5)遵守上級政府的規定。Smith（2005）認為，初任教師導入訓練的目的為：(1)使初任教師感受歡迎和安全；(2)使初任教師成為教學團隊的成員；(3)提供教學的支援和同事間的聯結；(4)協助初任教師適應工作環境；(5)提供社區、學區、學校、教職員工、學生和教育計畫等相關資訊；(6)使教師在學年開始能較易做好準備；(7)協助教師在個人和專業上能獲得成功。Rebore（2007）認為，導入訓練計畫的目標應包括：(1)使其感到受歡迎和安全；(2)協助其成為教育團隊的成員；(3)啟發其表現朝向卓越；(4)協助其適應工作環境；(5)提供關於社區、教育系統、學校基層、教職員工和學生的相關資訊；(6)使員工熟悉其他成員與相關的人士；(7)協助學年開始的準備工作以減少其困難。再參考黃英忠、吳復新和趙必孝（1997）、洪榮昭（1996）等人的意見後，綜合上述學者專家意見，將初任教師導入訓練實施目的整理為以下幾點：(1)提高專業知能；(2)加強教學技

巧的成長；(3)提升人際溝通能力；(4)提升教師工作適應能力；(5)建立學校與教師之間的溝通管道。

三、初任教師導入訓練的內容、功能和方法

初任教師導入訓練實施必須具有完善的規劃，在規劃之前必須先確立教師的需求，才能擬定訓練計畫和內容。以下探討導入訓練的內容、方法、功能。

（一）初任教師導入訓練的內容

初任教師導入訓練包含許多重要內容。Castetter（1996）認為，導入訓練的內容應包括適應社區、適應職務、適應組織文化、適應人事。Rebore（2007）認為，四個階段導入訓練的內容：首先是熟悉學區的環境；其次是熟悉服務學校所在的社區與社區中的各個學校；第三是熟悉所服務的學校；第四是認識相關人士並建立關係。Castallo 等人（1992）認為，導入訓練的內容至少應包括：(1)社區方面：組織和設施、經濟、歷史、居民、家長、習慣和價值；(2)學校系統：教育哲學、政策、計畫、程序、期望、人員、習慣和價值；(3)職務：工作描述、學校位置、研究課程、教科書、支援、教材、服務學生系統、期望和權威；(4)個人：居住所在、娛樂活動、專業組織成員、財務情況。Seyfarth（2002）認為，常見的導入訓練內容為：班級經營與紀律、激勵學生、學生的個別差異、評量學生的表現、親師關係、規劃組織班級工作、教材和支援的不足、處理個別學生的問題、沉重的教學負擔、準備時間不足、與同事的關係、適應行政人員的領導型式、考量家長和專業組織的影響。再參酌黃英忠等人（1998）、李政綱和黃金印（2001）、吳復新（2003）、黃廷合和齊德彰（2004）、黃英忠（2003）、吳秉恩（1984）等人的看法後，綜合上述學者專家之意見，將初任教師導入訓練內容分為以下幾種：「班級經營技巧訓練」、「教師與家長間人際溝通」、「專業知識」、「課程設計」、「教師與學生間人際溝通」、「教學技巧訓練」、「保育技能訓練」、「教學資源運用」、「壓力調適輔導」、「教師與教師間人際溝通」、「行政人員與教師間人際溝通」、「生涯規劃」、「學校行政工作實務演練」。

（二）初任教師導入訓練之功能

初任教師導入訓練的功能有助於提升效率，對於教師之工作表現與個人成長也有幫助。Smith（2005）認為，初任教師導入訓練之功能有：⑴熟悉學校和社區的文化；⑵協助蒐集教材和裝備；⑶提供良師給予支援和協助；⑷謹慎安排班級人數和學生，協助其順利成功。再參考傅占闈（1986）、彭台臨（1989）、李政綱和黃金印（2001）、陳建佑（2001）、吳復新（2003）等人的意見，本研究歸納出初任教師導入訓練的功能為：⑴增進教師的專業知識；⑵培養教師積極的工作態度；⑶增進教師工作的專業技能；⑷增進人際溝通技巧；⑸規劃教師的生涯發展。

（三）初任教師導入訓練的方法

初任教師導入訓練的方法有很多種，而良師制度是初任教師導入訓練的策略之一，透過配對讓經驗豐富的教師提供初任教師支援和鼓勵，同時也可提供角色模範，教導初任教師發展專業能力和自我尊重；此外，尚有一對一對談、解釋、觀察和評鑑討論（Rebore, 2007）。陳嘉彌（2004）認為，師徒制是根據「師徒式學習」之概念發展成一種應用的策略、模式或制度，其強調參與者合作、建構學習、思考、反省及雙方互動關係，許多專業領域視它為一項提升素質最重要的方法。Decker 和 Decker（1997）認為，教職員工的成員發展的方法可有以下數種：⑴教學觀察；⑵討論；⑶學童觀察；⑷個別會議；⑸工作坊；⑹諮詢；⑺鑑定過程；⑻專業資源。再參考李政綱和黃金印（2001）、廖勇凱和黃湘怡（2004）等人的看法後，本研究認為，初任教師導入訓練的方式可有下列幾種：「活動設計」、「演練示範法」、「觀摩教學法」、「員工會議」、「工作指導法」、「教學演練」、「分組討論法」、「個案研討會」、「師徒法」、「研討會」、「角色扮演法」、「專題演講法」、「分組競賽法」。

四、初任教師導入訓練的規劃原則及評估

（一）初任教師導入訓練的規劃原則

　　規劃初任教師的導入訓練，Castallo 等人（1992）認為，初任教師的參與導入訓練時間和其他人力資源成長活動，應該要加以協調安排，避免衝突；Smith（2005）認為，計畫初任教師的導入訓練時，應注意經費來源，必要時可向上級機關和其他相關單位爭取經費支援。再參考吳美連和林俊毅（1999）、黃廷合和齊德彰（2004）、郭芳煜（1986）等人的看法後，本研究歸納初任教師導入訓練的規劃原則為：(1)經濟效益原則；(2)師資優良原則；(3)設備充足原則；(4)由淺入深原則；(5)聯結應用原則。

（二）初任教師導入訓練之評估

　　一個良好的訓練計畫，必須考慮到評估訓練成效，為了達成訓練目標，以擴大訓練成效，訓練的活動要隨時作評估，而評估的方法依據訓練的內容及目的來決定。Castallo 等人（1992）認為，初任教師導入訓練的評估可運用問卷調查、面談，或綜合運用的方式來進行，評估項目應聚焦在導入訓練過程中，是否合乎初任教師與學區教育單位的需要，以及初任教師的教學表現、留任意願、滿意度。再參考洪榮昭（1996）、簡貞玉（2002）等人的看法，以及前述初任教師導入訓練的內容後，本研究認為，初任教師導入訓練的評估應包括下列幾項：(1)訓練主題是否符合興趣或需要；(2)訓練期間設備空間的規劃；(3)訓練課程內容是否符合由淺入深原則；(4)訓練的時間成本是否符合經濟效益；(5)訓練的師資素質是否優良；(6)課程時間安排是否影響工作進度；(7)訓練課程是否能提高專業能力；(8)訓練課程是否能加強教學專業技巧成長；(9)訓練課程是否能提升人際關係技巧；(10)訓練結果是否能提升教師工作適應程度；(11)訓練結果是否能提升機構與教師間的溝通能力。

參、研究設計與實施

研究方法分成三個部分，分別陳述之：一為調查研究工具之編製；二為調查研究對象與樣本選取；三為調查研究實施與資料處理。

一、調查研究工具之編製

本研究所採之調查研究工具，係自編「幼托園所初任教師導入訓練之調查問卷」，以下分別就「問卷設計架構」、「問卷編製過程」以及「問卷內容」三部分加以說明。

（一）問卷設計架構

本研究之問卷調查部分旨在了解與調查分析目前幼托園所初任教師導入訓練之意見，以及調查初任教師導入訓練之現況。本調查問卷包括「基本資料」及「問卷調查內容」兩部分，包括之相關變項如下：背景變項包括個人變項及學校變項：

1. 變項：本研究個人變項為有關填答者之個人特質部分，分布如下：⑴性別；⑵婚姻；⑶年齡；⑷教育程度；⑸任教年資；⑹擔任職務；⑺任教班級。
2. 學校變項：本研究學校變項為有關填答者所在學校之特質，分布如下：⑴園所性質；⑵園所地區；⑶園所規模。

問卷內容討論之部分，包括目前幼托園所初任教師導入訓練之情形，以及調查初任教師導入訓練之看法。其中包括七大部分：⑴初任教師導入訓練的目的；⑵初任教師導入訓練的內容；⑶初任教師導入訓練的功能；⑷初任教師導入訓練的方法；⑸初任教師導入訓練的規劃原則；⑹初任教師導入訓練的評估；⑺初任教師導入訓練的現況。

（二）問卷編製過程

依據本研究之目的及文獻探討之分析歸納結果，擬定出本調查問卷之主要內容分為上述七大部分，故應具有內容效度。同時為提升問卷之效度，特商請

六位專家學者提供修正指導意見，再依據六位專家學者之建議修改問卷，最後修改後定稿並完成預試用問卷。再將預試問卷委託給七所公私立幼托園所協助分送 94 位教師進行預試。預試問卷回收之後，即進行信度的分析，求得 *Cronbach's α* 達.958，因此本問卷具有良好的信度。

（三）問卷內容

問卷內容採用 Likert 的六點量表，分別為「非常同意」、「同意」、「有點同意」、「有點不同意」、「不同意」、「非常不同意」，共 67 題。

二、調查研究對象與樣本選取

調查研究對象與樣本選取將分為兩部分來敘述：一為調查研究對象；二為樣本選取，茲分述如下。

（一）調查研究對象

本研究因考量資深教師在工作過程中，曾面臨過初任教師的階段，已有所經驗，故決定調查研究之母群體為台南縣與台南市公私立幼稚園，以及托兒所之全體教師及專任行政人員。

（二）樣本選取

在樣本選取方面，乃參考教育部與社會局統計之「台南縣及台南市公私立幼稚園、托兒所園所數量」為依據，採分層隨機方式進行抽樣。茲將研究對象樣本抽樣方法敘述如下：

1. 第一步驟：首先，先算出台南縣市公立幼稚園、私立幼稚園、公立托兒所、私立托兒所之總數比率，大約為 3：3：1：5。
2. 第二步驟：再依據公立幼稚園、私立幼稚園、公立托兒所、私立托兒所等四個層級，從台南縣市的幼托園所中分層隨機抽取樣本園所，依據前述園所數之比率，共計抽取樣本公立幼稚園 45 所、私立幼稚園 45 所、公立托兒所 15 所、私立托兒所 75 所，總共 180 所。

3. 第三步驟：考慮園所性質不同，學校班級數不同，與教師人數不同等相關因素，決定每一園所發放問卷份數為公立幼稚園 4 份、私立幼稚園 6 份、公立托兒所 2 份、私立托兒所 6 份，共計發放 930 份。

4. 第四步驟：先以電話詢問抽樣學校願意協助填答問卷後，再由研究者親自拜訪，並將問卷送達至願意協助填答之園所。較偏遠之地區則將正式問卷與回郵信封分別裝妥，以限時郵寄給各樣本園所之受委託者，並請其代轉送給教師及專任行政人員予以填答。

三、調查研究實施與資料處理

調查研究實施與資料處理分為兩部分進行說明：一為「調查研究實施」，另一為「資料處理」。

（一）調查研究實施

本調查問卷總計發給 180 所樣本幼托園所，共發出 930 份問卷，共回收 809 份，回收率為 86.99 %。扣除無效問卷 95 份之後，得有效問卷 714 份，可用率為 88.26 %，占全部發出問卷的 76.77 %。此外，在回收之問卷中，有效樣本所填答之基本資料，經分類及統計，各項基本資料的分配情形，大致符合台南縣市幼托園所實際情形，故可以根據其統計結果推論母群體。

（二）調查研究資料之統計處理

將篩選出的有效問卷進行初步處理並加以編碼，同時將填答者之資料做電腦登錄，採用 SPSS 套裝軟體程式進行資料的統計處理與分析。本問卷所使用的統計方法為各選項之平均分數，用以了解各選項填答程度之傾向。欲探討不同個人背景變項與不同學校變項之意見差異，在「性別」、「婚姻」、「園所地區」部分採 t 考驗；至於在「年齡」、「教育程度」、「任教年資」、「擔任職務」、「任教班級」、「園所性質」、「園所規模」部分，則是採用單因子變異數分析（one way ANOVA）進行分析，若達顯著差異時再以 scheffé 法進行事後比較。

肆、調查研究結果的分析與討論

　　因本調查研究採用 Likert 的六點量表，在調查結果分析時，其平均數的歸類原則為：未達 1.5 者為「非常不同意」；1.5 以上，未達 2.5 者為「不同意」；2.5 以上，未達 3.5 者為「有點不同意」；3.5 以上，未達 4.5 者為「有點同意」；4.5 以上，未達 5.5 者為「同意」；5.5 以上者為「非常同意」。而在現況上，其符合的程度以此原則類推。

一、初任教師導入訓練的目的之看法分析與討論

　　根據表 7-1 之統計結果顯示，將五項初任教師導入訓練的目的依照同意程度的高低順序排列如下：「能加強教學技巧的成長」、「能提高專業知能」、「能提升人際溝通能力」，此三項獲得「非常同意」；「能提升教師工作適應能力」、「能建立園所與教師之間的溝通管道」，獲得「同意」。

表 7-1　初任教師導入訓練的目的之平均數、標準差和排序表

選　　　項	M	SD	排序
能加強教學技巧的成長	5.57	.62	1
能提高專業知能	5.54	.65	2
能提升人際溝通能力	5.50	.68	3
能提升教師工作適應能力	5.49	.70	4
能建立園所與教師之間的溝通管道	5.48	.68	5

　　對於不同背景填答者之分析，由表 7-2 的統計結果，分析填答者的反應如下：

1. 不同個人背景（含性別、婚姻、年齡、教育程度、任教年資、擔任職務、任教班級）的填答者，大多數表示「非常同意」和「同意」，在性別、婚姻、年齡、教育程度、任教年資、任教班級的部分達到統計上的顯著差異，其同意程度的差異為：男生大於女生；已婚者大於未婚者；30 歲以上未滿 40 歲者大於 20 歲以上未滿 30 歲者；高中職者、專科者

表 7-2　初任教師導入訓練的目的之單因子變異數分析和事後比較表

背景	統計量	N	M	SD	t	F	變異數分析摘要				Scheffé 事後考驗
							變異來源	離均差平方和	自由度	均方	
性別	男	6	6.00	.00	21.769*	---	---				---
	女	708	5.51	.59	1>2						
婚姻	未婚	316	5.43	.64	-3.265*	---	---				---
	已婚	398	5.58	.54	2>1						
年齡	未滿 20 歲	14	5.67	.41			組間	7.230	3	2.410	
	20～30 歲	320	5.40	.64			組內	244.415	710	.344	
	30～40 歲	293	5.61	.55	---	7.001*	全部	251.644	713		3>2
	40 歲以上	87	5.56	.50							
教育程度	高中職	71	5.33	.61			組間	7.832	3	2.611	2>1
	專科	221	5.59	.56	---	7.603*	組內	243.813	710	.343	2>4
	大學	420	5.51	.59			全部	251.645	713		3>4
	碩士	2	4.10	1.27							1>4
任教年資	未滿 3 年	123	5.37	.62			組間	9.374	3	3.125	3>1
	3～10 年	309	5.45	.64	---		組內	242.271	710	.341	3>2
	10～20 年	225	5.66	.48		9.157*	全部	251.645	713		
	20 年以上	57	5.59	.50							
擔任職務	助理教師	91	5.51	.65			組間	.181	2	.090	
	級任教師	571	5.52	.58	---	.255	組內	251.464	711	.354	---
	行政人員	52	5.46	.59			全部	251.645	713		
任教班級	幼幼班	70	5.49	.60			組間	6.740	5	1.348	5>3
	小班	151	5.46	.61	---	3.897*	組內	244.904	708	.346	
	中班	145	5.39	.64			全部	251.645	713		
	大班	153	5.52	.62							
	混齡班	153	5.68	.44							
	其他	40	5.53	.57							

表 7-2　初任教師導入訓練的目的之單因子變異數分析和事後比較表（續）

背景	統計量	N	M	SD	t	F	變異數分析摘要				Scheffé 事後考驗
							變異來源	離均差平方和	自由度	均方	
園所性質	公立幼稚園	127	5.73	.47		8.505*	組間	8.730	3	2.910	1>2
	私立幼稚園	215	5.52	.54	---		組內	242.915	710	.342	1>3
	公立托兒所	33	5.34	.46			全部	251.645	713		1>4
	私立托兒所	339	5.44	.65							
園所地區	台南縣	365	5.43	.57	-3.640*						---
	台南市	349	5.59	.60	2>1	---	---				
園所規模	5 班以下	341	5.62	.53		11.421*	組間	7.833	2	3.916	1>2
	6～10 班	254	5.43	.58			組內	243.812	711	.343	1>3
	11 班以上	119	5.38	.71			全部	251.645	713		
	總計	714	5.51	.59			---				

* $p < .05$

　　和大學者大於碩士者，專科者大於高中職者；服務 10 年以上未滿 20 年者大於未滿 3 年者與 3 年以上未滿 10 年者；混齡班者大於中班者。

2. 不同學校背景（含園所性質、園所地區、園所規模）的填答者雖都表示「非常同意」和「同意」，但在園所性質、園所地區、園所規模的部分達到統計上的顯著差異，其同意程度的差異為：公立幼稚園者大於私立幼稚園、公立托兒所和私立托兒所者；台南市者大於台南縣者；5 班以下者大於 6～10 班與 11 班以上者。

　　就問卷調查結果整體而言，填答者認為「能加強教學技巧的成長」、「能提高專業知能」、「能提升人際溝通能力」，此三項獲得「非常同意」；「能提升教師工作適應能力」、「能建立園所與教師之間的溝通管道」，獲得「同意」。顯示填答者對此五項初任教師導入訓練的目的皆為「同意」以上。此結

果與 Smith（2005）和 Rebore（2007）的看法相近，與前述文獻探討所得相符。

　　而在背景變項差異的分析方面，在學校背景變項上有：公立幼稚園者大於私立幼稚園、公立托兒所和私立托兒所者；台南市者大於台南縣者；5 班以下者大於 6〜10 班與 11 班以上者。在個人背景變項上有：男生大於女生；已婚者大於未婚者；30 歲以上未滿 40 歲者大於 20 歲以上未滿 30 歲者；高中職者、專科者和大學者大於碩士者，專科者大於高中職者；服務 10 年以上未滿 20 年者大於未滿 3 年和 3 年以上未滿 10 年者；混齡班者大於中班者。雖然有差異，但是填答者的意見大多表示「非常同意」到「同意」程度，故只是同意程度上的略微差距。

二、初任教師導入訓練的內容之看法分析與討論

　　根據表 7-3 之統計結果顯示，將十三項初任教師導入訓練的內容依照同意程度的高低順序排列如下：「班級經營技巧訓練」、「教師與家長間人際溝通」、「專業知識」、「課程設計」、「教師與學生間人際溝通」、「教學技巧訓練」、「保育技能訓練」、「教學資源運用」、「壓力調適輔導」、「教師與教師間人際溝通」、「行政人員與教師間人際溝通」等十一項獲得「非常同意」；「生涯規劃」、「園所行政工作實務演練」此二項，獲得「同意」。

表 7-3　初任教師導入訓練的內容之平均數、標準差和排序表

選　　項	M	SD	排序
班級經營技巧訓練	5.65	.57	1
教師與家長間人際溝通	5.63	.59	2
專業知識	5.61	.59	3
課程設計	5.61	.60	3
教師與學生間人際溝通	5.61	.60	3

　　對於不同背景填答者之分析，由表 7-4 的統計結果，分析填答者的反應如下：

1. 不同個人背景（含性別、婚姻、年齡、教育程度、任教年資、擔任職務、任教班級）的填答者大多數表示「非常同意」和「同意」，但除了性別、年齡、擔任職務、任教班級外，在婚姻、教育程度、任教年資的部分達到統計上的顯著差異，其同意程度的差異為：已婚者大於未婚者；專科者和大學者大於高中職者、碩士者；服務 10 年以上未滿 20 年者大於未滿 3 年者與 3 年以上未滿 10 年者。

2. 不同學校背景（含園所性質、園所地區、園所規模）的填答者雖都表示「非常同意」和「同意」，但在園所性質、園所地區、園所規模的部分達到統計上的顯著差異，其同意程度的差異為：公立幼稚園者大於私立幼稚園、公立托兒所和私立托兒所者；台南市者大於台南縣者；5 班以下者大於 6～10 班與 11 班以上者。

表 7-4　初任教師導入訓練的內容之單因子變異數分析和事後比較表

背景	統計量	N	M	SD	t	F	變異來源	離均差平方和	自由度	均方	Scheffé 事後考驗
性別	男	6	5.84	.34	1.988	---	---				---
	女	708	5.56	.54							
婚姻	未婚	316	5.52	.55	-2.082*	---	---				---
	已婚	398	5.60	.52	2>1						
年齡	未滿20歲	14	5.69	.57			組間	1.357	3	.452	
	20～30歲	320	5.53	.55			組內	207.928	710	.293	
	30～40歲	293	5.61	.53	---	1.545	全部	209.285	713		---
	40歲以上	87	5.54	.50							
教育程度	高中職	71	5.32	.64			組間	7.920	3	2.640	2>1
	專科	221	5.61	.52	---	9.309*	組內	201.365	710	.284	2>4
	大學	420	5.59	.51			全部	209.285	713		3>1
	碩士	2	4.34	.92							3>4

表 7-4　初任教師導入訓練的內容之單因子變異數分析和事後比較表（續）

背景	統計量	N	M	SD	t	F	變異來源	離均差平方和	自由度	均方	Scheffé 事後考驗
任教年資	未滿 3 年	123	5.49	.56	---	7.209*	組間	6.186	3	2.062	3>1
	3～10 年	309	5.50	.58			組內	203.099	710	.286	3>2
	10～20 年	225	5.70	.43			全部	209.285	713		
	20 年以上	57	5.53	.52							
擔任職務	助理教師	91	5.56	.58	---	.176	組間	.104	2	.052	---
	級任教師	571	5.57	.53			組內	209.182	711	.294	
	行政人員	52	5.52	.57			全部	209.285	713		
任教班級	幼幼班	70	5.51	.55	---	1.762*	組間	2.572	5	.514	---
	小班	151	5.50	57			組內	206.714	708	.292	
	中班	145	5.56	.54			全部	209.285	713		
	大班	153	5.55	.55							
	混齡班	153	5.67	.45							
	其他	40	5.60	.58							
園所性質	公立幼稚園	127	5.74	.41	---	6.935*	組間	5.958	3	1.986	1>2
	私立幼稚園	215	5.57	.53			組內	203.328	710	.286	1>3
	公立托兒所	33	5.38	.43			全部	209.285	713		1>4
	私立托兒所	339	5.51	.58							
園所地區	台南縣	365	5.51	.52	-2.536*						---
	台南市	349	5.62	.55	2>1	---	---				
園所規模	5 班以下	341	5.63	.49	---	6.015*	組間	3.482	2	1.741	1>2
	6～10 班	254	5.52	.54			組內	243.812	711	.289	1>3
	11 班以上	119	5.46	.64			全部	251.645	713		
	總計	714	5.56	.54			---				

* $p < .05$

就問卷調查結果整體而言，填答者認為「班級經營技巧訓練」、「教師與家長間人際溝通」、「專業知識」、「課程設計」、「教師與學生間人際溝通」、「教學技巧訓練」、「保育技能訓練」、「教學資源運用」、「壓力調適輔導」、「教師與教師間人際溝通」、「行政人員與教師間人際溝通」等十一項皆獲得「非常同意」；「生涯規劃」、「園所行政工作實務演練」此二項，獲得「同意」。顯示填答者對此十三項初任教師導入訓練的內容皆表示「同意」以上。此結果與 Castetter（1996）、Castallo 等人（1992）、Seyfarth（2002）的看法類似；並與前述文獻探討所得相符。

　　而在背景變項差異的分析方面，在學校背景變項上，差異情形較初任教師導入訓練目的相似，有：公立幼稚園者大於私立幼稚園、公立托兒所和私立托兒所者；台南市者大於台南縣者；5 班以下者大於 6～10 班與 11 班以上者。在個人背景變項上，差異情形較初任教師導入訓練目的小，有：已婚者大於未婚者；專科和大學者大於高中職和碩士者；服務 10 年以上未滿 20 年者大於未滿 3 年和 3 年以上未滿 10 年者。雖然有差異，但是填答者的意見大多表示「非常同意」到「同意」程度，故只是同意程度上的略微差距。

三、初任教師導入訓練的功能之看法分析與討論

　　根據表 7-5 之統計結果顯示，將五項初任教師導入訓練的功能依照同意程度的高低順序排列如下：「增進教師工作的專業技能」、「增進教師的專業知識」、「培養教師積極的工作態度」、「增進人際溝通的技巧」等四項獲得「非常同意」；「規劃教師的生涯發展」此項獲得「同意」。

表 7-5　初任教師導入訓練的功能之平均數、標準差和排序表

選　　項	M	SD	排序
增進教師工作的專業技能	5.55	.62	1
增進教師的專業知識	5.54	.65	2
培養教師積極的工作態度	5.51	.68	3
增進人際溝通的技巧	5.51	.66	3
規劃教師的生涯發展	5.40	.77	5

對於不同背景填答者之分析，由表7-6的統計結果，分析填答者的反應如下：

表 7-6　初任教師導入訓練的功能之單因子變異數分析和事後比較表

背景	統計量	N	M	SD	t	F	變異數分析摘要				Scheffé 事後考驗
							變異來源	離均差平方和	自由度	均方	
性別	男	6	5.94	.13	8.047*	---	---				---
	女	708	5.46	.61	1>2						
婚姻	未婚	316	5.40	.63	-2.234*	---	---				---
	已婚	398	5.51	.58	2>1						
年齡	未滿 20 歲	14	5.59	.42			組間	4.437	3	1.479	3>2
	20～30 歲	320	5.37	.65			組內	262.998	710	.370	
	30～40 歲	293	5.54	.58	---	3.992*	全部	267.434	713		
	40 歲以上	87	5.49	.54							
教育程度	高中職	71	5.18	.71			組間	10.122	3	3.374	2>1
	專科	221	5.55	.59	---	9.310*	組內	257.312	710	.362	2>4
	大學	420	5.46	.58			全部	267.434	713		3>1
	碩士	2	4.33	1.17							
任教年資	未滿 3 年	123	5.31	.63			組間	10.327	3	3.442	3>1
	3～10 年	309	5.40	.65	---		組內	257.108	710	.362	3>2
	10～20 年	225	5.63	.49		9.506*	全部	267.434	713		
	20 年以上	57	5.45	.58							
擔任職務	助理教師	91	5.39	.66			組間	.565	2	.282	
	級任教師	571	5.47	.60	---	.753	組內	266.870	711	.375	---
	行政人員	52	5.50	.58			全部	267.434	713		
任教班級	幼幼班	70	5.39	.63			組間	4.428	5	.886	
	小班	151	5.40	.62			組內	263.006	708	.371	
	中班	145	5.38	.65	---	2.384	全部	267.434	713		---
	大班	153	5.48	.59							
	混齡班	153	5.58	.54							
	其他	40	5.54	61							

表 7-6　初任教師導入訓練的功能之單因子變異數分析和事後比較表（續）

背景	統計量	N	M	SD	t	F	變異數分析摘要				Scheffé 事後考驗
							變異來源	離均差平方和	自由度	均方	
園所性質	公立幼稚園	127	5.62	.48			組間	9.626	3	3.209	1>3
	私立幼稚園	215	5.50	.58	---	8.836*	組內	257.809	710	.363	1>4
	公立托兒所	33	5.07	.50			全部	267.434	713		2>3
	私立托兒所	339	5.41	.65							
園所地區	台南縣	365	5.39	.58	-3.018*						
	台南市	349	5.53	.63	2>1	---	---	---			---
園所規模	5 班以下	341	5.54	.54			組間	4.840	2	2.420	1>2
	6～10 班	254	5.40	.61	---	6.552*	組內	262.595	711	.369	1>3
	11 班以上	119	5.35	.75			全部	267.434	713		
	總計	714	5.46	.61				---			

*$p < .05$

1. 不同個人背景（含性別、婚姻、年齡、教育程度、任教年資、擔任職務、任教班級）的填答者，雖大多數表示「非常同意」和「同意」，但除了擔任職務、任教班級外，在性別、婚姻、年齡、教育程度、任教年資的部分達到統計上的顯著差異，其同意程度的差異為：男生大於女生；已婚者大於未婚者；30 歲以上未滿 40 歲者大於 20 歲以上未滿 30 歲者；專科者大於碩士者，專科和大學者大於高中職者；服務 10 年以上未滿 20 年者大於未滿 3 年和 3 年以上未滿 10 年者。

2. 不同學校背景（含園所性質、園所地區、園所規模）的填答者雖都表示「非常同意」和「同意」，但在園所性質、園所地區、園所規模的部分達到統計上的顯著差異，其同意程度的差異為：公立幼稚園者大於公立托兒所和私立托兒所者，私立幼稚園者大於公立托兒所者；台南市者大於台南縣者；5 班以下者大於 6～10 班與 11 班以上者。

　　就問卷調查結果整體而言，填答者認為「增進教師工作的專業技能」、「增進教師的專業知識」、「培養教師積極的工作態度」、「增進人際溝通的技巧」此四項，獲得「非常同意」；「規劃教師的生涯發展」此項獲得「同意」。顯示此五項初任教師導入訓練的功能皆獲得填答者的「同意」以上，此結果與Smith（2005）與 Castetter（1996）的看法雷同，且與文獻探討所得相符。

　　而在背景變項差異的分析方面，在學校背景變項上，差異情形與前述二層面相似，有：公立幼稚園者大於公立托兒所和私立托兒所者，私立幼稚園者大於公立托兒所者；台南市者大於台南縣者；5 班以下者大於 6～10 班與 11 班以上者。在個人背景變項上，差異情形較初任教師導入訓練目的小，有：男生大於女生；已婚者大於未婚者；30 歲以上未滿 40 歲者大於 20 歲以上未滿 30 歲者；專科者大於碩士者，專科和大學者大於高中職者；服務 10 年以上未滿 20 年者大於未滿 3 年和 3 年以上未滿 10 年者。雖然有差異，但是填答者的意見大多表示「非常同意」到「同意」程度，故只是同意程度上的略微差距。

四、初任教師導入訓練的方法之看法分析與討論

　　根據表 7-7 之統計結果顯示，將十三項初任教師導入訓練的方法依照同意程度的高低順序排列如下：「活動設計」、「演練示範法」、「觀摩教學法」、「員工會議」、「工作指導法」、「教學演練」、「分組討論法」、「個案研討會」、「師徒法」、「研討會」、「角色扮演法」、「專題演講法」、「分組競賽法」皆獲得「同意」。

　　對於不同背景填答者之分析，由表 7-8 的統計結果，分析填答者的反應如下：

1. 不同個人背景（含性別、婚姻、年齡、教育程度、任教年資、擔任職務、任教班級）的填答者雖大多數表示「非常同意」和「同意」，但除了性別、婚姻、擔任職務、任教班級外，在年齡、教育程度、任教年資的部分達到統計上的顯著差異，其同意程度的差異為：30 歲以上未滿40 歲者大於 20 歲以上未滿 30 歲者；專科者大於高中職者；服務 10 年以上未滿 20 年者大於未滿 3 年者。

表 7-7 初任教師導入訓練的方法之平均數、標準差和排序表

選　　項	M	SD	排序
活動設計	5.43	.68	1
演練示範法	5.41	.77	2
觀摩教學法	5.40	.75	3
員工會議	5.39	.75	4
工作指導法	5.39	.78	4
教學演練	5.38	.80	6
分組討論法	5.37	.75	7
個案研討會	5.29	.86	8
師徒法	5.25	.97	9
研討會	5.25	.84	9
角色扮演法	5.17	.94	11
專題演講法	5.12	.94	12
分組競賽法	4.75	1.37	13

表 7-8 初任教師導入訓練的方法之單因子變異數分析和事後比較表

背景	統計量	N	M	SD	t	F	變異來源	離均差平方和	自由度	均方	Scheffé 事後考驗
性別	男	6	5.62	.58	1.305	---	---				---
	女	708	5.67	.66							
婚姻	未婚	316	5.23	.66	-1.549	---	---				---
	已婚	398	5.31	.66							
年齡	未滿 20 歲	14	5.48	.65			組間	3.976	3	1.325	3>2
	20～30 歲	320	5.20	.68			組內	309.717	710	.436	
	30～40 歲	293	5.35	.65	---	3.308*	全部	313.692	713		
	40 歲以上	87	5.26	.57							
教育程度	高中職	71	5.10	.63			組間	6.655	3	2.218	2>1
	專科	221	5.38	.64	---	5.130*	組內	307.038	710	.432	
	大學	420	5.25	.66			全部	313.692	713		
	碩士	2	4.23	.48							

表 7-8　初任教師導入訓練的方法之單因子變異數分析和事後比較表（續）

背景＼統計量		N	M	SD	t	F	變異數分析摘要				Scheffé 事後考驗
							變異來源	離均差平方和	自由度	均方	
任教年資	未滿 3 年	123	5.10	.72			組間	8.194	3	2.731	3>1
	3～10 年	309	5.26	.66	---		組內	305.499	710	430	
	10～20 年	225	5.41	.61		6.348	全部	313.692	713		
	20 年以上	57	5.21	.59							
擔任職務	助理教師	91	5.30	.68			組間	1.203	2	.061	
	級任教師	571	5.28	.65	---	1.369	組內	312.489	711	.440	---
	行政人員	52	5.13	.70			全部	313.692	713		
任教班級	幼幼班	70	5.22	.68			組間	2.973	5	.595	
	小班	151	5.28	.74			組內	310.719	708	.439	
	中班	145	5.19	.63	---	1.355	全部	313.692	713		
	大班	153	5.33	.63							
	混齡班	153	5.34	.61							
	其他	40	5.16	.72							
園所性質	公立幼稚園	127	5.42	.57			組間	10.385	3	3.462	1>3
	私立幼稚園	215	5.31	.67	---	8.103*	組內	303.308	710	.427	2>3
	公立托兒所	33	4.82	.43			全部	313.692	713		4>3
	私立托兒所	339	5.24	.68							
園所地區	台南縣	365	5.19	.60	-3.580*						
	台南市	349	5.36	.70	2>1	---	---				---
園所規模	5 班以下	341	5.30	.62			組間	.685	2	.343	
	6～10 班	254	5.24	.62	---	.778*	組內	313.007	711	.440	---
	11 班以上	119	5.25	.82			全部	313.692	713		
	總計	714	5.27	.66			---				

* $p < .05$

2. 不同學校背景（含園所性質、園所地區、園所規模）的填答者雖都表示「非常同意」和「同意」，但在園所性質、園所地區的部分達到統計上的顯著差異，其同意程度的差異為：公立幼稚園、私立幼稚園和私立托兒所者大於公立托兒所者；台南市者大於台南縣者。

就問卷調查結果整體而言，填答者認為「活動設計」、「演練示範法」、「觀摩教學法」、「員工會議」、「工作指導法」、「教學演練」、「分組討論法」、「個案研討會」、「師徒法」、「研討會」、「角色扮演法」、「專題演講法」、「分組競賽法」等十三項皆獲得「同意」。此結果與 Rebore（2007）、Decker 和 Decker（1997）看法相似；且與前述文獻探討所得相符。但分組競賽法其平均數只有 4.75，顯示此項導入訓練方法不及前述十二項的同意程度（平均數皆在 5.1 以上），可能的原因是分組競賽方式產生的壓力較大。

而在背景變項差異的分析方面，在學校背景變項上，差異情形較小，有：公立幼稚園、私立幼稚園和私立托兒所者大於公立托兒所者；台南市者大於台南縣者。在個人背景變項上，差異情形較小，有：30 歲以上未滿 40 歲者大於20 歲以上未滿 30 歲者；專科者大於高中職者；服務 10 年以上未滿 20 年者大於未滿 3 年者。雖然有差異，但是填答者的意見大多表示「非常同意」到「同意」程度，故只是同意程度上的略微差距。

五、初任教師導入訓練的規劃原則之看法分析與分析

根據表 7-9 之統計結果顯示，將五項初任教師導入訓練的規劃原則依照同意程度的高低順序排列如下：「聯結應用」、「由淺入深」、「設備充足」此三項獲得「非常同意」；「師資優良」、「經濟效益」此二項獲得「同意」。

表 7-9　初任教師導入訓練的規劃原則之平均數、標準差和排序表

選　　項	M	SD	排序
聯結應用	5.58	.62	1
由淺入深	5.57	.63	2
設備充足	5.50	.70	3
師資優良	5.46	.73	4
經濟效益	5.29	.86	5

對於不同背景填答者之分析，由表 7-10 的統計結果，分析填答者的反應如下：

1. 不同個人背景（含性別、婚姻、年齡、教育程度、任教年資、擔任職務、任教班級）的填答者，雖大多數表示「非常同意」和「同意」，但除了性別、婚姻、年齡、擔任職務、任教班級外，在教育程度、任教年資的部分達到統計上的顯著差異，其同意程度的差異為：專科者大於高中職者；服務 10 年以上未滿 20 年者大於未滿 3 年和 3 年以上未滿 10 年者。

2. 不同學校背景（含園所性質、園所地區、園所規模）的填答者雖都表示「非常同意」和「同意」，但在園所性質、園所地區、園所規模的部分達到統計上的顯著差異，其同意程度的差異為：公立幼稚園者大於私立幼稚園、公立托兒所和私立托兒所者；台南市者大於台南縣者；5 班以下者大於 6～10 班和 11 班以上者。

表 7-10　初任教師導入訓練的規劃原則單因子變異數分析和事後比較表

背景	統計量	N	M	SD	t	F	變異數分析摘要 變異來源	離均差平方和	自由度	均方	Scheffé 事後考驗
性別	男	6	5.80	.33	1.275	---	---				---
	女	708	5.47	.61							
婚姻	未婚	316	5.46	.60	-.466	---	---				---
	已婚	398	5.48	.62							
年齡	未滿 20 歲	14	5.61	.42			組間	1.053	3	.351	
	20～30 歲	320	5.44	.62			組內	271.397	710	.382	
	30～40 歲	293	5.51	.64	---	.918	全部	272.450	713		---
	40 歲以上	87	5.48	.51							
教育程度	高中職	71	5.30	.58			組間	3.687	3	1.229	2>1
	專科	221	5.52	.58	---	3.247*	組內	268.762	710	.379	
	大學	420	5.48	.63			全部	272.450	713		
	碩士	2	4.80	.00							
任教年資	未滿 3 年	123	5.35	.65			組間	5.665	3	1.888	3>1
	3～10 年	309	5.44	.65	---		組內	266.785	710	.376	3>2
	10～20 年	225	5.60	.53		5.025*	全部	272.450	713		
	20 年以上	57	5.44	.57							
擔任職務	助理教師	91	5.53	.54			組間	1.418	2	.709	
	級任教師	571	5.48	.61	---	1.860	組內	271.032	711	.381	---
	行政人員	52	5.33	.75			全部	272.450	713		
任教班級	幼幼班	70	5.42	.60			組間	2.497	5	.499	
	小班	151	5.44	.64			組內	269.953	708	.381	
	中班	145	5.45	.54	---	1.310	全部	272.450	713		---
	大班	153	5.46	.62							
	混齡班	153	5.59	.61							
	其他	40	5.42	.74							

表 7-10 初任教師導入訓練的規劃原則單因子變異數分析和事後比較表（續）

背景	統計量	N	M	SD	t	F	變異來源	離均差平方和	自由度	均方	Scheffé 事後考驗
園所性質	公立幼稚園	127	5.71	.44			組間	10.852	3	3.617	1>2
	私立幼稚園	215	5.46	.65	---	9.818*	組內	261.598	710	.368	1>3
	公立托兒所	33	5.18	.45			全部	272.450	713		1>4
	私立托兒所	339	5.42	.64							
園所地區	台南縣	365	5.39	.61	-3.832*						
	台南市	349	5.56	.61	2>1	---	---	---			---
園所規模	5 班以下	341	5.55	.55	---	5.000*	組間	3.779	2	1.890	1>2
	6～10 班	254	5.42	.64			組內	268.671	711	.378	1>3
	11 班以上	119	5.38	.70			全部	272.450	713		
	總計	714	5.47	.61				---			

* $p < .05$

　　就問卷調查結果整體而言，填答者認為「聯結應用」、「由淺入深」、「設備充足」此三項獲得「非常同意」；「師資優良」、「經濟效益」此二項獲得「同意」。顯示此五項初任教師導入訓練的規劃原則皆獲得填答者「同意」以上，此結果與 Castallo 等人（1992）和 Smith（2005）的看法相近；並與文獻探討所得相符。

　　而在背景變項差異的分析方面，在學校背景變項上，有：公立幼稚園者大於私立幼稚園、公立托兒所和私立托兒所者；台南市者大於台南縣者；5 班以下者大於 6～10 班和 11 班以上者。在個人背景變項上，差異情形較小，有：專科者大於高中職者；服務 10 年以上未滿 20 年者大於未滿 3 年和 3 年以上未滿 10 年者。雖然有差異，但是填答者的意見大多表示「非常同意」到「同意」程度，故只是同意程度上的略微差距。

六、初任教師導入訓練的評估項目之看法分析與討論

根據表 7-11 之統計結果顯示，將十二項初任教師導入訓練的評估項目依照同意程度的高低順序排列如下：「訓練課程是否能提升教學專業技能成長」、「訓練課程是否能提高專業知識」、「訓練結果是否能培養教師積極的工作態度」、「訓練課程內容是否符合由淺入深原則」、「訓練結果是否能提升教師工作適應程度」、「訓練主題是否符合教學需要」、「訓練課程是否能提升人際關係技巧」、「訓練師資素質是否優良」、「訓練課程時間安排是否影響工作進度」、「訓練期間的設備與空間規劃是否適當」等十項獲得「非常同意」；「訓練結果是否能規劃教師的生涯發展」、「訓練的成本是否符合經濟效益」此二項獲得「同意」。

表 7-11　初任教師導入訓練的評估項目之平均數、標準差和排序表

選　　項	M	SD	排序
訓練課程是否能提升教學專業技能成長？	5.59	.59	1
訓練課程是否能提高專業知識？	5.58	.62	2
訓練結果是否能培養教師積極的工作態度？	5.58	.60	2
訓練課程內容是否符合由淺入深原則？	5.57	.61	4
訓練結果是否能提升教師工作適應程度？	5.56	.64	5
訓練主題是否符合教學需要？	5.55	.65	6
訓練課程是否能提升人際關係技巧？	5.54	.67	7
訓練師資素質是否優良？	5.53	.70	8
訓練課程時間安排是否影響工作進度？	5.52	.72	9
訓練期間的設備與空間規劃是否適當？	5.51	.67	10
訓練結果是否能規劃教師的生涯發展？	5.49	.71	11
訓練的成本是否符合經濟效益？	5.44	.74	12

對於不同背景填答者之分析，由表 7-12 的統計結果，分析填答者的反應如下：

表 7-12　初任教師導入訓練的評估項目單因子變異數分析和事後比較表

背景	統計量	N	M	SD	t	F	變異數分析摘要 變異來源	離均差平方和	自由度	均方	Scheffé 事後考驗
性別	男	6	5.90	.17	5.073*	---	---				---
	女	708	5.53	.57	1>2						
婚姻	未婚	316	5.52	.57	-.567	---	---				---
	已婚	398	5.54	.57							
年齡	未滿 20 歲	14	5.72	.33			組間	2.079	3	.693	
	20～30 歲	320	5.49	.60			組內	232.964	710	.328	
	30～40 歲	293	5.58	.55	---	2.112	全部	235.043	713		---
	40 歲以上	87	5.48	.53							
教育程度	高中職	71	5.28	.63	---	6.120*	組間	5.925	3	1.975	2>1
	專科	221	5.58	.55			組內	229.117	710	.323	3>1
	大學	420	5.55	.56			全部	235.043	713		
	碩士	2	4.91	.11							
任教年資	未滿 3 年	123	5.42	.62	---		組間	4.676	3	1.559	3>1
	3～10 年	309	5.51	.60			組內	230.367	710	.324	
	10～20 年	225	5.64	.49		4.804*	全部	235.043	713		
	20 年以上	57	5.47	.54							
擔任職務	助理教師	91	5.57	.60			組間	.302	2	.151	
	級任教師	571	5.53	.56	---	.457	組內	234.741	711	.330	---
	行政人員	52	5.47	.62			全部	235.043	713		
任教班級	幼幼班	70	5.48	.57	---		組間	3.988	5	.798	
	小班	151	5.51	.62			組內	231.055	708	.326	
	中班	145	5.44	.60	---	2.444	全部	235.043	713		---
	大班	153	5.55	.54							
	混齡班	153	5.66	.48							
	其他	40	5.52	.57							

表 7-12 初任教師導入訓練的評估項目單因子變異數分析和事後比較表（續）

背景	統計量	N	M	SD	t	F	變異數分析摘要				Scheffé 事後考驗
							變異來源	離均差平方和	自由度	均方	
園所性質	公立幼稚園	127	5.76	.40			組間	12.654	3	4.218	1>2
	私立幼稚園	215	5.58	.52	---	13.467*	組內	222.388	710	.313	1>3
	公立托兒所	33	5.20	.50			全部	235.043	713		1>4
	私立托兒所	339	5.45	.62							
園所地區	台南縣	365	5.46	.53	-3.388*						
	台南市	349	5.61	.59	2>1	---	---				---
園所規模	5班以下	341	5.60	.52			組間	3.657	2	1.829	1>3
	6~10班	254	5.50	.56	---	5.619*	組內	231.385	711	.325	
	11班以上	119	5.41	.69			全部	235.043	713		
	總計	714	5.53	.57							

*$p < .05$

1. 不同個人背景（含性別、婚姻、年齡、教育程度、任教年資、擔任職務、任教班級）的填答者雖大多數表示「非常同意」和「同意」，但除了婚姻、年齡、擔任職務、任教班級外，在性別、教育程度、任教年資的部分達到統計上的顯著差異，其同意程度的差異為：男生大於女生；專科和大學者大於高中職者；服務 10 年以上未滿 20 年者大於未滿 3 年者。

2. 不同學校背景（含園所性質、園所地區、園所規模）的填答者雖都表示「非常同意」和「同意」，但在園所性質、園所地區、園所規模的部分達到統計上的顯著差異，其同意程度的差異為：公立幼稚園者大於私立幼稚園、公立托兒所和私立托兒所者；台南市者大於台南縣者；5 班以下者大於 11 班以上者。

就調查結果整體而言，填答者認為「訓練課程是否能提升教學專業技能成長」、「訓練課程是否能提高專業知識」、「訓練結果是否能培養教師積極的工作態度」、「訓練課程內容是否符合由淺入深原則」、「訓練結果是否能提升教師工作適應程度」、「訓練主題是否符合教學需要」、「訓練課程是否能提升人際關係技巧」、「訓練師資素質是否優良」、「訓練課程時間安排是否影響工作進度」、「訓練期間的設備與空間規劃是否適當」等十項獲得「非常同意」程度；「訓練結果是否能規劃教師的生涯發展」、「訓練的成本是否符合經濟效益」此二項獲得「同意」程度。顯示此十二項初任教師導入訓練的評估項目皆獲得填答者同意以上。此結果與 Castallo 等人（1992）、洪榮昭（1996）、簡貞玉（2002）等人的看法相似，且與文獻探討所得相符。

而在背景變項差異的分析方面，在學校背景變項上，有：公立幼稚園者大於私立幼稚園、公立托兒所和私立托兒所者；台南市者大於台南縣者；5 班以下者大於 11 班以上者。在個人背景變項上，差異情形較小，有：男生大於女生；專科和大學者大於高中職者；服務 10 年以上未滿 20 年者大於未滿 3 年者。雖然有差異，但是填答者的意見大多表示「非常同意」到「同意」程度，故只是同意程度上的略微差距。

七、初任教師導入訓練的現況之分析與討論

根據表 7-13 之統計結果顯示，將十三項初任教師導入訓練的現況依照符合程度的高低順序排列如下：「專業知識訓練」、「班級經營技巧訓練」、「課程設計訓練」、「教學技巧訓練」、「教師與學生間人際關係訓練」、「教師與家長間人際關係訓練」、「保育技能訓練」、「教師與教師間人際關係訓練」、「教學資源運用訓練」、「教師與行政人員間人際關係訓練」、「壓力調適訓練」、「行政工作訓練」、「生涯規劃訓練」，此十三項皆認為符合現況。

表 7-13　初任教師導入訓練的現況之平均數、標準差和排序表

選　　項	M	SD	排序
專業知識訓練	5.15	.86	1
班級經營技巧訓練	5.11	.90	2
課程設計訓練	5.09	.90	3
教學技巧訓練	5.09	.96	3
教師與學生間人際關係訓練	5.07	.97	5
教師與家長間人際關係訓練	5.04	.99	6
保育技能訓練	5.04	.96	6
教師與教師間人際關係訓練	5.02	.99	8
教學資源運用訓練	5.01	1.03	9
教師與行政人員間人際關係訓練	4.96	1.01	10
壓力調適訓練	4.84	1.16	11
行政工作訓練	4.74	1.24	12
生涯規劃訓練	4.74	1.26	13

　　對於不同背景填答者之分析，由表 7-14 的統計結果，分析填答者的反應如下：

1. 不同個人背景（含性別、婚姻、年齡、教育程度、任教年資、擔任職務、任教班級）的填答者雖大多數表示「非常同意」和「同意」，但除了性別、年齡、教育程度、擔任職務、任教班級外，在婚姻、任教年資的部分達到統計上的顯著差異，其同意程度的差異為：已婚者大於未婚者；服務 10 年以上未滿 20 年者大於未滿 3 年者。

2. 不同學校背景（含園所性質、園所地區、園所規模）的填答者雖都表示「非常同意」和「同意」，但在園所性質、園所地區、園所規模的部分達到統計上的顯著差異，其同意程度的差異為：公立幼稚園和私立幼稚園者大於公立托兒所者；台南市者大於台南縣者；5 班以下者大於 6～10 班者。

表 7-14 初任教師導入訓練的現況之單因子變異數分析和事後比較表

背景	統計量	N	M	SD	t	F	變異來源	離均差平方和	自由度	均方	Scheffé 事後考驗
性別	男	6	5.15	.34	.479	---	---				---
	女	708	4.99	.83							
婚姻	未婚	316	4.91	.86	-2.079*	---	---				---
	已婚	398	5.04	.80	2>1						
年齡	未滿 20 歲	14	5.09	.97			組間	4.495	3	1.498	
	20～30 歲	320	4.90	.84			組內	489.509	710	.689	
	30～40 歲	293	5.06	.83	---	2.173*	全部	494.004	713		---
	40 歲以上	87	5.06	.73							
教育程度	高中職	71	4.97	.71			組間	5.676	3	1.892	
	專科	221	5.06	.82	---	2.751	組內	488.328	710	.688	---
	大學	420	4.96	.84			全部	494.004	713		
	碩士	2	3.57	2.01							
任教年資	未滿 3 年	123	4.81	.84			組間	8.113	3	2.704	3>1
	3～10 年	309	4.95	.86	---		組內	485.891	710	.684	
	10～20 年	225	5.11	.77		3.952*	全部	494.004	713		
	20 年以上	57	5.09	.73							
擔任職務	助理教師	91	4.99	.79	---	.724	組間	1.004	2	.502	---
	級任教師	571	5.00	.83			組內	493.000	711	.693	
	行政人員	52	4.85	.85			全部	494.004	713		
任教班級	幼幼班	70	5.02	.73			組間	4.127	5	.825	
	小班	151	4.98	.77			組內	489.877	708	.692	
	中班	145	4.87	.91	---	1.193	全部	494.004	713		---
	大班	153	5.02	.86							
	混齡班	153	5.08	.80							
	其他	40	4.87	.86							

表 7-14 初任教師導入訓練的現況之單因子變異數分析和事後比較表（續）

背景	統計量	N	M	SD	t	F	變異數分析摘要				Scheffé 事後考驗
							變異來源	離均差平方和	自由度	均方	
園所性質	公立幼稚園	127	5.08	.77			組間	12.242	3	4.081	1>3
	私立幼稚園	215	5.10	.84	---	6.014*	組內	481.762	710	.679	2>3
	公立托兒所	33	4.52	.69			全部	494.004	713		
	私立托兒所	339	4.93	.83							
園所地區	台南縣	365	4.90	.83	-2.813*						
	台南市	349	5.08	.82	2>1	---	---				---
園所規模	5 班以下	341	5.08	.80			組間	5.428	2	2.714	1>2
	6～10 班	254	4.89	.86	---	3.905*	組內	488.576	711	.687	
	11 班以上	119	4.93	.80			全部	494.004	713		
	總計	714	4.99	.83				---			

* $p < .05$

就問卷調查結果整體而言，填答者認為「專業知識訓練」、「班級經營技巧訓練」、「課程設計訓練」、「教學技巧訓練」、「教師與學生間人際關係訓練」、「教師與家長間人際關係訓練」、「保育技能訓練」、「教師與教師間人際關係訓練」、「教學資源運用訓練」、「教師與行政人員間人際關係訓練」、「壓力調適訓練」、「行政工作訓練」、「生涯規劃訓練」等十三項符合現況，顯示此十三項初任教師導入訓練的項目，目前填答者皆認為幼托園所皆有做這些導入訓練項目。但「教師與行政人員間人際關係訓練」、「壓力調適訓練」、「行政工作訓練」、「生涯規劃訓練」等四項，其平均數未達 5，表示這四項仍有繼續加強的空間。

而在背景變項差異的分析方面，在學校背景變項上，有：公立幼稚園和私立幼稚園者大於公立托兒所者；台南市者大於台南縣者；5 班以下者大於 6～10

班者。在個人背景變項上，差異情形較小，有：已婚者大於未婚者；服務 10 年以上未滿 20 年者大於未滿 3 年者。雖然有差異，但是填答者的意見大多表示「非常同意」到「同意」程度，故只是同意程度上的略微差距。

伍、結論與建議

本部分為結論與建議，首先結合文獻探討、調查研究結果提出結論；其次，則提出本研究之建議。

一、結論

本部分依據相關文獻探討及調查研究結果之分析，做出以下結論。

（一）幼托園所初任教師導入訓練的目的有「加強教學技巧的成長」等五項

綜合文獻探討和調查研究結果，初任教師導入訓練的目的有五項：「能加強教學技巧的成長」、「能提高專業知能」、「能提升人際溝通能力」、「能提升教師工作適應能力」、「能建立園所與教師之間的溝通管道」。就調查研究之意見，填答者認為前三項為「非常同意」，後二項為「同意」。

（二）幼托園所初任教師導入訓練的內容有「班級經營技巧訓練」等十三項

綜合文獻探討和調查研究結果，初任教師導入訓練的內容有十三項：「班級經營技巧訓練」、「教師與家長間人際溝通」、「專業知識」、「課程設計」、「教師與學生間人際溝通」、「教學技巧訓練」、「保育技能訓練」、「教學資源運用」、「壓力調適輔導」、「教師與教師間人際溝通」、「行政人員與教師間人際溝通」、「生涯規劃」、「園所行政工作實務演練」。就調查研究之意見，填答者認為前十一項為「非常同意」，後二項為「同意」。

（三）幼托園所初任教師導入訓練的功能有「增進教師的專業技能」等五項

　　綜合文獻探討和調查研究結果，初任教師導入訓練的功能有五項：「增進教師工作的專業技能」、「增進教師的專業知識」、「培養教師積極的工作態度」、「增進人際溝通的技巧」、「規劃教師的生涯發展」。就調查研究之意見，填答者認為前四項為「非常同意」，最後一項為「同意」。

（四）幼托園所初任教師導入訓練的方法有「活動設計」等十三項

　　綜合文獻探討和調查研究結果，初任教師導入訓練方法有十三項：「活動設計」、「演練示範法」、「觀摩教學法」、「員工會議」、「工作指導法」、「教學演練」、「分組討論法」、「個案研討會」、「師徒法」、「研討會」、「角色扮演法」、「專題演講法」、「分組競賽法」。就調查研究之意見，填答者對此十三項為「同意」。

（五）幼托園所初任教師導入訓練的規劃原則有「聯結應用」等五項

　　從文獻探討中發現，初任教師導入訓練的規劃原則有五項：「聯結應用」、「由淺入深」、「設備充足」、「師資優良」、「經濟效益」。就調查研究之意見，填答者認為前三項為「非常同意」，後二項為「同意」。

（六）幼托園所初任教師導入訓練的評估項目有「訓練課程是否能提升教學專業技能成長」等十二項

　　從文獻探討中發現，初任教師導入訓練的評估項目有十二項：「訓練課程是否能提升教學專業技能成長」、「訓練課程是否能提高專業知識」、「訓練結果是否能培養教師積極的工作態度」、「訓練課程內容是否符合由淺入深原則」、「訓練結果是否能提升教師工作適應程度」、「訓練主題是否符合教學需要」、「訓練課程是否能提升人際關係技巧」、「訓練師資素質是否優

良」、「訓練課程時間安排是否影響工作進度」、「訓練期間的設備與空間規劃是否適當」、「訓練結果是否能規劃教師的生涯發展」、「訓練的成本是否符合經濟效益」。就調查研究之意見，填答者認為前十項為「非常同意」，最後二項為「同意」。

（七）幼托園所初任教師的十三項導入訓練皆符合現況

初任教師導入訓練的項目有十三項：「專業知識訓練」、「班級經營技巧訓練」、「課程設計訓練」、「教學技巧訓練」、「教師與學生間人際關係訓練」、「教師與家長間人際關係訓練」、「保育技能訓練」、「教師與教師間人際關係訓練」、「教學資源運用訓練」、「教師與行政人員間人際關係訓練」、「壓力調適訓練」、「行政工作訓練」、「生涯規劃訓練」。就調查研究之意見，填答者認為此十三項皆符合現況。

（八）不同背景變項對初任教師導入訓練的意見大同小異

不同學校背景（含學校性質、學校地區、學校規模）對於初任教師導入訓練的目的、內容、功能、方法、規劃原則、評估項目和現況的意見大同小異；以上各項結論都獲得幼托園所大多數教師「同意」以上。雖然大致相同，但仍略有差異，其主要差異情形如下：(1)公立幼稚園者高於私立幼稚園、公立托兒所和私立托兒所者；(2)台南市者高於台南縣者；(3) 5 班以下者高於 6～10 班與 11 班以上者。

不同個人背景（含性別、婚姻、年齡、教育程度、任教年資、擔任職務、任教班級）對於初任教師導入訓練的目的、內容、功能、方法、規劃原則、評估項目和現況的意見大同小異；以上各項結論都獲得幼托園所大多數教師「同意」以上。雖然大致相同，但仍略有差異，其主要差異情形如下：(1)專科和大學者高於高中職者；(2)服務 10 年以上未滿 20 年者高於未滿 3 年者。

二、建議

（一）主管教育行政機關應將初任教師導入訓練納入法令規範和經費支援

目前政府教育機關尚未對初任教師導入訓練有明確之法令規定，故建議應將幼托園所初任教師導入訓練之目的、內容、方法、功能、規劃原則、評估項目納入法令中，對於訓練之規定、管道、經費更需加以明確規範，讓教育機構單位與幼托園所機構有更充實的經費能夠籌畫訓練。可行的做法為在暑假期間：(1)由縣市主管教育行政機關在縣市內主辦一到二天的初任教師導入訓練活動；(2)再由各鄉鎮續辦一到二天的初任教師導入訓練的活動，以促使初任教師熟悉學區和社區環境與人士；(3)再由各學校續辦初任教師導入的訓練相關活動，而學校的導入計畫應具備短期（二到三天）和長期（一年以上）的導入訓練；(4)可運用五天時間由縣市、鄉鎮和各校聯合舉辦初任教師導入訓練的活動，再由各校進行長期的導入訓練。以促進初任教師能迅速了解各縣市的教育政策和規則、各鄉鎮學區和社區的文化和環境，以及各校的辦事程序、自己的職務工作，與家長和學生。

（二）目前各幼托園所對於初任教師的導入訓練項目內容雖符合現況，但仍應善用方法和內容，以促使初任教師迅速熟悉環境，提升教學效能

由結論可知，初任教師導入訓練的方法有：「活動設計」、「演練示範法」、「觀摩教學法」、「員工會議」、「工作指導法」、「教學演練」、「分組討論法」、「個案研討會」、「師徒法」、「研討會」、「角色扮演法」、「專題演講法」、「分組競賽法」等十三種方法。但在調查研究結果中發現，「分組競賽法」受「同意」的程度不及前述十二種，可能是因為分組競賽產生的壓力較大所致，為了不再增添初任教師的壓力，故不宜經常使用，因

考慮教師整體的意見，故對於初任教師導入訓練的方法則建議前十二項優先推薦運用。此外，在導入訓練的項目上：「教師與行政人員間人際關係訓練」、「壓力調適訓練」、「行政工作訓練」、「生涯規劃訓練」此四項雖獲填答者「同意」，但仍需多加強，在學校方面，有助於教師和行政人員間的人際互動，與熟悉園所的行政事務，在教師個人方面，有助於個人壓力的調適和個人生涯規劃與專業發展。

（三）協助公私立幼托園所進行初任教師導入訓練

因調查結果發現，在學校背景上，公私立幼托園所雖都表示「非常同意」與「同意」初任教師導入訓練，且公立幼稚園的同意程度高於公立托兒所和私立幼托園所，可能是私立幼托園所的經費和資源不及公立幼托園所豐沛，故在初任教師導入訓練的實施上較感覺困難，所以在同意程度上略低於公立幼稚園。尤其是班級數少的園所，人力更是捉襟見肘，因此，班級數小於 5 班者同意的程度高於其他規模的園所。在個人背景上，年資 10 年以上未滿 20 年者，同意程度高於年資未滿 3 年的初任教師，此種情形的可能原因是資深教師較能了解初任教師的困擾，而初任教師可能懼怕導入訓練會帶來更多的工作負擔。為協助公私立幼托園所進行初任教師導入訓練的可行方法有：(1)由中央教育行政主管機關編列預算補助各縣市辦理初任教師導入訓練；(2)各縣市教育行政主管機關編列預算並統籌中央補助款，補助各公私立幼托園所各自舉辦或聯合舉辦；(3)中央和各縣市教育行政主管機關提供初任教師導入的參考計畫和手冊，以供學校諮詢和參考；(4)中央和各縣市教育行政主管機關可架設專門網站，除提供相關資料以供下載參考外，尚可做為各幼托園所辦理初任教師導入訓練過程的交流分享平台。

（四）幼托園所進行初任教師導入訓練時需有配套措施

公私立幼托園所進行初任教師導入訓練時，應考慮初任教師的工作負擔不宜太重，因此，園所長應需規劃配套措施，來加以配合。如：(1)減輕初任教師的工作負擔，增加其觀摩其他教師的機會，以及增加準備課程與教材的時間；

(2)將班上較為難纏的學生轉移到經驗豐富的教師班級中,以避免初任教師經驗不足,無法處理學生問題;(3)如採用師徒制來輔導初任教師,園所應減輕優良教師的工作負擔,讓優良教師有多餘的時間來輔導初任教師;(4)為減輕初任教師和優良教師的工作負擔,學校可聘請經驗豐富的代課教師(或優良的退休教師)來代課,而代課費能從獲取上級教育行政主管機關辦理初任教師導入訓練的經費補助款中支出。

參考文獻

中文部分

白青平（2000）。台北縣市國民小學初任教師工作困難與解決途徑之研究。國立台北師範學院國民教育研究所碩士論文，未出版，台北市。

吳秉恩（1984）。管理才能發展方案實施與成效關係之研究。國立政治大學企業管理研究所博士論文，未出版，台北市。

吳美連、林俊毅（1999）。人力資源管理——理論與實務。台北市：智勝。

吳復新（2003）。人力資源管理——理論分析與實務應用。台北市：華泰。

李建彥（2002）。國民小學初任教師工作輔導需求之研究。國立花蓮師範學院國民教育研究所碩士論文，未出版，花蓮市。

李政綱、黃金印（2001）。人力資源管理——新世紀觀點。台北縣：前程企管。

林慧瑜（1994）。國小初任教師生涯發展階段與教師關注之研究。私立中國文化大學中山學術研究所博士論文，未出版，台北市。

洪榮昭（1996）。人力資源發展——企業教育訓練完全手冊。台北市：國立台灣師範大學。

張波鋒（1988）。職業訓練。台北市：黎明文化。

張碧蘭（2001）。國小初任教師工作困擾及其因應方式之研究。國立台中師範學院國民教育研究所碩士論文，未出版，台中市。

郭芳煜（1986）。怎麼做好員工訓練。台北市：現代管理月刊。

陳建佑（2001）。員工訓練與工作投入關係之研究。私立中國文化大學國際企業管理研究所碩士論文，未出版，台北市。

陳美玉（2002）。教師個人知識管理與專業發展。台北市：學富。

陳珮蓉（1998）。幼稚園初任教師專業成長歷程之研究。國立台灣師範大學家政教育研究所碩士論文，未出版，台北市。

陳嘉彌（2004）。青少年學習運用同儕師徒制可行性之探析。教育研究資訊，

12（3），3-22。

傅占闓（1986）。訓練的教育功能。公訓報導，**22**，10-13。

彭台臨（1989）。**人力發展理論與實施**。台北市：三民。

彭欣怡（2000）。**幼稚園新進教師適應歷程之研究——以兩個個案為例**。國立台灣師範大學家政教育研究所碩士論文，未出版，台北市。

黃廷合、齊德彰（2004）。**人力資源管理——理論與實務（二版）**。台北市：全華。

黃英忠（2003）。**人力資源管理**（第二版）。台北市：三民。

黃英忠、吳復新、趙必孝（1997）。**人力資源管理**。台北市：三民。

黃英忠、曹國雄、黃同圳、張火燦、王秉鈞（1998）。**人力資源管理**。台北市：華泰。

當代幼教經營管理雜誌（2000）。E 時代的教育訓練。**當代幼教經營管理雜誌**，**16**，10-13。

廖勇凱、楊湘怡（2004）。**人力資源管理理論與應用**。台北市：智高。

蔡培村（1999）。中小學教師職級制度的實施與展望。**教育資料與研究**，**31**，1-14。

盧富美（1992）。師院結業生實習困擾及其相關因素之研究。**嘉義師院學報**，**6**，222-274。

盧榮順（1996）。**台北縣師院畢業與師資班結業國小教師工作困擾及任教意願之調查研究**。國立台灣師範大學教育研究所碩士論文，未出版，台北市。

謝寶梅（1991）。初任教師的特質與困難。**國教輔導**，**30**（5），50-56。

簡貞玉（2002）。**員工訓練與能力發展**。台北市：五南。

饒見維（1996）。**教師專業發展——理論與實務**。台北市：五南。

■ 英文部分

Castallo, R. T., Fletcher, M. R., Rosseti, A. D., & Sekowski, R. W. (1992). *School personnel administration: A practitioner's guide*. Boston: Allyn & Bacon.

Castetter, W. B. (1996). *The human resource function in educational administration*

(6th ed.). OH: Merrill.

Decker, C. A., & Decker, J. R. (1997). *Planning and administering early childhood programs* (6th ed.). Upper Saddle River, NJ: Prentice-Hall.

Rebore, R. W. (2007). *Personnel administration in education: A management approach* (8th ed.). Boston: Allyn & Bacon.

Seifert, R. (1996). *Human resource management in schools*. London: Pitman Publishing.

Seyfarth, J. T. (2002). *Personnel management for effective schools*. Boston: Allyn & Bacon.

Smith, R. E. (2005). *Human resources administration: A school-based perspective* (3rd ed.). Larchmont, NY: Eye On Education.

Webb, L. D., & Norton, M. S. (1999). *Human resources administration: Personnel issues and need in education* (3rd ed.). Englewood Cliffs, NJ: Prentice-Hall.

師資再造，課程重整——
推動十二年國教之師資與課程問題探討

吳武典

國立台灣師範大學特殊教育學系名譽教授

吳清山

台北市政府教育局局長

高熏芳

淡江大學教育學院院長

甄曉蘭

國立台灣師範大學教育學系教授

摘 要

　　政府規劃推動「十二年國民教育」（簡稱十二年國教），是一件好事，但如果不好好規劃，可能就變成壞事了。尤其是十二年國教中最根本的師資與課程問題，我們絕對不能重蹈師資培育盲目多元化和躁進式九年一貫課程的覆轍。基本上，我們認為無論師資培育或課程發展，一定要掌握專業優質、循序漸進的基本原則。本文除了針對師資和課程提出若干疑慮和問題外，並就「陽光計畫」、師資再造（師資培育方面）及「標準程序」、課程重整（課程發展方面），各提出若干具體建議，以供推動十二年國教之參考。

關鍵字：九年一貫課程、十二年國民教育（十二年國教）、師資培育、陽光計畫、標準程序、課程發展

壹、前車之鑑——九年國教與九年一貫課程的教訓

　　1968 年，我國在萬民期待下實施九年國民教育，界定為免試、免學費、強迫入學，是為國民義務教育。那時許多條件是不足的，包括經費缺乏、學校缺乏、師資缺乏、課程缺乏。經費與學校的缺乏靠著政府的大投資和台灣經濟起飛，很快地就解決了；師資數量不足的困境，也透過速成式的師資訓練，似乎也很快解決了，但是如所周知，師資素質低落的後遺症卻足足花了至少三十年才得以完全疏解；至於課程問題，由於國中免試入學，學生程度參差不齊，為了因應因材施教的需要，於是有「指導活動」（後來改為「輔導活動」）及「職業陶冶」課程的上場，其餘學科教材也都重編，與初中時代相較，比較簡易而生活化。2001 年起實施九年一貫課程，強調統整、多元、彈性、創新，立意良好，但匆促上路，邊做邊改，問題叢生，至今仍未解決（吳武典，2005a）。

　　在萬民期待下，前民進黨政府積極推動「十二年國民基本教育」，今日國民黨政府在民意要求下，勢必也要繼續規劃推動十二年國教。無論稱為「十二年國民基本教育」或「十二年國民教育」（以下均簡稱為「十二年國教」），除了學區劃分、明星學校、私立學校、後中入學方式、免學費或低學費等檯面上的「機會均等」問題外，涉及十二年國教「品質管理」的師資與課程問題也不容忽視。今日，師源充沛到出現大量過剩的「儲備教師」（所謂「流浪教師」），看來似乎不必擔心教師數量不足，但素質呢？而九年一貫課程的殘破景象依然未解，如何在這殘破的基礎上規劃後期中等教育課程？有許多問題值得大家深思，包括：

　　在師資方面：

＊十二年國教的師資準備好了嗎？五十年前九年國民義務教育實施時，師資質、量雙重不足的困境會重演嗎？

＊實施十二年國教，如何運用龐大的「儲備教師」人力資源？他們參與「十二年國教建設」的條件夠嗎？

＊實施十二年國教，在職教師需做怎樣的準備？如何加強在職進修、促進教師專業成長？

＊實施十二年國教，師資培育機構（目前三大類共六十餘所大學校院參與師資培育工作）應如何重整，以落實「師資培育素質提升方案」？

＊實施十二年國教，「專業標準本位」（professional standards-based）的師資培育政策如何落實？

在課程方面：

＊研訂十二年國教課程的標準程序為何？亦即，如何避免當年推出九年一貫課程的「粗糙」與「急躁」之弊？

＊後期中等教育課程如何兼顧「基本」（奠定國民基本素養）與「多元」（利於適性教育）？亦即，課程的統整與分化應如何拿捏？

＊後期中等教育課程規劃如何兼顧上銜大學、下接國中的功能？亦即，如何適當發揮後期中等教育的轉銜功能？

＊十二年國教課程，小學與中學是否要強調一貫抑或有所區別？亦即，類似九年一貫課程，也十二年一貫，通採能力本位、統整式領域課程呢？還是容許小學、中學各一貫（六六一貫），高中職得採內容本位、分科教學，再求中小學相互銜接呢？

＊後期中等教育課程如何加強生涯探索與規劃的課程與輔導工作？

　　沒有好老師、沒有好課程，不可能有好教育。十二年國教無論怎麼定位，絕對不能是虛有其表的濫教育。因此，我們覺得師資再造、課程重整是十二年國教優劣成敗的關鍵。

貳、「陽光計畫」，師資再造

　　隨著師資培育多元化，中小學師資來源充裕，未來實施十二年國教，不太可能發生當年九年國教師資不足的窘境。所以，十二年國教的實施，不在於量的問題，而在於質的問題。

　　教師素質良窳，攸關學生的學習。一般論及教師素質，都會包括專業知能、學科知能、專業精神和專業倫理。其中專業知能和學科知能通常以學歷和合格教師率做為量化的主要參考依據；至於專業精神和專業倫理則較難量化，只能從教師的實際表現加以考查。因此，此處先就教師學歷和合格教師登記來

比較。表 8-1 為 2005 學年高中教師學歷別與登記資格別，表 8-2 為 2005 學年高職教師學歷別與登記資格別。

表 8-1　2005 學年高中教師學歷別與登記資格別

類別	公立	私立	總計	%
高中教師學歷別				
研究所畢業	7,433	3,146	10,579	31.01
師大及教育學院畢業	8,191	1,688	9,879	28.96
一般大學教育系畢業	468	271	739	2.17
大學校院一般系畢業	4,143	7,357	11,500	33.71
師範專科畢業	7	7	14	0.04
其他專科畢業	108	236	344	1.01
軍事學校畢業	597	436	1,033	3.03
其他	3	21	24	0.07
高中教師登記資格別				
本科登記合格	20,900	11,721	32,621	95.63
技術教師檢定合格	1	315	316	0.93
非本科登記合格	22	116	138	0.40
實習教師	6	102	108	0.32
試用教師登記	0	2	2	0.01
登記中	0	46	46	0.13
未登記	21	860	881	2.58

資料來源：高級中學概況——2005 學年度高級中學教師人數。教育部統計處。2007 年 4 月 28 日，取自 http://www.edu.tw/EDU_WEB/EDU_MGT/ STATISTICS/EDU7220001/ebooks/dusta/high.xls

表 8-2　2005 學年高職教師學歷別與登記資格別

類別	公立	私立	總計	%
高職教師學歷別				
研究所畢業	3,583	891	4,474	28.70
師大及教育學院畢業	3,955	446	4,401	28.23
一般大學教育系畢業	319	55	374	2.40
大學校院一般系畢業	2,475	2,864	5,339	34.25
師範專科畢業	3	32	35	0.22
其他專科畢業	116	145	261	1.67
軍事學校畢業	410	253	663	4.25
其他	24	19	43	0.28
高職教師登記資格別				
本科登記合格	10,788	3,677	14,465	92.78
技術教師檢定合格	72	351	423	2.71
非本科登記合格	3	82	85	0.55
實習教師	13	22	35	0.22
試用教師登記	0	1	1	0.01
登記中	2	54	56	0.36
未登記	7	518	525	3.37

資料來源：級職業學校概況──2005 學年度高級職業學校教師人數。教育部統計處。2007 年 3 月 12 日，取自 http://www.edu.tw/EDU_WEB/EDU_ MGT/STATISTICS/EDU7220001/ebooks/ edusta/vocational.xls

　　從表 8-1 和表 8-2 的資料來看，高中教師研究所畢業約占三成一；而高職約占二成九，依此而言，高中職教師學歷還算不錯，但仍有提升空間，因為目前研究所進修愈來愈普遍，為確保十二年國教師資，研究所畢業未來至少應提高至五成以上。

　　其次就合格教師登記而言，目前高中本科登記合格約占九成六；而高職約占九成三，大致具一定水準；但是涉及未來高中職課程變動，這些本科登記教師是否能夠依其本科登記擔任該科教學，仍有很大變數。所以，教師只有登記本科一科，可能需要檢討，應鼓勵高中職培養第二、三專長，以利加科登記。

目前有多達三萬名以上的儲備教師人力（如表 8-3），未來每年供應量仍然充沛（如表 8-4），但各學校階段教師甄選單次平均錄取率不到 3 %（如表 8-5），師資生為獲得教職東奔西跑應徵，其參加甄選次數，高中職普通科報考次數自 1 至 18 次不等（如表 8-6），高中職技職學科報考次數自 1 至 16 次不等（如表 8-7）。這說明了目前師資供需嚴重失調，有太多的儲備教師投閒置散，他們不怕教學生，就怕沒學生，應好好運用。

表 8-3　1997 年起核證之師資人員總專長（含加科登記）與就職狀況

（單位：張）

總專長（含加科登記）	職業狀況		小計
	在職	儲備	
幼教專長	3,138	5,801	8,939
國小專長	29,722	25,934	55,656
中等普通專長	35,104	23,786	58,890
中等技職專長	6,400	11,176	17,576
特教專長	7,842	2,646	10,488
總計	82,206	69,343	151,549

資料來源：中華民國師資培育統計年報（2006）

表 8-4　中等普通及技職專長實習人數

普通學科	小計	師資生來源		
		師資培育系所	師資培育中心	學士後教育學分班
2005 年	7,050	2,824	2,983	1,243
2006 年	4,777	2,163	2,487	127

技職學科	小計	師資生來源		
		師資培育系所	師資培育中心	學士後教育學分班
2005 年	1,255	353	791	111
2006 年	869	247	571	51

資料來源：中華民國師資培育統計年報（2006）

表 8-5／各學校階段教師甄選錄取情況

學校階段	錄取狀況		錄取百分比
	報考人次	錄取人次	
總計	122,798	3,524	2.87
幼稚園	4,814	68	1.41
國民小學	35,264	233	0.66
國民中學	40,985	2,182	5.32
高中職普通學科	23,046	579	2.51
高中職技職學科	16,556	415	2.51
特殊教育學校	1,457	47	3.23

資料來源：中華民國師資培育統計年報（2006）

表 8-6／高中職普通科教師甄選報考次數

報考次數	高中職普通學科		錄取百分比
	報考人數	錄取人數	
總計	9,099	561	6.17
1	4,254	168	3.95
2	1,769	77	4.35
3	963	65	6.75
4	605	54	8.93
5	412	33	8.01
6	271	49	18.08
7	178	31	17.42
8	108	10	9.26
9	97	18	18.56
10	83	17	20.48
11	60	11	18.33
12	38	7	18.42
13	17	4	23.53
14	21	4	19.05
15	12	5	41.67
16	12	3	25.00
17	12	4	33.33
18	2	1	50.00
19	1	0	0.00

資料來源：中華民國師資培育統計年報（2006）

表 8-7　高中職技職學科教師甄選報考次數

| 報考次數 | 高中職技職學科 | | 錄取百分比 |
	報考人數	錄取人數	
總計	7,235	405	5.60
1	3,541	112	3.16
2	1,592	82	5.15
3	750	44	5.87
4	497	51	10.26
5	299	36	12.04
6	166	20	12.05
7	112	17	15.18
8	87	14	16.09
9	57	11	13.30
10	35	7	20.00
11	21	4	19.05
12	16	2	12.50
13	8	2	25.00
14	8	2	25.00
15	2	0	0.00
16	2	1	50.00
17	1	0	0.00

資料來源：中華民國師資培育統計年報（2006）

　　值此知識經濟社會和科技高度發達時代，在職教師為勝任教學工作，必須不斷充電，才能符應知識社會需求。《教師法》規定教師進修是一種權利，亦是一種義務，即在強化教師進修責任的觀念。

　　雖然國內教師進修管道來源甚多，有些屬於教育行政機關主辦；有些是屬於學校自行辦理；有些是屬於民間團體辦理，這些進修主辦單位對教師專業知能提升，均有一定的幫助。然而觀察國內教師進修意願，有下列三種現象：(1)小學教師進修意願比國中強烈，國中教師又比高中職強烈；(2)城鄉教師進修意願有落差，鄉村地區教師進修意願遠低於城市地區；(3)年紀大的教師要比年紀輕者進修意願低。依此而言，如何激勵鄉鎮地區之高中職進修意願並提供必要之行政支援（如差旅費），恐怕是推動優質社區高中重要的課題。

　　事實上，教師進修具有多重功能，除了吸收新知、促進自我專業學習與成長之外，亦可透過研習進修活動，改善教學技巧，讓學生更有效的學習。所以，要拉拔社區高中職水準，教師仍是居於樞紐地位。假如教師存著得過且過的心態，根本不在乎自己的專業成長，也不在乎學生學習，教學效果必然低落。這種情況似乎依然存在，必須有所改變，例如：增加誘因、列入考核、改善進修課程的內容，以及規劃多元進階進修方案等。

　　十二年國教的實施，師資再造應是關鍵性課題。為有效進行教師再造，教育行政機關應有周詳計畫、完整配套，才能達到事半功倍的效果。只有不斷提升教師素質、激勵教師進修意願，才是推動師資再造的有效策略，在師資培育方面，應以專業標準本位（professional standards-based）為主軸，建立健全的師資培育系統，以全面提升教師素質（吳武典，2005b；吳武典、楊思偉、周愚文、吳清山、高熏芳、符碧真、陳木金、方永泉、陳盛賢，2005；Garvin, 2003; Sandidge, 2004），執行「師資培育素質提升方案」（教育部，2005），期能「優質適量，保優汰劣」。具體建議如下。

一、師資培育方面

1. 本諸教師專業標準本位，培育各類科後期中等教育師資。首先，要訂定共同專業標準，再訂定分類分科專業標準。
2. 高中職教師均須熟悉該階段課程綱要及任教科目的新趨勢。
3. 高中重視學術發展與自我探索，高職強調建教合作與專業職涯準備。
4. 實施高中職教師教學品質提升方案，培育兼備 PK（professional knowledge，教育專業知能）、CK（content knowledge，專門學科知能），和 PCK（professional content knowledge，專門學科教材教法）的優質後期中學教師。
5. 建立教育專業學院（professional institute）制度，提供教師高深專業教育（高中職階段優先考量）。教育專業學院招收大學畢業，具有未來任教學科知識背景者，使師資生有較堅實的專門學科基礎。教育專業學院提供兩年碩士程度的教育專業訓練，學生畢業後同時取得「教學專業碩

士」及「教學專業證書」（吳武典等，2005）。

二、在職進修方面

1. 提供優質社區高中職教師公費進修名額，赴國內外大學進修碩士學位，同時規定返校後應在原校服務進修期間一倍以上之年限。

2. 進行台灣地區高中職教師進修需求調查，做為規劃高中職教師進修活動之參考依據。

3. 鼓勵各師資培育機構辦理高中職教師碩士學位在職進修班，提供高中職教師進修管道。

4. 鼓勵高中職教師進修培養第二、三專長，以利未來實施十二年國教課程轉型之需求，亦可避免學校師資過剩，以致產生「有些科目太多人教、有些科目沒人教」的錯亂現象。

5. 高中職教師進修研習活動，應儘量利用夜間、週末或寒暑假時間進行，以不影響教師正常教學工作為原則。

三、教師登記方面

1. 全面調查台灣地區現職高中職教師專長登記情形，以掌握教師專業登記現況，並做為未來規劃教師進修研習之參考。

2. 建立教師加科登記制度，並鼓勵增加一至二科登記，使教師任教科目有較大彈性。

四、教師聘任方面

1. 規劃彈性化的教師任用制度，允許不同學校基於需求可以互聘教師，使校際教師資源可以交流。

2. 由於目前國內綜合高中尚未普及，高中職仍然雙軌並行，未來應鼓勵高中職教師交流與轉換，以提供實施十二年國教有利條件。

五、實施「陽光計畫」，讓教師照亮學生美好前途

基本上，師資再造不是數量的增加，而是一種素質和體質的改變，以激發教師進修意願、持續提升教師專業知能，故是師資再造最重要的工作。為了推動十二年國教，教育行政機關有必要推動「高中職師資再造計畫」，並加以落實，才能見到成效。偏遠地區高中學生有「繁星計畫」，讓他們有機會就讀研究型大學；教育行政機關亦可參酌類似「繁星計畫」，研訂適切的優質高中職師資再造計畫，透過系統性、前瞻性和整體性的職前培育和在職進修作為，全面提升優質社區高中教師素質。我們特別建議這項「師資再造計畫」命名為「陽光計畫」，讓優質社區高中職教師有更多、更強的專業，照亮孩子美好人生。

參、「標準程序」，課程重整

在學習者身心發展、學術進展、社會文化變遷、外來文化、政治經濟、國際合作及競爭、國際比較，以及教育專業理念等等各種因素的交互作用下，我國的課程也持續更新內涵及風貌。然而，各項課程改革，似乎衍生的問題比解決的問題還要多，九年一貫課程就是最典型的例子。根據課程發展的架構，種種課程改革的問題可歸納為八大類，分別為：(1)課程需求及情境的評估不夠完整；(2)課程願景及目標的訂定與轉化缺乏邏輯關聯；(3)課程架構的規劃流於僵化與紊亂；(4)教學材料編輯及審查機制有待改善；(5)課程實施造成銜接問題及流於形式；(6)升學考試嚴重影響教與學；(7)課程與教學評鑑的實施過於緩慢且未統整，以及(8)課程維持系統及制度的建立未能充分配合需要等（高新建、吳武典，2003）。

一、疑慮和反思

對於十二年國教，在課程方面，我們有下列的疑慮：

1. 若課程決策機制與課程發展的運作方式不改，十二年課程一貫可能嗎？（來自九年一貫課程改革的教訓還不夠嗎？）

2. 後期中等教育的課程定位為何？在現實學術與技職雙軌運作系統下，可

能產生雙軌並行的十二年一貫課程嗎？（所謂十二年一貫課程是一套？兩套？還是三套？）

3. 目前正在實施與修訂完成的高中課程綱要（所謂「95暫綱」與「98課綱」），均有瑕疵，爭議頗大，需要從頭來過嗎？（若無需重來，何必多此一舉？若需重來，前面所有的投資與努力，豈不落空？）

根據九年一貫課程改革的經驗，我們有下列的反思：

1. 從目前國小與國中兩組課程的發展系統、推動團隊與輔導團隊、學習領域綱要與能力指標等看來，國小六年與國中三年的課程內容與學習經驗，並未銜接、連貫，而各學習領域內的內容知識和教學實踐方式，也並未有效地統整。

2. 九年一貫課程的領域課程，在國小階段似被曲解，而在國中階段，並未真正實施。何以如此？何以為續？

3. 九年一貫課程尚未評估其成效，其所衍生的問題尚未獲得解決，我們能貿然建立和推動十二年一貫課程體系嗎？

4. 高中的98課綱尚未實施，已爆發意識型態掛帥，與國中課程難以銜接等諸多問題（吳武典、黃光國、謝大寧，2008；劉廣定、周祝瑛，2008），教育部也已正式宣布98課綱延後一年實施（也就是變成「99課綱」）。延後一年實施就能解決98課綱粗糙、急躁編訂產生的問題嗎？還是需要「從長計議」，作根本的重整（站在推動十二年國教的立場，與九年一貫課程通盤考量，併案進行整修）？

對於後期中等教育的定位，我們覺得有下列四難，有待釐清：

1. 角色兩難：銜接「不分化的義務教育」為重，抑或預備「分化的高等教育」為重？

2. 責任兩難：培養「基本共同素養」為重，抑或發展「適性個殊能力」為重？

3. 功能兩難：傾向「學術導向」的菁英培育，抑或加強「職業導向」的技職訓練？

4. 定位兩難：是普及的「基本教育」，抑或分化的「預備教育」（職業導

向與升學導向）？

這四難課題都影響著課程設計的方向；面對兩難課題，如何擴大教育機會均等，又兼顧教育品質、提升素質，增進國家競爭力？很值得大家思考。

對於後期中等教育課程的修訂，我們有下列的反思：

1. 若是雙軌（學術、職業）並行，或可有共同核心課程，但不可能將二軌混為一軌，產生一套共通的十二年一貫課程體系。

2. 有必要區分學校類型，就陶冶、試探、分化、準備等不同功能來進行課程規劃的思考。

3. 正確的思考方向應是：後中教育應接續並深化普通教育、試探性向與能力、陶冶公民素養，並為升學或職業訓練奠基。

分化選修課程，不僅要處理「適性」問題，亦需顧及「程度」、「難易度」的「能力」適應與發展問題。

二、基本看法和建議

對於後期中等教育的課程，我們的基本看法如下：

1. 若要上下銜接連貫，必須建立跨教育階段的課程審議機制。

2. 若要加強中等教育「試探」、「分化」、「準備」的功能，必得增加課程「選擇」機會與學習「適應」輔導。

3. 課程統整是有關「統整需求」與「統整程度」的問題，而不是「統整形式」的問題。

4.「學習機會」的選擇與組織（課程）之改善與「學習經驗」的品質（教學）之提升，才是「高中職優質化」的關鍵，這關係著教育「過程機會」的均等及教育「結果」的適性、公平與卓越。

否則，「高中優質化」不過是流於口號，而相關經費與人力的投資，也不過在處理「名義」與「形式」上的問題罷了。

對於後期中等教育的課程，我們的具體建議如下：

1. 採六六一貫課程：國小六年一貫，中學六年一貫；中小學要銜接，但不求一致。

2. 後中教育應加強生涯規劃與輔導課程，有試探性，也有分化性（配合學校類型、特色及學生性向、興趣）。

3. 後中教育應增加選修、課程分級、延後分流。要有讓學生試探性向，進而分流而可交流的過程。

4. 審慎評估讓 95 暫綱微調續行一段時間（兩害相權取其輕），重修 98 課綱（匆忙上路，後果堪慮），朝向十二年國教的系統規劃。

肆、結語

　　政權雖再度轉移，教育應無分顏色。十二年國教是全民的期待，新政府應調整腳步，重新出發，促其實現。如果說教育政策有其連貫性，亦有其革新性，則前政府在推動十二年國民基本教育的十二項子計畫中，關於課程，有「建置十二年一貫課程體系」一項，有待釐清和審慎規劃；關於師資培育，則本來就沒有單獨的計畫，有待補強。「高中職優質化、人人讀好學校」，是美好的口號，應化為行動；四項政策目標：⑴提升國民素質、增進國家競爭力；⑵促進教育機會均等、實現社會公平正義；⑶縮小教育落差、均衡城鄉發展；⑷舒緩升學壓力、引導學生適性發展，應不只是空洞的訴求，必須透過行動方案來實現。

　　我們衷心地呼籲：政策是利益持續角力、價值衝突不斷起伏的「社會政治過程」（socio-political process），需覺知可能涉入的利益團體與影響勢力，從而進行評估、反省與回應。教育政策的制訂必須經過慎思審議過程，需有理論依據，更要有確切的實徵評鑑資料做為決策的參考。課程政策的制訂與修訂過程，需妥善處理「誰主導」、「什麼目標」、「什麼內容」、「怎麼分配」、「脈絡條件」、「支援系統」及「配套機制」等問題，建立標準的程序，以免「急躁」、「粗糙」和「走樣」。

　　縱容政策草率上路之後，才隨著輿論的批評與壓力，邊做邊修，是不負責任的態度與作為。教育政策涉及人才培育的經國大事，是不允許嘗試失敗、重新來過的。

　　師資與課程是推動十二年國教的根本課題，「師資再造，課程重整」乃是

十二年國教的基本工程。我們深切盼望每位孩子享有公平均等的教育機會，落實孩子生涯輔導及學習扶助，把每個孩子帶上來，用好老師實施好課程，用好課程實現好教育！

參考文獻

▓ 中文部分

吳武典（2005a）。台灣教育改革的經驗與分析——以九年一貫課程和多元入學方案為例。**當代教育研究季刊，13**（1），35-68。

吳武典（2005b）。專業標準本位的師資培育制度之建構。載於中華民國師範教育學會（主編），**教師的專業信念與專業標準**（頁 231-248）。台北市：心理。

吳武典、黃光國、謝大寧（2008，8月29日）。搶救高中，停止98課綱。**聯合報「讀者論壇」，A15** 版。

吳武典、楊思偉、周愚文、吳清山、高熏芳、符碧真、陳木金、方永泉、陳盛賢（2005）。**師資培育政策建議書**。台北市：中華民國師範教育學會（未出版）。

高新建、吳武典（2003）。九年一貫課程——發展以學習者為中心的高品質中小學課程。載於國立台灣人師範大學（主編），**教育發展的新方向——為教改開處方**（頁 81-115）。台北市：心理。

教育部（2005）。**師資培育素質提升方案**。台北市：教育部。

教育部（2006）。**中華民國師資培育統計年報**。台北市：教育部。

教育部統計處（2007a）。**高級中學概況——2005** 學年度高級中學教師人數，無日期。2007 年 4 月 28 日，取自 http://www.edu.tw/EDU_WEB/EDU_MGT/ STATISTICS/EDU7220001/ebooks/edusta/high.xls

教育部統計處（2007b）。**高級職業學校概況——2005** 學年度高級職業學校教**師人數**。2007 年 3 月 12 日，取自 http://www.edu.tw/EDU_WEB/EDU_MGT/STATISTICS/EDU7220001/ebooks/edusta/vocational.xls

劉廣定、周祝瑛（2008，9月1日）。教改迷思，該打破了。**聯合報「讀者論壇」，A11** 版。

英文部分

Garvin, P. (Ed.) (2003). *Developing knowledgeable teachers: A framework for standards-based teacher education supported by institutional collaboration.* Washington, DC: AACTE.

Sandidge, R. F. (2004, July 3). *Preparing quality teachers: Standards-based teacher education in Kentucky.* Keynote paper presented at the Teacher Education Symposium, Taipei Municipal Teachers College, Taipei, Taiwan.

CHAPTER 09

以行銷策略提升師資培育中心品牌形象

林偉人

輔仁大學師資培育中心助理教授

摘　要

　　近年來由於中小學師資供需失衡，使得教職難覓，連帶造成學生就讀教育學程的意願降低，以致各校師資培育中心招生困難，且有多個學程相繼停招。由於優勢的品牌形象有助於提升學生的就讀動機及未來就業，且行銷有助於提升品牌形象，因此本文由行銷的觀點，探討提升師資培育中心品牌形象的策略，期使師資培育中心更具競爭力、更能滿足師生及中小學需求、更能吸引學生就讀。基此，本文首先探討行銷的意涵與策略，其次探討品牌形象的意涵與構成要素，最後提出師資培育中心形象行銷的具體策略以供各校師資培育中心參考。

關鍵字：行銷、品牌、品牌形象、教育行銷、學校行銷

壹、前言 >>>

　　1994 年修訂公布的《師資培育法》建立了我國師資培育多元化的制度，而後各大學紛紛設立「教育學程中心」（後改為師資培育中心），培養中小學師資，且自 1994 年《師資培育法》修訂公布至 2001 年初，由於師資（特別是中等教育師資）仍有許多缺額，因此教育學程結業生就業率高，教育學程呈現一片榮景。然而，很快地大量培養的師資加上少子化現象，造成教職供需嚴重失調。失去了就業的吸引力，再加上修課及實習必須付出的時間及金錢成本，各校學生修習教育學程的意願逐漸低落，造成師資培育中心（以下簡稱師培中心）的報考人數下降。教育學程風光了不到十年之後，彷彿成了「夕陽工業」，或成為各校的「雞肋」，真是不可同日而語。

　　依據教育部資料，我國師資培育之大學，95 學年度有 10 個教育學程停招，96 學年度亦有 10 個教育學程停招，97 學年度則有 5 個教育學程停招，亦即近三個學年來便有 25 個學程停招（教育部，2008），這些停招的教育學程，分布在師範／教育大學、設有師培系所之一般大學，以及設置師培中心之大學，而且公、私立學校均有。不幸的是，這可能還不是最糟的狀況，若少子化、生師比、班級人數等等教育的大環境未變，教師職缺仍是如此不易覓得，甚或今後更難覓得，則將陸續會有不同類別的教育學程停招。而造成各校停招教育學程的主要原因仍為報考及就讀人數嚴重下滑，試想，若報考人數幾乎等於錄取人數，或報考人數低於錄取人數，甚至一個學程僅有個位數學生就讀時，師培中心如何篩選學生以培育優良師資？然而，各校師培中心難道僅能被動地等待學生上門報名，然後無奈地接受報名人數下降或不足的殘酷事實，最後選擇自我了斷，成為名符其實的「坐以待斃」？

　　本文試圖跳脫宿命論，以企業「行銷」（marketing）的觀點，尋求積極的策略，以提升師培中心的「品牌形象」（brand image）。期待各校師培中心藉由品牌形象的提升，塑造出優勢品牌及強勢品牌，以增進品牌知名度及顧客（中小學）的品牌忠誠度，進而使中小學及外界一想到某校師培中心，便能聯想其培養師資所具有的形象，並能信任其產品（所培育之師資），相信如此對

各校師培中心校友的就業有所幫助，而校友就業率佳，在校生就讀教育學程的意願便會提高。此外，師培中心若能提升其品牌形象，建立良好的聲望與口碑，並讓在校生更了解、滿意教育學程，對於招生必定有所助益。

　　基於上述背景，本文先行說明行銷的意涵與策略，其次探討品牌形象的意涵與構成要素，最後提出師培中心形象行銷的具體策略，以供各校師培中心參考。

貳、行銷的意涵與策略

　　溯源「行銷學」之萌起，早在二十世紀初期，便有學者引用經濟學的相關理論初探此項概念。而自 1912 年起，L. D. H. Weld 即於美國明尼蘇達大學開設「農業行銷」的課程，並於 1916 年出版《農業行銷》一書，內文正式採用「行銷」一詞，爰用至今。回顧整個行銷概念的發展脈絡，行銷學起初僅屬應用經濟學的支流，致力於配銷通路層面的研究。爾後，其概念經歷不斷地修正與擴展，逐漸形成一種跨越經濟學、管理學、社會學、心理學、人類學等多項研究領域的整合性應用行為科學（林慶川，2002）。以下先行探討行銷的意義，其次就行銷觀念的擴大加以論述，再就高等教育行銷策略加以分析。

一、行銷的意義

　　美國行銷學會（American Marketing Association, AMA）此一具權威性的行銷專業組織，對行銷的定義為：「行銷是將理念（idea）、產品（goods）與服務（service），以定位、訂價、促銷與分配的規劃與執行的過程，以促成交換而滿足個人與組織目標」（AMA, 1985）。

　　Kotler 和 Fox（1995）認為：「行銷是一種分析、規劃、執行和控制所形成的計畫，其目的在於與目標市場達成自願的價值交換，以達成組織目標。行銷根據目標市場的需求，設計組織所能提供的產品或服務，並利用有效的定價、宣傳和通路，為市場提供資訊、刺激與服務。」

　　行銷大師 Kolter 則認為：「行銷是一種社會性和管理性的過程，個人與群體可經由此過程，透過彼此創造、提供及自由交換有價值的產品與服務，以

滿足其需要與慾求」（方世榮譯，2000）。

許長田（1999）則歸納出行銷的整體意涵為：「運用調查、分析、預測、產品發展、訂價、推廣、交易及實體配銷技術，來挖掘、擴大及滿足社會各階層人士對商品或勞務需求的一系列人類活動。」

許士軍（1986）對行銷的詮釋則是：「在動態環境因素下，人們及機構為了促成及加速交易行為所採取之活動。」

洪順慶和王俊如（1994）將行銷定義為：「組織為了使消費者以其經濟資源、時間資源及心理資源來交換組織所提供的理念、財貨及服務，而採行的一系列定位、訂價、促銷、分配的規劃與執行的過程，以同時達成組織與個人的目的。」

綜合上述定義，可知行銷的意義應包含下列要項：

1.行銷係在動態環境中進行。

2.行銷之執行主體可為個人或組織。

3.行銷之交換價值包含理念、產品與服務。

4.行銷管理的過程包括行銷分析、規劃、執行與控制。

5.行銷的策略是針對目標市場的定位、訂價、促銷與分配。

6.行銷以組織的心理資源、社會資源、經濟資源及時間資源做為基礎。

7.行銷以調查、分析、預測、產品發展、訂價、推廣、交易及實體配銷技術為方法。

8.行銷之目的在於促成交易，以滿足個人與組織需求。

二、行銷概念的擴大

行銷觀念最明顯的演變，由美國行銷協會（AMA）對「行銷」定義的改變，可看出一些端倪。1960 年代 AMA 對行銷的看法為：「行銷是指各種商品與服務，由生產者流向最終使用者的全部商業活動。」但是到了1985年時，AMA 對行銷的定義做了大幅度的修改：「行銷是將理念、產品與服務，以定位、訂價、促銷與分配的規劃與執行的過程，以促成交換而滿足個人與組織目標」（謝文雀編譯，1998）。由定義的修改中，可以發現行銷的商品已經不限

於有形的貨物或具體的服務，創意、思想等也可以成為商品來行銷。

　　此外，傳統行銷的觀念，因 Kotler 和 Levy（1969）發表〈行銷概念的擴大〉（"Broadening the Concept of Marketing"）一文，透過非營利的角度來闡述行銷的意義，而將行銷概念由適用於以營利為目標的組織，擴展至非營利機構。「行銷概念的擴大」可由下列三方面解釋（何玉婷，2000）。

（一）產品方面

　　一般概念中所謂的產品，是指具有市場價值，且在購買上可觸及的有形商品；在行銷概念擴大化之後，產品的概念也包括了「服務」、「理念」等無形的產品。

（二）消費者方面

　　過去消費者的概念僅限於購買產品的人，在行銷概念擴大化之後，消費者除了指直接購買產品的「直接顧客」之外，還包括了諸如企業組織的股東、員工、企業所在社區、政府機關、媒體、社會大眾等與企業直接或間接產生關係的群體。

（三）行銷工具方面

1. 產品的改進：非營利組織在不同層次上，也開始引用「改進產品」的概念，尤其當他們認知到來自其他組織的競爭時，對於改進產品以符合顧客需求便更為熱衷。

2. 價格：對於私人企業而言，價格直接反應了產品的成本，價格也確實是組織吸引顧客接觸產品的最佳工具之一，但對於非營利或公共組織來說，卻可能面臨到為其所提供之服務的定價問題；因為服務是無形的，其績效、成果難以度量。

3. 分配：「分配」系統的主要目的，在於使消費者更容易獲得服務，即組織必須考慮到如何執行才能使大眾以最佳方式得到服務。

4. 顧客溝通：許多私人企業認為，憑藉廣告與公共關係就可以達到溝通的

責任。對於非營利組織或公共部門而言,其消費群廣大且多元,提高了其建立更完善、更全面溝通管道的需要,因為顧客對服務的接受度及對組織印象的形塑,不僅靠服務本身而已,還包括了服務傳輸的品質、組織的能力及組織中人員的表現。

學校教育無疑地屬於服務業及非營利事業,因此行銷之概念自然亦可擴大至教育機構。Kotler 和 Fox 便曾於 1985 年發表《教育機構之策略性行銷》(*Strategic Marketing for Educational Institutions*)一書,詳盡探討行銷對高等教育機構所產生的意義與大學應用行銷技術的方法,可視為高等教育行銷專書之代表。

雖然,在高等教育行銷概念的倡導中,學者對於行銷概念擴大的應用有所激辯,但正因如此,反而喚起了更多的關注,針對如何將行銷引入非營利組織撰述專文。包括倡導非營利組織需採用行銷之理由、探討非營利組織引進行銷之過程,與適用於非營利組織的行銷觀念與技巧等。到了 1980 年代早期,有關「行銷概念擴大」的辯論,已從理論性的概念探討轉為實際性的技術性應用(Hekmat & Heischmidt, 1993)。

三、高等教育行銷的策略

Kotler 和 Armstrong(1994)認為,行銷策略是「選擇目標市場、選擇競爭定位、發展有效組合,以服務目標顧客。」由此定義可知,「行銷策略」指的是付諸實踐行銷的具體方法;而「策略性行銷」,根據黃營杉(1990)的看法,指的是:「一套周密而整體性的計畫,來預測環境機會與威脅,分析自身優勢,從而確定目標市場,分配資源,做出一系列完整之行銷活動,提供比競爭者更有效率的服務。」是以,策略性行銷係指整體的行銷活動,包括:行銷的前置準備工作、行銷分析、行銷規劃、行銷執行、行銷控制等,而行銷策略則為行銷規劃的一環。

以下參考鄭禎佩(2002)、彭曉瑩(2000)、Kotler 和 Fox(1995)的觀點,以整體性的角度,就高等教育行銷之前置準備工作、行銷分析、行銷規劃、行銷執行、行銷控制等策略,分別說明如下。

（一）前置準備工作

高等教育行銷工作的開展首重行銷觀念的導入，使教職員工認同行銷的概念，並形成共識而塑造成學校的文化。其次，可設置專責行銷單位與負責人來領導行銷的行政工作。若經費不允許亦可組成行銷委員會或行銷任務小組，來替代專責的行銷單位。

（二）行銷分析

在進行行銷規劃之前，應先蒐集內部資源與外部環境的相關「資料」（data），並將其轉換成有意義的「資訊」（information），以架構「行銷資訊系統」（marketing information system），提供及時、正確、集中的資訊，以利行銷研究之用。而行銷研究的結果，則能具體地提供教育檢討與改善機會及實施內部行銷時的參考，如研究學生選校的動機、知覺、態度或行為，有助於幫助大學校院了解本身在高等教育市場的位置、形象與利基。

（三）行銷規劃

1. 界定組織使命：組織使命（organizational mission）是指，組織的長期承諾和長期目標，奠基於組織歷史、管理階層偏好、資源、獨特能力與環境因素。在教育方面，學校應依據學校沿革、資源與獨有的優勢，擬定出明確的使命，以使學校的發展方向、目標明確，並使目標學生、捐助者明確了解，且幫助學校能專注發展學生需求，也使學校內部人員更具向心力。

2. 進行情勢分析：情勢分析又稱為 SWOT 分析，是指對組織內部的優勢（Strengths）與劣勢（Weakness），以及組織外部的機會（Opportunities）與威脅（Threats）進行分析。高等教育機構應對外在的群眾、市場、競爭、整體等環境，對其機構經營有利及不利的情況加以分析，並對自身的優缺點加以評估，以思考在面對外界威脅與機會時，機構內部潛在資源與技術，如何動員和配置，才能取長補短。

3. 訂定行銷目標：行銷目標是執行階段所追求的理想，也是行銷控制階段用來衡量表現的標準（郭振鶴，1999）。在界定組織使命和分析情勢後，應將機構的行銷目標訂定為具體可操作、可衡量的「標的」形式，以降低環境改變的衝擊、提供行銷方向、減低不必要的資源浪費和不必要的重複、建立有助於控制的標準。例如：以增加就讀的學生人數、學生畢業後順利就業的比率、學生以前十志願選填本校為行銷目標。

4. 擬定行銷策略

(1)目標市場策略

行銷目標確定後，接下來應考慮爭取哪一部分的市場（或顧客群），亦即要選擇哪一個或哪幾個市場做為未來某一期間內，想要全力爭取、全力照顧的目標市場（target market）。選擇目標市場有三種策略（湯堯，2000）：無差異策略（undifferentiated）：完全不做市場區隔，用同一套行銷策略來滿足所有的消費者，其目標市場就是整個市場；差異策略（differentiated）：即是在市場區隔後，針對不同的消費者發展不同的行銷策略；集中策略（concentrated）：只有一套行銷策略來服務某一個目標市場。

(2)競爭定位策略

「定位」是在消費者腦海裡，創造一個屬於品牌本身獨特的位置，並賦予它獨特的生命，根據目標市場的需要，以及競爭者在目標市場顧客心目中的形象，選定一有利的競爭性定位，亦即決定對目標市場提供什麼利益，使目標市場願意來購買產品或品牌，良好的定位應具有獨特性，使其競爭者具有真正的差別，同時要具有吸引力和競爭力。例如：有的大學將自己定位為「研究型大學」，有的定位為「教學型大學」，此皆為競爭定位策略的應用。

(3)決定行銷組合策略

①產品策略（product strategy）：提供的產品如課程、教學、教材等，在範圍、特色、樣式、品質水準、品牌名聲、生命週期、售後保證，與服務上符合消費者的需要，使消費者在未來社會具競爭

力，並同時考量高等教育機構的社會責任。

②價格策略（price strategy）：最低教育價格和最高教育品質的雙重考量，使消費者在時間、心理和經濟成本上都覺得物超所值。如：以獎學金或優惠的學費來吸引成績優異的學生。

③通路策略（place strategy）：確保學校與產業界的合作管道、學生與學校的溝通管道、學校各單位對內及對外的溝通管道順暢，並給予消費者最大便利性與利用性。如：提供交通接駁車、網路遠距教學、設置有時間選擇彈性的夜間班或暑期班等。

④推廣策略（promotion strategy）：利用廣告、人員銷售、促銷活動、宣傳或以非人際媒體之公共關係，搭建學校與內外公眾良好情感溝通與關係，促進教育機構良好的形象與口碑。

⑤人員策略（personnel strategy）：提供親切且有效能與效率的服務。

（四）行銷執行

成功的行銷執行除了有賴完善的前置工作、精確的行銷研究、正確的行銷規劃外，適任的執行者與組織全體總動員更是不可或缺的。「徒法不足以自行」，高等教育機構若未能切實執行行銷工作，則縱有再好的行銷策略，行銷觀念亦無法落實。

（五）行銷控制

行銷控制（marketing control）除針對人員管理進行考核外，也針對每一流程進行管理與評估，其目的在監督執行和評鑑整體行銷功能，以隨時提供回饋，確保行銷目標之達成。

參、品牌形象的意涵與構成要素

消費者購物時，往往會因認同或相信某個品牌，而偏好某個品牌的產品或服務，可見品牌的重要性。同理，師培中心的品牌與品牌形象對於招生及畢業

生就業等,亦極為重要。為利於師培中心運用行銷策略提升品牌形象,以下先說明品牌與品牌形象的意義,其次探討師培中心品牌形象的功能,最後分析師培中心品牌形象的構成要素。

一、品牌與品牌形象的意義

(一)品牌的意義

有關品牌(brand)的定義,論者的見解不一。葉連祺(2003)綜合了學者的見解,整理出對品牌的三類看法,並認為綜合此三者即是較佳的品牌定義,且將品牌定義為:某個製造(提供)者針對某些產品或服務,所創造具備專有名稱與特殊經營訴求和特色,以期明顯區隔競爭者,吸引既有和潛在顧客產生消費行為,並與顧客想法和經營理念有關的一種概念。此三類品牌的看法分別為:

1. 品牌是有形的名字、術語、符號、標誌、設計或前述的組合,用以區分有別於競爭者的產品或服務。
2. 品牌是無形的,是顧客對產品或服務的記憶、感受、信賴和前述的總合性經驗,對顧客具有特別意義,有情感、自我表達等方面的益處,也反映一種文化、使用者身分表徵或形象。
3. 品牌是一種契約,反映製造者賦予產品的意念或價值,也反映企業經營的思考過程、策略或承諾,顯示顧客和製造(提供)者的關係。

Chematony 和 McWillam(1989)則基於不同角度給予品牌四種定義:

1. 品牌是識別的圖案,藉以和競爭者有所區別。
2. 品牌是製造商品質一致的承諾與保證,並賦予附加價值的圖騰。
3. 品牌是一種投射自我形象的方式。
4. 品牌是產品資訊的總合,可做為消費者進行購買決策的輔助工具。

Kotler(2002)認為,品牌是品牌銷售者對於消費者提供一明確的特徵與服務性質所做的承諾,並進一步指出,透過品牌可以傳遞屬性、利益、價值、文化、個性、使用者等六種層次的意義:

1. 屬性（attributes）：為產品的物理屬性，也是留給消費者的第一印象。如：高品質、耐用、服務佳。

2. 利益（benefits）：一個品牌具有不只一項屬性時，消費者所買的是利益而非屬性，屬性已被轉換成功能性（如實用）或情感性（如彰顯地位）利益。

3. 價值（values）：傳達生產者或產品獨有的價值，並可與消費者的價值相結合。如 Volvo 汽車代表一種地位、安全與穩重。

4. 文化（culture）：代表製造國的文化特徵。如 Benz 代表德國高品質、講求效率的文化特性。

5. 個性（personality）：品牌可投射出某些特性，呈現消費者心中的想法，有時常會與代言人互相結合。如：Nike 找 Jordan 代言產品，表現出超強彈力與超高技術的特性。

6. 使用者（user）：品牌可指出購買者或使用該產品顧客的特質。如：Toyota 汽車標明的大多是中產階級顧客，而 Benz 使用族群常為高階主管。

綜合上述論者的整理與看法可以發現，品牌包含多種意涵，大致可歸納如下：

1. 品牌是有形的表徵：品牌包含名稱、產品、符號、標誌、顏色、設計等外在的表徵，是可以感受、看見，並有利於區別其他競爭者。

2. 品牌是無形的價值：品牌是無形的價值，是顧客對產品或服務的記憶、感受、信賴。品牌所代表和傳達出的無形價值，其價值常勝於有形的表徵。

3. 品牌是品質的承諾與保證：品牌代表產品或服務的生產者或供應者，對品質的保證與承諾。不同品牌代表不同的產品或服務品質，消費者常因對某個品牌品質的信任而選購某個品牌的產品。

4. 品牌具有獨特的個別性：如同個人具有其獨特的性格，品牌亦有其獨特性。來自不同製造國家的品牌代表著不同的文化特徵，不同品牌也有區別於其他品牌的特徵、價值、文化。而如同人的性格會改變，品牌的個別性亦會隨著製造（提供）者企業文化、公司目標或行銷策略的轉換而

有所變動。

5. 品牌是消費者的自我投射：品牌常能指出其消費族群的特質。消費者常
將自我的形象投射在品牌上，將自我形象與品牌形象加以聯結，所以消
費者在選擇品牌時常是在投射自我的身分、地位、經濟能力和品味等。

（二）品牌形象的意義

由前述可以了解品牌具有多重意涵，除了有形的實體之外，尚包含無形的
價值，且是買賣雙方互動的表徵。至於「品牌形象」（brand image）的意義，
以下列舉幾位論者的代表性看法：

Dobni 和 Zinkhan（1990）整理了 1957 年以來有關品牌形象的定義及演
化，認為品牌形象是消費者對於品牌全部印象的總合，是關於品牌的所有事
務，是消費者對於產品的知覺。

Randall（1997）將品牌形象解釋為，消費者從經驗、口碑、廣告、包裝、
服務等，接受到所有有關品牌訊息的總合，而這些訊息會因為選擇性認知、社
會標準、時間變化、過去信念，以及遺忘而有所改變。

Kotler（2002）認為，消費者會依據每一屬性對品牌發展出品牌信念（bri-
ef），對某一特定品牌所持有的信念組合便是品牌形象。消費者可能因個人的
經驗、選擇性認知、選擇性扭曲和選擇性記憶的影響，對某一品牌的信念有所
不同，其可以用來做為區別銷售者和其他競爭者的產品與服務。

Keller（2003）認為，品牌形象為存在於消費者記憶中，與某個品牌所有
資訊的聯想，即消費者心中對該品牌的知覺。

由以上論者的定義，可以簡單地說品牌形象是消費者對品牌的綜合性看
法。而消費者對品牌的看法，會因個人差異而有所不同，因此每個人對同一品
牌形象的知覺亦可能不同。至於品牌形象的產生，可能是由消費者自行發展、
維持與賦予意義；也可能由行銷人員選擇、發展、實行與管理，消費者被動地
接受訊息；當然也會因消費者與產品交互影響而構成。

二、師培中心品牌形象的功能

筆者參酌諸多論者（徐高虹，2002；張連生，1999；游適華，2004；黃兆龍，1995；楊慶真，1995；鄭佳宜，2006）對學校品牌形象功能的見解，師培中心品牌形象大致有以下幾項功能。

（一）提升內部凝聚力

良好師培中心品牌形象能激勵教職員及學生士氣，提高教育品質及服務態度，以及教職員生的責任感與榮譽感，並能激發學生勤奮向學，不辱師培中心品牌形象。成員自會在此情況下對組織產生認同，內部凝聚力自然提升。

（二）確保學生來源

若師培中心的品牌形象不佳，甚至岌岌可危，吸引學生就讀的力量便不足，試想誰會樂於就讀一個品牌形象不佳，不受外界肯定，甚至可能遭到減招或停招命運的師培中心？但若師培中心品牌形象良好，在同業中特別突出，學生就讀其間能感到榮耀，相信還是能吸引到學生。

（三）留住並吸引優秀教職員

若一個學校的師培中心品牌形象不佳，在其中服務的教師及職員連自己都不好意思表明在該中心服務，相信只要有機會，優秀的教師及職員必定轉赴他校師培中心或相關單位服務。反之，具有良好品牌形象的師培中心，自然較易留住優秀之教職員，也較容易吸引優秀的教職員前來服務。此與大企業較易吸引人才是一樣的道理。

（四）吸引外界資源

具有良好的品牌形象，師培中心較易獲得外界的信賴，企業及校友便願意提供資源上的協助或設置獎學金、捐款等。

（五）獲得主管機關支持

品牌形象良好之師培中心，在遭遇各種困難和問題時，較易獲得上級主管機關的關注與協助，也較有機會申請或獲得各項補助。

（六）增加合作機會

具有良好品牌形象之師培中心，可增加中小學或者他校師培中心與其合作之機會。師培中心常需與中小學合作，如帶領師資生至中小學參訪、實習、辦理營隊，或邀請中小學教師蒞校分享教學經驗，或受邀至中小學演講，或合作進行各項教學研究。若師培中心具有良好之品牌形象，相信中小學會樂於與其合作。師培中心彼此亦常需互通有無，提供資料，或協助彼此學生進行跨校修課、教育實習、加科登記等。具有良好形象之師培中心在取得他校師培中心的協助與合作上，相信會較為容易。

（七）增進畢業生就業機會

若師培中心具有良好的品牌形象，外界便會對其畢業生有好的聯想，中小學也會樂於聘任良好品牌形象師培中心的畢業生。這就如同消費者對 Sony 的品牌有信心，購買電器時便會選購 Sony 的產品；若想買好車，便會想到 Benz 或 BMW 的車；同樣的，想聘任優良教師，便會想到某品牌形象良好的師培中心畢業生。

三、師培中心品牌形象的構成要素

師培中心品牌形象構成要素，係指公眾心目中認為構成或影響師培中心品牌形象的要素。在運用行銷策略提升師培中心品牌形象之前，首先需了解師培中心品牌形象的構成要素。國內外並無學者探討師培中心的品牌形象，自無人分析師培中心品牌形象的構成要素，惟師培中心為學校之單位，其品牌形象構成要素與學校品牌形象構成要素性質相似，可就學校品牌形象的構成要素轉化為師培中心品牌形象的構成要素。筆者參酌諸多論者（毛麗娟，2006；王秀

鳳，2004；郁振民，1995；陳玉君，2003；游適華，2004；黃兆龍，1995；黃靖惠，2004；楊慶真，1995；鄭佳宜，2006；鍾娟兒，1988）對學校品牌形象構成要素或內涵的見解，配合師培中心的特性，茲將師培中心品牌形象的構成要素說明如下。

（一）教師形象

師培中心專兼任教師的教學知能、對學生生活與學習的關心與輔導、對中心各項活動的投入、對教育實習輔導的參與，以及是否具有相當的熱誠與奉獻精神等等，均構成學生及外界對師培中心教師的觀感。師培中心為培養教師的單位，學生與外界當然會以更高標準來檢視「老師的老師」的教學知能與服務熱誠。因此教師形象會影響師培中心品牌形象。

（二）學生形象

學生的求學態度、知識程度、學業表現、禮貌、服裝儀容等，都會影響外界對其看法，而外界又會將學生形象與師培中心的品牌形象相聯結，因此學生形象是師培中心品牌形象的構成要素之一。例如：學生上課表現不佳，則授課教師將明顯感受到，專任教師為了工作也許不會到處宣傳，但兼任教師可能便會對該校師培中心的學生及師培中心的品牌形象有不好的觀感，甚至對外與人談論，如此將傷害師培中心品牌形象；又如師資生至中小學見習、參觀或進行教育實習時，其學習態度不佳、禮貌不良，則參訪學校或實習合作學校便會對該生甚至培育該生之師培中心留下不好的印象，間接或直接影響了師培中心的品牌形象。

（三）校友形象

師培中心的校友分散在中小學，其服務精神與專業知能很容易被比較與評價。某位校友在某校的服務情形，很容易讓人聯想其畢業的師培中心，亦即對某位老師的看法，形成認為其畢業的師培中心培養出來的師資都是如此，所以此師培中心是某類的師培中心。此外，校友的就業率亦影響外界的看法，如校

友的就業率不佳，則很容易讓人認為此師培中心培育出來的師資找不到工作，又再聯想成所以此師培中心辦學成效不佳，而形成此師培中心負面的品牌形象。

（四）環境形象

師培中心識別標誌、信條、宗旨與精神、代表歌曲等，是外界對師培中心品牌形象的第一印象，良好的識別設計能使公眾對師培中心留下深刻的印象。而師培中心的設備是否新穎與充足，如是否每間教室均有電腦、單槍投影機；是否有足夠的相機、攝影機供學生借用，以拍攝教學實況；是否有微型教室，供學生進行試教，以改善教學技巧等，均為環境形象的一部分。此外，空間是否足夠與溫馨、環境是否清潔與美化、教師是否有獨立研究室、是否有獨立樓層的教室、是否有學生討論與休息空間、是否有學生置物櫃、是否有環境布置等，亦為環境形象的一部分。環境形象是外顯的實體，最容易讓學生及外界感受到，而對師培中心的品牌形象下註解。

（五）服務形象

師資生及大學在校生各類問題往往都需先與師培中心行政人員接洽，外界與上級主管機構不論是透過電話或公文，最先接觸的亦是行政人員，因此行政人員的服務效率與態度，將深深影響內、外部公眾對師培中心品牌形象的觀感。再者，師培中心是否設有獎助學金及急難救助金，以協助師資生解決經濟問題，或獎勵師資生積極向學，對提升服務形象有所影響。此外，師培中心的評鑑成績，嚴重影響在校生及外界對師培中心的看法，師培中心評鑑成績優異，對吸引在校生就讀及提升師培中心品牌形象有莫大的幫助。

（六）文化形象

師培中心若有清楚的願景，則較易讓在校生及外界了解師培中心的走向；若能有獨特的儀式或典禮，來強化其文化，則較能加深在校生及外界對師培中心的印象；若能有良好的組織氣氛、和諧的同儕與師生關係，則能產生較佳的

內部滿意度,間接形成較佳的口碑,外界也因感受到良好的組織氣氛,而對師培中心品牌形象給予好評。

(七)課程形象

師培中心課程的規劃與品質,會影響在校生及大眾對師培中心的認知。雖然教育學程正式課程受主管機關的許多限制與規範,但仍有少許發展空間,各師培中心若能建立自己的特色課程,相信對品牌形象有提升的作用。此外,師培中心是否重視師資生的潛在課程,是否規劃活動、研習、服務等非正式課程,以兼重師資生的知、情、意、行,也是課程形象的一部分。

(八)公關形象

師培中心應與各界建立良好關係,特別是中小學、他校師培中心,以及主管機關。師培中心可透過活動宣傳、媒體報導等方式來提升聲望,以獲取較高的信任度,進而提高品牌形象。此外,若能與中小學有良好的互動,便能使師培中心擁有強力的支援。當然,各校師培中心彼此若能建立良好的關係,則資源、訊息、師資都可以有某種程度上的交流。而與主管機關關係良好,則所需資源或協助將較易獲得,對師培中心品牌形象也有助益。

肆、師培中心品牌形象行銷的具體策略

師培中心品牌形象的行銷,可參照前述高等教育策略性行銷,進行整體的行銷活動,包含前置準備工作、行銷分析、行銷規劃、行銷執行、行銷控制等。本文旨在提出師培中心品牌形象行銷的實踐方法,故僅以 Gary(1991)提出的行銷策略組合 5P 概念,即產品(Product)、價格(Price)、通路(Place)、推廣(Promotion)、人員(People)等策略架構,探討師培中心提升品牌形象的具體策略,茲分別說明如下。

一、產品策略

（一）重視非正式課程

除了正式課程之外，師培中心應重視非正式課程，如各種活動、服務、研習、儀式典禮等，讓學生在非正式課程中，涵養人師之特質，使培養出來的學生有別於他校師培中心之學生。

（二）發展特色課程

雖然師培中心的正式課程各校大同小異，但各校師培中心仍可規劃開設特色課程，各校師培中心可依目標、宗旨開設特色課程，這些課程可以結合學校特色，或強化某項知能，或陶冶情意，以利用這些課程建立獨特的品牌形象。

（三）提高教檢通過率

師培中心可鼓勵師資生組成讀書會，以彼此督促、共同合作的方式，通過教師檢定考試。此外，亦可透過模擬考、考試準備經驗分享等方式提高教檢通過率。教檢的通過率高，外界將會對師培中心的教學品質與學生程度較有信心，相對地對師培中心品牌形象的提升亦有所助益。

（四）提高教甄錄取率

如同教檢通過率提高有助於師培中心品牌形象的提升，教師甄試的錄取率若能提高，則外界亦將刮目相看。師培中心可透過教甄經驗分享、辦理模擬教師甄試等方式，來強化實習學生的教學知能，提高教甄錄取率。

（五）結盟中小學

師培中心若能與中小學結盟，或建立較為密切的關係，則學生見習、參訪、實習，都會較為方便。此外，結盟學校若有教師缺額，合作之師培中心畢業生亦較有機會，因為彼此結盟、相互了解，自會對其訓練出來的師資較有信

心。

二、價格策略

（一）設置獎助學金

　　師培中心若能利用教育部補助或校友、外界捐贈設置獎助學金，可鼓勵學生努力學習。此外，對學生來說有一筆獎助或補助金，對經濟或多或少都有所幫助。因此，獎助學金可吸引清寒優秀學生就讀教育學程。

（二）提供急難救助

　　學生因經濟問題必須放棄修讀教育學程，實在是一件令人遺憾之事，因此師培中心若能提供或代為申請急難救助金，以協助學生安心修業，不因經濟問題而中輟教育學程課業，相信可減低弱勢學生的困頓，亦會使學生具有感恩的心。

（三）提供工讀機會

　　在大學學費不斷調漲的時代，打工似乎成了多數學生共同的經驗，師培中心若能提供工讀機會，對學生經濟將有所幫助，學生也可能因此而選擇就讀教育學程。事實上，師培中心的工讀生亦常可為師培中心進行口碑行銷。

（四）辦理免費研習

　　師培中心若能利用申請之經費，為學生辦理各種免費的研習，如英語研習、資訊研習等，除了增進學生知能外，由於這些課程在校外學習均要花費不少金錢，所以免費的研習活動，自然對學生就讀教育學程較有吸引力。

（五）宣導畢業出路

　　成為教師自是學生就讀教育學程的最主要因素，但其實教育學程的課程，對學生從事其他行業亦有所幫助，甚至未來教育自己子女亦派得上用場。師培

中心可宣導念教育學程的多元功能，不只是當老師才用得著這些知能，如此學生便會覺得花時間、金錢來修習教育學程有其價值。

三、通路策略

（一）成立校友組織

師培中心可成立校友會，透過校友會的力量，讓師培中心的通路更加順暢。藉由校友的力量，師培中心可將各種訊息傳遞給校友服務的學校及外界，並透過校友，架構更綿密的服務網絡，使師培中心如同在全國各地均有辦事處或服務處一般。

（二）強化教師網頁

師培中心可協助教師強化個人網頁，使教師能將課程大綱及授課講義上傳，或與同學即時線上討論，或在學生同意下，將學生作品上網分享，甚至學生可上網繳交作業、查詢作業成績等，讓學生的學習與師生的交流不限於課堂。

（三）落實導生制度

師培中心可建立導生制度，導師可透過個別晤談、導生活動等，給予學生課業及生活上的輔導。透過導師，除可適時地將師培中心的訊息傳遞給學生，也可透過身教，提供學生學習的楷模。師培中心的精神可在潛移默化中以導師通路傳遞出去。

（四）建立溝通管道

師培中心可利用意見箱、網站討論版、電子信箱或導生會議、師生座談會等溝通管道蒐集及回應學生意見，以了解及滿足學生的需求。使師生有多元的管道可進行溝通，以解決學生問題，提升其滿意度。

（五）推動行政電腦化

師培中心宜善用網路，並推動行政電腦化。例如：學生各項研習及活動報名作業及時數的登錄等，均可透過網路進行，如此可節省人力，亦可讓服務不受時、地所限。

四、推廣策略

（一）善用網路行銷

網路無遠弗屆，師培中心可善用網路進行行銷。例如：發電子郵件提醒全校師生報名及甄試事宜，或發送各種活動訊息。此外，可多利用網站，公告各項訊息及活動，並善用網站介紹師培中心及教育學程，以建立品牌形象。

（二）利用機會宣傳

師培中心宜多利用各種場合及機會進行宣傳，如至系週會、社團博覽會發送文宣；透過辦理教育週或教育月等方式，進行一系列活動及成果發表，強力宣傳師培中心。亦可透過跑馬燈或電子看板，將師培中心各項訊息強力發送；此外，亦可辦理甄試說明會，向有意願參加教育學程甄試的同學說明甄試細節。

（三）編印各式文宣

師培中心可編印簡介及有關甄試或常見問題 Q&A，在各式場合發送；或製作印有師培中心識別標誌的小紀念品，傳達師培中心精神。讓在校生及中小學、外部公眾更了解師培中心。

（四）發行各類刊物

師培中心可針對校友、中小學、實習教師、師資生發行各類刊物，亦可對全校師生或外界發行電子報，讓師培中心的內外部顧客，能了解師培中心的動

態、活動與成就,並獲得教學知能的成長,以凝聚校友情感、聯繫中小學情誼、增進外界良好印象,達成提升品牌形象的目標。

(五)主動聯繫媒體

師培中心應主動出擊,將中心重大活動或特殊成就,撰擬為新聞稿,提供平面或電子媒體報導,如此不僅可打開知名度,亦可凝聚師生向心力,並能贏得外界支持。善用媒體對師培中心品牌形象的建立與提升有莫大的幫助。

五、人員策略

(一)凝聚全員共識

以行銷策略提升師培中心品牌形象為一觀念的轉變,也是一種文化的形塑,此文化的塑造建立在人員的思想和信念基礎之上。因此,師培中心應先發展出行銷文化,認同以行銷策略來提升品牌形象,在此共識下,師培中心全體教師及行政人員,甚至是學生,才會全力支持各項行銷作為,師培中心品牌形象才會彰顯出來。

(二)力行品質服務

師培中心若能提供有品質的教學及行政服務,則學生及與師培中心接觸的中小學或相關人士,透過口耳相傳,自然有利於師培中心品牌形象的提升。凡事「以客為尊」,重視接待的禮貌、採行單一窗口服務和建立標準化作業程序(SOP),都是提升師培中心內外部顧客滿意的有效方法。

(三)鼓勵教師合作

教師若能有更多的合作,除能增加共識及凝聚力外,更能發揮一加一大於二的效果。師培中心教師可在研究及教學上進行更多的合作,如進行整合型研究、協同教學等,教師可相互交流專業及情感,相信對學生的學習將有所助益。

伍、結語

　　建立品牌有助於彰顯獨特性，與其他競爭者作區別，並有助於提升價值、吸引顧客。各校師培中心應使其品牌充分讓學生及外界知曉，但知曉不代表會對其品牌有好的觀感或印象，例如對某國的產品，若給予消費者廉價、品質不佳的觀感，故其品牌雖然有名，但品牌形象不佳。師培中心應擦亮其品牌，提升其品牌形象，以成為學生及外界心目中的名牌，如此則可望提升內部凝聚力、確保學生來源、留住並吸引優秀教職員、吸引外界資源、獲得主管機關支持、增加與中小學合作機會，並可增進畢業生就業機會。

　　行銷的概念已擴大應用於非營利組織，師培中心若能善用 5P 行銷組合策略，在產品策略方面，重視非正式課程、發展特色課程、提高教檢通過率、提高教甄錄取率、結盟中小學；在價格策略方面，設置獎助學金、提供急難救助、提供工讀機會、辦理免費研習、宣導畢業出路；在通路策略方面，成立校友組織、強化教師網頁、落實導生制度、建立溝通管道、推動行政電腦化；在推廣策略方面，善用網路行銷、利用機會宣傳、編印各式文宣、發行各類刊物、主動聯繫媒體；在人員策略方面，凝聚全員共識、力行品質服務、鼓勵教師合作，相信對提升師培中心品牌形象將有莫大的幫助。

　　師培中心不應再消極地等待學生，默默地付出卻換來停招的命運。在此行銷的時代，實不應關起門來辦教育，應積極地利用行銷策略提升品牌形象，讓學生及外界充分認識其特色與績效，以獲得學生及外界的肯定與信任，如此才能讓師培中心永續經營。

參考文獻

中文部分

方世榮（譯）（2000）。P. Kotler 著。**行銷管理學**（第十版）（Marketing management）。台北市：東華。

毛麗娟（2006）。**學校形象認知與學校選擇之關係研究——以中部職業學校為例**。國立彰化師範大學工業教育與技術學系技職行政管理碩士班碩士論文，未出版，彰化市。

王秀鳳（2004）。**國立台中師範學院行銷策略與形象定位之相關研究**。國立台中師範學院國民教育研究所碩士論文，未出版，台中市。

何玉婷（2000）。**公共電視台的整合行銷傳播應用研究**。國立台灣師範大學大眾傳播研究所碩士論文，未出版，台北市。

林慶川（2002）。**國民小學教育人員與家長對教育行銷實施現況之知覺與態度**。國立台中師範學院國民教育研究所碩士論文，未出版，台中市

洪順慶、王俊如（1994）。高等教育行銷的本質與管理教育行銷。載於劉常勇（主編），**兩岸管理教育問題剖析**（頁 81-98）。高雄市：復文。

郁振民（1995）。學校形象的構成要素。**機械中專，7**，3-4。

徐高虹（2002）。論學校形象建設。**太原教育學院學報，20**（2），87-89。

張連生（1999）。學校形象的價值及其塑造。**教育評論，6**，33-35。

教育部（2008）。**師資培育之大學一覽表**。2008 年 9 月 1 日，取自 http://www.edu.tw/files/site_content/B0035/師資培育之大學一覽表.pdf

許士軍（1986）。**現代行銷管理**。台北市：商務印書館。

許長田（1999）。**行銷學——競爭、策略、個案**。台北市：揚智。

郭振鶴（1999）。**行銷研究**。台北市：華泰。

陳玉君（2003）。**高級中學品牌管理現況之研究**。國立暨南國際大學教育政策與行政研究所碩士論文，未出版，南投縣。

彭曉瑩（2000）。**師範校院教育行銷現況、困境及發展策略之研究**。國立台南

師範學院國民教育研究所碩士論文，未出版，台南市。

游適華（2004）。**職業學校形象行銷策略之研究——以稻江高級護理家事職業學校為例**。國立台北科技大學技術及職業教育研究所碩士論文，未出版，台北市。

湯　堯（2000）。**學校經營管理策略——大學經費分配、募款與行銷**。台北市：五南。

黃兆龍（1995）。現代學校形象初探。**武漢教育學院學報，4**（1），11-15。

黃靖惠（2004）。**科技大學學生對公共關係傳播媒介與學校形象認知之相關研究**。國立台北科技大學技術及職業教育研究所碩士論文，未出版，台北市。

黃營杉（1990）。**企業政策**。台北縣：國立空中大學。

楊慶真（1995）。學校形象的內涵、要素及作用。**江蘇教育學院學報，4**，18-19。

葉連祺（2003）。中小學品牌管理意涵和模式之分析。**教育研究月刊，114**，96-110。

鄭佳宜（2006）。**國民小學學校形象與行銷策略之研究——以中部四縣市為例**。國立嘉義大學教育行政與政策發展研究所碩士論文，未出版，嘉義市。

鄭禎佩（2002）。**師範學院教育行銷研究——以屏東師院為例**。國立屏東師範學院國民教育研究所碩士論文，未出版，屏東市。

謝文雀（編譯）（1998）。P. Kotler 等著。**行銷管理——亞洲觀點**（Marketing management: An Asian perspective）。台北市：華泰。

鍾娟兒（1988）。論學校形象。**師友，256**，36-37。

▓ 英文部分

AMA (1985, March 1). Board approves new marketing definition. *Marketing News*, A1.

Chematony, D. L., & McWillam, G.. (1989). Branding terminology: The real debate.

Marketing Intelligence & Planning, 7, 29-32.

Dobni, D., & Zinkhan, G. M. (1990). In search of brand image: A foundation analysis. *Advances in Consumer Research, 17*, 110-119.

Gary, L. (1991). *Marketing education*. Buckingham: Open University Press.

Hekmat, F., & Heischmidt, K. A. (1993). Application of program life cycle concept for raising strategies in higher education. *Journal of Marketing for Higher Education, 4*(2), 121-126.

Keller, K. L. (2003). *Strategic brand management: Building measuring and managing brand equity* (2nd ed.). Upper Saddle River, NJ: Pearson.

Kotler, P. (2002). *Marketing management: Analysis, planning, implementation, and control* (11th ed.). Upper Saddle River, NJ: Prentice-Hall.

Kotler, P., & Armstrong, G. (1994). *Principles of marketing* (6th ed.). Upper Saddle River, NJ: Prentice-Hall.

Kotler, P., & Fox, K. F. A. (1985). *Strategic marketing for educational institutions*. Englewood Cliffs, NJ: Prentice-Hall.

Kotler, P., & Fox, K. F. A. (1995). *Strategic marketing for educational institutions* (2nd ed.). Englewood Cliffs, NJ: Prentice-Hall.

Kotler, P., & Levy, S. J. (1969). Broadening the concept of marketing. *Journal of Marketing, 33*, 10-15.

Randall, G. (1997). *A practical guide to branding: Planning, organizing and strategy*. London: Kogan Page.

CHAPTER 10

教師專業成長新課題——
因應全球化趨勢培養全球公民

王錦雀

國立台灣師範大學公民教育與活動領導學系副教授

摘　要

　　當世界各地人們感受到這是一個全球化的年代，教育如何應對全球化趨勢，尤其教育專業人員應持有不斷學習的信念，當全球化趨勢儼然成為不可抗拒的力量，教師對全球化趨勢需具何種認知？又該在教學實務現場採取哪些措施和做法以因應此趨勢？

　　本文扣緊全球化與本土化激盪的脈絡，辯證教師在面對全球化的衝擊，教師應具有教導世界理解的必要準備，以及對培養全球公民的教育可能方向。在因應思潮衝擊和社會變遷下，各種教育改革與課程規劃之中，最能適時培養學生認知全球化可能帶來的衝擊及影響性，進而養成學生對全球公民身分認同的，莫過於透過教師於課程中引領學生對全球化和本土化的緊張關係各項議題進行思辯。

　　當我們關心並擔憂全球化將引領台灣往何種趨勢發展時，我們必須戰戰兢兢地反省，對於教師專業成長的議題上，現行教師關心全球化和本土化間的議題論述嗎？教師具備對全球化的理解知識？教師對於培養全球公民、全球身分認同善盡了何種努力？是否培養我們的公民具備因應全球化發展的基本知能？

　　基於這樣的思考，本文希冀藉由文獻探討就全球化的意義、全球化與本土化的關係加以釐清，並進而探討全球化對我國教育未來發展的前瞻；另外，就因應全球化的教學理念、教學取向和具體措施提出建議。

關鍵字：本土化、全球化、全球在地化、教育本土化、全球化教育、全球公民

壹、前言 ▸▸▸

冷戰結束後,西方資本主義意識型態取得優勢地位後,後殖民與全球化議題因此興起。資本主義運動在掃除多年來社會主義抗拒之路障後,以資本為前導的全球化運動在全球迅速地展開。

全球化是二十世紀末由資訊科技革命所引起的人類大變革,互聯網的普及加速了全球經濟一體化,使各地人們感受到這是一個全球化的年代;在全球化趨勢下,交通的便利、傳媒技術的更新、互聯網的普及,以及貿易和旅遊的發展,都大幅地拉近世界各地人的距離和互動(河清,2003)。這股思潮當然也具體明顯地衝擊著教育體制和政策,王嘯(2002)清晰指出:「對於教育全球化,人們可以反思、可以批判,但絕對不能抗拒;較明智的態度是既解構又重建,也就是在全球化中,保持認同的同時又要堅持反思批判的立場,只有兩者保持一種恰當的張力,才能真正認清教育全球化的本質,進而具備因應能力。」

但是遺憾的是,近年學界和教育界對全球化議題的關注,多停留在學術論述的探究、高等教育政策因應的探究、大學通識課程融入全球化議題的探究,甚少體認全球化議題對於各級教師專業成長上是必要且迫切的課題。未來台灣的發展如何,端視我們的公民如何看待他們的全球公民身分、學生是否對全球化的衝擊加以重視、有因應的能力?學校教育如果未能提供機會讓各級學生逐漸養成全球公民的資質,只期許少數社會菁英和知識份子引領以因應全球化的衝擊,這樣的因應之道當然不甚周全。處於全球化時代沒有人可以置身其外,全球化議題的關注也應視為教師專業成長的重要課題。

對於處於全球化時代沒有人可以置身其外的論述,英國社會學家Anthony Giddens 在解讀全球化現象也提及:「全球化促使世界各地區形成相互聯結性(interconnectedness)極密切的一種生活方式」(Giddens, 1994: 4-5)。然而,互動緊密的全球化生活模式充滿了機會,也充滿了危機。隨著全球化思潮來勢洶洶,愈來愈多學者提出對全球化的反思與呼籲:我們需體認全球化之趨勢較利於強國、富國與大國對弱國、窮國與小國的壓迫與壓榨。所以,在全球

化蔚為巨流的同時，各國力倡本土化潮流的聲音也逐漸壯大。

　　台灣在面對全球化的挑戰，當然亦難以置身其外，教育部在教育發展計畫中明確指出：「國際競爭日益加劇，各大企業均已朝向跨國性企業發展，未來青年不僅是熱愛鄉土的台灣人，也是胸懷全球的世界人，他們的舞台是以台灣作基地，伸向世界各地。亦即，教育旨在達成培養『思維全球化，行動在地化』（think globally, act locally）的青年」（杜正勝，2004）。

　　教育部擬定的明確教育方針，既因應全球化趨勢到來，也重視本土精神和特色之展現。然而，「思維全球化，行動在地化」實踐前，必須先面對全球化與本土化兩者論述的激盪。本文扣緊全球化與本土化激盪的脈絡，辯證各級學校教育在面對全球化思潮衝擊和社會變遷下，宜採行的應對策略。期能透過本文的發表，對我國教育未來發展，提出具體的建議。

貳、全球化的意涵

一、全球化的定義

　　全球化是一個複雜的概念，因此產生許多不同的評論和經驗。如英國學者Giddens（1990）對全球化的定義如下：「對全球化社會關係的強化，即本地發生的事件將影響其他各地，形成當地的事件，反之亦然。」他並進一步指出：「全球化就是有關我們都活在同一個世界中的想法」（Giddens, 1990: 64）；學者Waters（1995）認為，全球化是一種社會歷程，在此歷程中，原先受制於地理條件之限制，所形成的殊異社會和文化型態將漸趨鬆散，且漸趨向一致。對於此一改變，社會成員亦能洞悉並因應之。Beck（2000）則指出，全球化是指在跨國行動者及其權利、機會、取向、認同和網絡的運作中，民族國家及其主權受到打壓及穿透的過程。而國內學者吳明烈則認為，就整體而言，全球化乃是一種意識、一種現象、一種行動、一種變革，以及一種過程（吳明烈，2003）。

　　再如，根據郭洋生（2000：85）的譯文，全球化最好是理解成一種想像物；全球化乃是人類想像力的產物。梁光嚴則指出，全球化過程本身，促使世

界成為單一的場所,以便制約著各種文明和社會;但全球化既包含了特殊主義的普遍化,而不只是普遍主義的特殊化(梁光嚴譯,2000:186-187)。這明確顯示了,全球化是一個各地人民與其想像中世界的互動過程。

另外,學者 Stuart Hall、David Held 和 Tony McGrew 提出一些全球化概念的二元衝突:普遍論(universalization)與個殊論(particularization)、調合論(homogenization)與差異論(differentiation)、統整論(integration)與分裂論(fragmentation)、中央集權(centralization)與鬆綁分權(decentralization)、並列(juxtaposition)與融合(syncretization)等論點(Porter & Vidovich, 2000)。

儘管各領域或學者對於全球化的爭論不一,但至少如下論述為各家接受:一是全球化的腳步很難停下來;二是全球化使世界形成另一種平衡,至少更繁榮(姑且不論是否為一種壓榨後的假象)。隨著全球化的增強,可以縮短貧富國家間國民生產毛額的差距。儘管全球化的目的是降低貧窮、陶冶民主與自由,但是全球化過程在人類的進程中,所導致的成效是十分昂貴的(Wright, 2000)。

綜結國內外學者對全球化之界定,筆者認為,全球化是一種複合的看法,它不僅是一種狀態或現象,同時也是一種過程,是一種非常複雜的互動現象,同時也是一種非線性的過程。簡單地說,全球化就是全球人類社會萬事萬物互為影響,且漸趨於一致的歷程,並促使全球各地相互聯結性大幅提升的一種生活形態。

二、全球化的特色

學者 Held 等人認為,「全球化」反映出的是一種超越國界活動的普遍認知。由於經濟與技術影響力的廣泛作用,世界迅速地形成一個共同的社會空間,而世界某一區域的發展,可能對於地球另一端的個人或是社群的生存機會產生深刻的影響。在這樣的意識之下,當代大規模的社會和經濟變遷,似乎已經超出一國政府或是國民對於這些變遷的控制、質疑或抵抗能力。換言之,「全球化」強烈地突顯出國家政治活動所面臨的種種限制(Held, McGrew, Goldblatt, & Perration, 1999）。

　　全球化的巨大力量打亂了當地社會時間與空間的安排秩序，此一秩序的維持不再完全受在地性的社會制度、組織，或是重要人物所能掌控，而是必須接受來自全球性外地因素的重大影響，甚至主導。這種發展趨勢使得社會生活的時間與空間安排，不再完全以「在地性」做為指涉的基礎，而是被吸納入全球化的時空延展過程中，全球與在地二者之間形成前所未有的密切結合關係。全球化基本上是「遠處發功的行動」（action at a distance），是由「不在場者」主宰了「在場者」的一種生活形態（Giddens, 1994: 96）。

　　綜合上述所言，筆者認為，全球化的發生源於社會、歷史、政治、經濟、文化和科技的系統整合發展。根據 Beck 的主張，當下所形成的全球化是指向一個動態、辯證的過程。全球化強調超越國家、跨全世界性的組織活動。它穿透、踰越了國家間的界限，並且形成動態的連線（Beck, 2000）。

參、全球化的反思

　　全球化的思維拜資訊科技與交通工具的發達，配合資本主義的盛行，加速其腳步。多數國家領導人開始思量如何因應全球化趨勢以布局各國的政策推動。然而，全球化趨勢也引發部分國家領導人的擔憂，如非洲迦納（Ghanaian）Kofi Annan 將軍提出「全球壓縮」（global compact）的看法，他認為抗辯全球化的影響力，就像是抗拒地心引力的定律一樣，因此我們必須使全球化力量成為提升人民生活的引擎（Crossette, 2000）。

　　身為地球的一份子，我們也許可以深思下列問題：「為什麼要全球化？」「到底，我們是全球化的受益人，還是受害者？」「假如沒有全球化，你我的生活、工作會有什麼不同？」新世紀的全球化運動有一個理想，這個理想假設全球各地的居民必須建立在一種互信的基礎上。畢竟，遙遠的地理距離是實際存在的困難，唯有人類之間的誠信能夠克服。原本人類對於奠基於互信基礎的全球化理想充滿期待，但是 911 事件的發生卻相當程度動搖了人們對遠方的信任。

　　全球化導致的文化統一化也喚起很多人的批判。文化的全球化並不代表一

元化，但全球化過程中卻運用了一大堆一元化和統一制式的工具，導致各地的本土政治、文化及經濟吸納這些工具後，向外衍生國家主權之間所謂的多邊對話。全球文化今日的核心所在，已涉及一場一元與差異兩股力量的政治角力遊戲，它們在互相搶奪對方陣地。學者亦指出，全球價值觀與本土價值觀之間的碰撞與融合，使走向經濟全球化的各國不可避免地面臨著巨大的文化衝突。再者，經濟全球化將以其內在的衝擊力撞擊傳統文化，產生一個內容豐富的、滲透到社會各個層面、多層次的社會變遷過程（吳興南、林善煒，2002：224）。

如是的文化全球化現象，大大地改變在地社會成員的文化生活環境。如台灣民眾透過誠品（the eslite）連鎖書店的服務，可以選購來自世界各地的精緻消費商品；而在台灣的跨國企業組織，則可以麥當勞（McDonald）連鎖速食店做為代表，販賣世界各地口味一致的「全球食品」（global food），推銷普全主義（universalism）的全球速食文化。

全球文化與在地文化間的關係，就文化交流而言，文化全球化似乎帶給消費者更多選擇及便利性。但是文化全球化同時意涵著，將帶來新型態的帝國主義侵略，也就是由美國或是西方文化（包括日本在內）為首的文化帝國主義，以優勢的資金與組織力量，殘害台灣在地傳統文化的生存權利與機會。然而，必須避免任何過度簡化的分析或是流於意識型態的抗爭，因為跟隨文化全球化流動的不只是消費文化而已，也有值得在地社會深入反省的民主自由、生態環保、人權保障等思想觀念。無論如何，學習如何面對全球化的發展趨勢，並反思全球化趨勢下，我們是受益人或是受害者？成為迫切的生活課題。

肆、全球化與本土化之關係

一、本土化的意義與迷失

本土化的概念隨著全球化的風潮而突顯，然而人們對於本土化的意義之了解，也莫衷一是。但很多人把本土化狹隘化了，認為鄉土教材的使用即是本土化教學。且有「去中國化」的呼聲，這種排外的本土化觀念，容易陷入「愈來

愈本土的」或「受困於本土」的泥沼中。其實本土化不應有排斥「外來」的觀念，它與全球化一樣都強調「化」的功能，亦即是動態過程的作用，除了重現本國、本民族、本社會、本地區舊有的文明、文化價值或風俗習慣，同時要將更好的東西「化」為我們所使用，並融入於本國、本民族、本社會、本地區的文化當中，而形成一種更優質的文明現象，這也是本文對於「本土化」意義的界定。

在全球化與本土化的過程當中，全球化與本土化是互為因果且有互補的作用。本土化是一個國家、一個民族、一個地區在文明或文化上經久而形成起來的，它既是本身固有的，同時也是在全球化過程當中被重新塑成的；全球化則是各個不同的「本土」在進行相互交往的過程中，被形成和發展起來的文明或文化特質。沒有互動就難以構成全球化，沒有互動也就無所謂本土化。本土是全球性交往的主體。

我們不能因怕被全球化而拒絕與其他本土的互動，更不能一味排斥非本土的文明，因為全球化的趨勢是無法避免的，既然要重視本土化，也不能一味地認為只要是本土的就是好的，而是應該藉著全球化的風潮中，用心吸取優質且適合我們所用的來加以「本土化」，這才是明智之舉，也是讓台灣屹立於地球村揚眉吐氣的重要途徑之一。

二、全球化與本土化辯證後之概念——全球在地化

全球化（Globalization）使得各個區域均無法逃過它的影響，於是呈現兩種價值觀進行辯論：一種是「全球化」本身；另一種則是「本土化」的興起。就「全球化」所內含的第一種價值觀而言，它被認為是一種資本主義體系向外擴展的過程，隨著知識經濟與資訊科技的發展，全球的時空已經被壓縮到很小的範圍，所謂的「地球村」正是建構在時空壓縮的基礎上，讓主權的主張變成過時論；第二種價值觀則是相反的認為，在全球化的擴展過程中所伴隨的「本土化」運動，也在全球各個地區產生一種認同的政治、被承認的政治，於是一些地區的基本教義派，就不斷的以本土性、地方性的主張，向霸權主義所宣揚的現代性進行挑戰。

事實上，第一種價值觀對全球化本身的辯證，認為全球化就是一種「經濟全球化」的意涵，它是在國際經濟中生產再造與金融市場整合所發生的連鎖性效應裡，允許對國內經濟、政治、文化和意識型態進行滲透，這不但改變了競爭的模式，也在社會關係中進行全球性的時空壓縮。因此，全球化是從經濟面向擴展到文化、政治、社會的過程。當全球化藉由資本主義在世界空間擴展之後，它改變、調整及消除各國之間各種自然與人為的疆界，而這種疆界，正是資本主義世界進行大規模積累的障礙。

就第二種價值觀而言，「本土化」的論者則是從政治、文化的面向來進行討論，因此，正如 Roland Robertson 所說：「在世界各地區，在各社會內部，一種原教旨的尋求是按照有關傳統、認同、家、本土性、地方性、共同體等在全球擴散的思想來進行。」於是，本土化本身也變成一種全球性的運動在世界各地發展（引自王崑義，2001）。

由這樣的觀點來看，全球化的意義出現了典範的移轉，那就是「全球化」既包含全球，也包含本土，兩者之間存在著既矛盾又辯證的關係。這猶如 Arif Dirlik 所說的：「全球性與本土性是並行的，而兩者的關係是，全球性決定本土性的一些活動，但本土性雖受制於全球性，也能反過來對全球性的活動起一定的制約作用」（引自王崑義，2001）。於是兩者便形成一種全球／本土這種二元對立的關係。

透過「全球在地化」（Glocalization）的概念，可引發更清晰的解釋與想像。亦即，全球化是「經」，全球在地化是「緯」，前者是橫向的動態連線，而後者是扣緊在地特色之動態縱深，二者相生而存，但也相剋對立，以致於激發出新的發展可能性。因此，全球與在地二者是依存關係。人們意識到全球視野的開啟，必須立基於本土或在地基礎，發展出符合地方的生存條件。有別於帝國霸權式的全球化，這種結合強調一個事實，亦即，沒有多元的在地文化就沒有全球文化，而地方才是微型的全球。在地化與全球化之間相互滲透關係，促使全球化不斷產生新的內涵（孫治本譯，2002）。

伍、教師專業成長和反思——
培養全球公民無可替代的角色

「全球化」重新界定我們的時代，改變我們生存的實體世界，這是我們無法漠視的事實，也是教師需關注的課題。

在面對無法抗拒全球化的趨勢下，部分學者認為：許多老師仍缺乏教導世界理解的必要準備（Bennet, Niggle, & Stage, 1989），如果我們希望老師能有信心地從全球觀點教導學生課程，那麼教育實施者就必須要求自己能具備更多「工具」。Gilliom（1993: 40）亦認為：「大部分的在職教育課程，缺乏提供教師們知識或動機去從全球的觀點來教導課程。」

因此，教師的在職教育和專業成長課程必須教導教師們探索全球人類的價值、獨特的世界觀點、現代全球系統的歷史發展，以及今日全球議題的原因與形成的條件。教師們也必須時時反省是否懷有自我種族優越的觀點，以及對其他文化的刻版印象，以使學生隨時準備參與全球人類的溝通和互動。

所以，如果我們僅關注高等教育如何因應全球化研究趨向，而漠視教育專業人員也需要關注全球化議題，則學生透過學校教育，就沒有機會學到在全球化衝擊下對認識尊重、包容和接納別人或他民族文化的態度；如果學生沒有養成這種態度，當然就很難從比較中去解構已有的本地文化，也無法重塑一個合適的全球公民身分和意識。歸結言之，教師在養成學生全球公民身分上，具有無法取代的地位和角色扮演。

Kofi Annan將軍認為：「全球化重新界定我們的時代，因此需透過多國合作以融合各聯盟，以鍵連全球網際空間的缺口，以聯結工業和發展國家間的合作與交流。各國政治領導者必須擅用國際交流的機會，改善自身國經濟，並建立全球公民的規範，以適應外在真實的世界與社會」（Crossette, 2000）。

如上述的論點，在難以抵擋全球化的趨勢下，各國接下來深思的重要課題即是，如何因應全球化潮流，透過教育體系培養全球公民。因此，分析全球化趨勢對高等教育的影響，以及如何透過各級學校教育加強全球公民之培養，成為當今教育的首要任務。

因應全球化趨勢之教育，各國係以培養「全球公民」為其教育目的。這與一般民族國家冀望透過教育培養健全或忠貞公民之教育目的，彼此間存在著極大的差異。因此，在全球化趨勢下，所期望的公民特質和採行的教育措施將與傳統教育存在著相當明顯的差異。

因此，在全球化趨勢下，各國積極作為的是透過教育歷程培養全球公民，然而何謂「全球公民」？J. Torney-Purta 曾指出，做為一個全球公民應該培養的基本能力有：對各種現象的了解具備豐富的知識、能夠做分析性判斷、能夠對各種態度做規範性判斷、能夠對當代歷史做批判性觀察、能夠分析政策及行動的動機（引自張秀雄，1995：35）。而 L. F. Anderson 也曾就全球化與公民素養的觀點，認為在全球化的時代，不應將視野局限於個人與單一國家的關係上，一個有能力的公民應具備對全球社會的參與能力（Anderson, 1979: 335）。

從上述觀點可得知，對於全球公民素養和知能的培養必須跳脫傳統上以國家為本位、強調個人與單一國家間的對應關係，取而代之的是，教育措施應以更宏觀的全球視野，體認世界各國相互依存的關係，進而培養世界公民所需具備的各項知能，方能善盡全球公民的責任。如此，也才能確保透過教育培養出的未來公民，其能力絕對能引領國家往壯盛之路邁進。

而這樣的主張，美國「督導與課程發展協會」（The Association for Supervision and Curriculum Development, ASCD）主席 Donna Jean Carter（1991）亦持如是見解：「培養全球公民意識（global citizenry）深具迫切性。……世界有共同的需求和需要，但是我們卻無法了解分享世界資源的其他不同觀點。……面臨現今大規模的經濟、科技和政治的轉變，我們必須學習到全球鄰居的經濟、教育、環境條件、文化和科技，以及彼此所做決定的互相影響。……我們必須接受未來全球間的交互關係，並教育學生跨時間、跨文化地蒐集相關資訊，以做出未來最好的世界政策」（Carter, 1991: I）。

在聯合國教科文組織的倡導下，國際社會一向重視培育各國下一代公民有共同的特質，1994 年出席第 44 屆國際教育大會的各國教育部長通過宣言，要求各成員國和聯合國教科文組織從可持續發展的角度，將為促進和平、人權和

民主的教育納入到政策中。並明確相信教育應該促進幫助於尊重人權和積極維護這類權利，並有助於建設一種和平與民主之文化的知識、價值觀、態度和技能（趙中建，1999：334）。

「地球村」的概念說明了做為世界公民，每個人都相互依賴、相互支持的意義；做為一個世界公民，公民學習者應該懂得人的基本權利和責任（課程發展議會，1996：20）。而香港學者在提倡推行世界公民教育時指出，要教導學生認識世界，從小做為地球村一分子的公民責任，以及學習與下列有關的知識、能力和價值觀（李榮安、古人伏，2004：27）：

＊對本地與全球議題的聯繫認識，對不同價值觀的認識，明白全球的互相依存，了解自己是世界一分子。

＊具有批判性思維、有效處理不同資訊的能力。

＊立足本土、放眼世界，並願意為促進持續發展、社會公義與平等作出貢獻。

倘若今日生存的社會是一個瞬息萬變且無分畛域的「地球村」，那麼培養年輕人「世界觀」即為刻不容緩的當下要務（高天極，2003）。正如朱旭東、徐衛紅等人（2004：203）的譯文指出，教育不能忽視全球市場的事實，但也不能屈服於全球的商品化。在全球化過程中，人類面臨的諸多問題表明，強調同質的、統一的全球文化是不可取的，它會導致文化的衝突和文明的對峙；只有培養從道德上、文化上對其他不同種族地域和文化敞開胸懷的公民，才能應對全球化的挑戰。

再者，新的公民定位應該建立在對身分選擇的寬容、對社會的不同和多樣性充分承認和尊重的基礎上（萬明鋼、王文嵐，2003：79）。而河清（2003）更指出，全球人類文化單一化、一體化是野蠻化。如何在全球化趨勢中保持和堅持本國特性與文化精神，又能與其他文化「和而不同」，才足以彰顯本土化與全球化結合後展現「全球在地化」的傲人之處。

陸、全球化對台灣教育發展的影響和啟示

為了因應全球化趨勢，各國致力於運用國家教育之機會使學生具有「全球

意識」公民的知識與技能。台灣在面對全球化的衝擊與本土化的訴求之下,為了促使全球化教育能實際落實,必須:第一、推敲出全球化教育課程的目的與具體目標;第二、擴展全球化教育的內容,使全球教育議題可以融入更多課程中;第三、推展全球化教育課程到學校內部群體和外在社群團體(Hendrix, 1998)。

除此之外,為了達成培養全球公民之目標,亦應釐清與定義全球教育的內涵,並以此重新建構一個貼近現今生活世界的課程內涵。透過此一課程脈絡的重建,藉由課程得以反映出現今人們生活的世界,使學生更能生活在現今全球相互緊密依存的真實世界。另外,透過教師適切地將新議題融入課程內涵中,得以開拓過去具國界障礙的課程,重新建構貼近今日國際生活的真實課程。如此的努力,將促使學生的認知圖像轉變、認知板塊的重整,透過全球視野的開展,使學習者能有跨國界、無國界的思考,並提供學生了解知識與見解可能會隨著所處區域的差異,而有多樣的解釋與處遇。

筆者試著歸結全球化趨勢對各級學校教師以及台灣教育發展的影響和啟示,如下(王錦雀,2007)。

一、幫助學生成功扮演全球公民角色

教育目標在幫助學生理解身處全球社會中的意義,扮演全球公民的角色,並加強終身學習的理念和意識。受全球化影響,教育的主體,不再是受地理疆域束縛的傳統社會公民,而是自由流動受世界開放性影響的全球公民。

尤其,台灣的民主進步距離「民主生活化」的程度仍有相當差距。在面對全球化的趨勢時,如何讓台灣社會真正達到民主法治的社會,並進而成為世界自由民主社會重要的成員,有待各級學校教育從培養與提升台灣居民的「全球公民」素質能力著手。

二、培養學生尊重包容和批判思考的態度

面對全球化的趨勢,各級學校教育除了本身應努力設計相關課程或將全球化議題融入教學中,更要從各項教育措施,引領學生培養恢弘的氣度,發揮大

格局、大包容的胸襟，尊重居住在本島的每一位住民的意見，更應該要有走出台灣、面對世界的抱負和準備。

三、採行自主探索、靈活多元的學習方式

教學互動的歷程，宜採行提供學習者自主探索、靈活多元的學習方式。藉此取代傳統較常採用學生被動學習和全面接收之教學歷程，亦即，重視教導學生學習如何學習，以及培養學生的自我管理能力，並採行靈活多元的教學和學習方式，培養學生運用靈活的學習方式，以因應全球化社會的快速變遷。所謂的靈活多元的學習包括網路學習、短期遊學及其他非傳統的學習方式。

四、課程融入全球化的學習內容和議題

因應全球公民所需知能，在課程中融入全球化的學習內容和議題，並提供多元學習管道和資訊。全球化的影響，使學習者的學習內容急速增加，面對全球化帶來多元豐富的其他本土文化的價值及政治、社會、經濟、資訊科技……等之衝擊，學習者的學習內容將更為複雜和多樣，包括：外國語文、跨國公司組織、世界各國或地方的歷史、文化、地理、政治、社會、經濟……等。

另外，若能提供學生各種多元學習管道和資訊，將使學習者的學習機會增加，學習管道更為暢通，學習更為方便。在培養學生因應全球化快速打破時空限制下，以最有效率的方式獲取全球各種新知的能力。

五、培養學生具備充足的資訊設備使用能力

教育發展應扮演加強培養與國際接軌的準備教育角色，使公民皆能成為全球資訊社會的一員。除了資訊環境的建構，培養學生具備充足的資訊設備使用能力，或與全球各地住民溝通之語文能力，甚至對全球各地地理、歷史、國土、民情與文化價值的了解……等。

六、建構具有台灣風格的本土化型態課程

面對全球化，校本課程應加速規劃或建構具有台灣風格的本土化型態。台

灣因接受各種不同外來文化的衝擊和洗禮，加上時代的變遷所帶來的人口結構改變，以及台灣的特殊國際處境，已逐漸形成一種獨特且多元的台灣社會文化。因此在面對現代的全球化，應建構出一種具有台灣風格的本土化教育，而不是全盤移植接收或頑固地守著原有的本土教材。

柒、代結語——學校教育因應全球化的策略

經釐清全球化與本土化概念，以及兩者辯證後，學校教育對於全球公民培養的努力，不論在教育理念或教學實務上，都需要開發並拓深本土文化傳統的資源。本節將具體地提出，學校教育在養成全球公民可能採行的實施途徑、做法，以及取向。

一、學校教育培養全球公民的途徑和做法

（一）因應全球化，教育理念的澄清

1.「植根本土，放眼全球」的布局

在全球化中，了解本身特點與國際交流是同等重要的。江雪齡（1997）指出，訓練人們成為全球公民的第一步就是要他們了解本身的文化特性，第二個步驟就是將這些文化價值和運用後的結果介紹給全球公民。也就是說，各國因應全球化趨勢之道，要從地方化的基礎上出發創造，才更可能幫助本國增加全球化的競爭力。

亦即，我們需要一個新的教育模式，以打破歸屬關係與地域性之間的關係，亦即公民最需要的是做為人的權利，而不只是做為民族一員的權利。這種公民教育模式必須是多元的，也就是說，它必須承認民族的多樣性和多重認同。民族國家的公民資格在全球化時代不但沒有削弱，反而有增強趨勢（鄭海霞，2003：45）。各級學校教育得同時兼顧台灣的學生既要面向國際社會和全球價值，而又養成其不會輕視台灣本土文化的根，才是面對全球化衝擊下堅定的教育理念。

2. 開發並拓深本土文化傳統的資源

從亞洲國家立場出發思考，學校教育無論如何不能只從全球化角度規劃教學內容。我們必須在課程和教學之中，在講授全球價值的「民主」、「人權」、「自由主義」、「平等主義」、「個人主義」等理念時，與東亞尤其是中華文明所孕育的價值傳統和台灣本土特有的文化內涵，相互結合。長期以來，高等和中小學教育課程內容所傳授的，基本上是以西方近代政治思想與價值理念為主，而過度忽略東亞文化、中華文化或是台灣文化等傳統思想資源。這種中西失衡、新舊失調的教學情境，有待於各級學校教育實施者深入挖掘自我獨特的文化傳統，並適度地融入課程之中。

3. 將本土社會現實狀況融入教學中

中小學教育課程和大學通識教育異於大學各學系課程著重培養專業知能之屬性和目標，均以最鮮明的方式觸及人之存在的時空性、具體性與脈絡性。因此，在面對全球化的衝擊，中小學教育和大學通識教育在全球公民養成之課程中，所教授的內容應該不僅是與「公民資格」（citizenship）相關抽象概念的推演而已。中小學教育和大學通識教育的實施，與「公民社會」（civil society）的建構不但無法切割，而且密切相關。

如美國哲學家John Dewey所言：學校可以視為「民主的實驗室」。因此，中小學課程和大學通識教育課程的內容，應大量融入本地的社會、政治、經濟、文化的現實狀況，並在教育的理念與本地的現實之間，保持一個動態的互動關係。例如：關注貧富階級差異日益加深的現象，或是將諸如「公平」、「正義」、「經濟人權」等公民社會價值理念，與社會經濟現實狀況扣在一起，引導學生研究深思，必能引導通識教育提升到一個新的境界。

（二）法治體制的建立以支撐全球化運作

在全球化趨勢下，人與人間的互信以及將守法內化人心都是支撐全球化運作的重要基礎。因為在經濟全球化的競賽中，法治社會的建立的確是一個愈來愈關鍵的基礎建設，因為在法治的規範下（如透過智慧財產權的立法），不僅保護研發出來的新科技，亦將更進一步影響台灣未來在全球市場取得資金、人

才的能力。

故因應全球化時代的來臨，除了教導人民運用新技術的意願與能力外，還需要營造並建立一個法治的社會。因為依據公平且透明的遊戲規則並徹底執行，是提升全球競爭力的先決條件。而如何透過各級學校教育課程和營造學校文化氛圍，以教導我們的學生民主法治的概念和精神，進而將民主原則和精神內化於生活型態，並養成習慣。如此才能建立一個公平正義的法治社會，而這正好是教育責無旁貸的責任。

（三）加強全球研究和全球意識的教學議題

因應全球化趨勢的全球化教育推行，能破除傳統思考窠臼與國界、疆界的思考模式，讓學生走出國界思考，促進與他國合作與協商等思考能力的教學議題。所以除了強調本土議題的教授，還要加強全球研究主題和全球意識的提升。如為落實全球化公民社會的議題，宜加強民主政治、世界人權、市場經濟和環境保育日趨全球化的脈絡來思考，也就是需重視「民主」、「人權」、「永續發展」和「和平」等全球性人類普及價值的培育與教學（鄧毓浩，2006）。

（四）教師充實對世界理解的專業知能和實踐

1.教師具有教導世界理解的必要準備

部分學者認為，許多老師仍缺乏教導世界理解的必要準備（Bennet, Niggle, & Stage, 1989），如果我們希望老師能有信心地從全球觀點教導學生課程，那麼教育實施者就必須要求自己能具備更多「工具」。Gilliom 亦認為：「大部分的在職教育課程，缺乏提供教師們知識或動機去從全球的觀點來教導課程」（Gilliom, 1993: 40）。

因此，教師的在職教育和專業成長課程，必須教導教師們探索全球人類的價值、獨特的世界觀點、現代全球系統的歷史發展，以及今日全球議題的原因與形成的條件。教師們也必須時時反省是否懷有自我種族優越的觀點，以及對其他文化的刻版印象，使學生隨時準備參與全球人類的溝通和互動。

2.營造「理性與感性」和「互信平等」的課堂情境

面對全球化趨勢，各級學校教育實施者應該體認到教導學生學會平衡理性與感性是格外重要的。也就是說，在全球化的壓力下，除了追求科技進步，還要注重情感的抒發與陶冶，更不可忽略個人心靈的真實需求。引用達賴的論述：「生命中最重要的是對別人的關懷與同情，社會必須發展出對全球的責任感和相互依賴的觀念，並且認識到，科學畢竟有其極限」（引自齊若蘭，2001：135）。

教師亦宜營造一個互信和平等的課堂情境，著重訓練學生使其能與同學建立起信任關係。除此之外，人與人之間的膚色、信仰和出身差異不是大家歧視的依據，這種多元差異被視為是大家共享未來的貢獻。在全球化趨勢下，未來的生活質量更是取決於現存人與人的差異，這些差異如何在「此時此刻」日常生活中得到調解，也是教師應該在課堂上努力的重點（郭洋生譯，2000：103-104）。

（五）將全球視野融入課程中以培養全球意識

1. 採行「融合課程」形式，將全球的視野融入在各級學校教育的課程領域中

全球化教育需要將全球的視野融入在所有的課程領域中。將全球的視野融入在所有的課程領域中，了解現今社會的轉變以及提升全球問題的解決（Alger & Harf, 1984）。為了維持各課程的知識結構完整性，具體的課程設計可以採行將全球化教育課程有機地融入現行各教育課程當中。如此，當可保留各學科的知識架構。

2. 以培養全球意識，形塑全球公民社會，增進跨國界的溝通與理解做為課程考量

為了培養全球意識，形塑全球公民社會，增進跨國界的溝通與理解，宜著重涵養學生全球公民的素養與國際的溝通。故課程設計宜考量「能否達成涉及學習跨國界的問題與議題，以及生態、文化、經濟、政治和科技等跨系統間的交互聯結。能否運用他人的心智與觀點來看待事務，了解每個人和群體看待生

活的觀點是不一樣的，然而差異的個體也有共同的需要（needs）與需求（wants）」（Hanvey, 1976），就此做為課程設計考量依據。

二、各級學校教育培養全球公民應有的取向

台灣面對全球化的衝擊與本土化教育逐漸形成的共識，讓我們得以從宏觀的戰略性角度對下列問題加以探討：在培養全球公民的方向與方式，法律規章制度，甚至社會的文化、習慣與價值體系亦需有新的因應（殷允芃，2001：41）。本文提出學校教育因應教育全球化衝擊及教育本土化訴求應採行的取向，說明如下。

（一）以認同「全球在地化」概念，積極迎向教育全球化的趨勢

在面對教育全球化的衝擊之下，台灣教育界應該勇敢面對，從中吸取優質且符合台灣需要的教育思潮、理論或策略。採「閉關自守」或「夜郎自大」的結果，總難逃落伍的命運。台灣需要大量的人才來面對全球化，也需大量的人才來經營本土化。

（二）從研究台灣本土社會文化內涵出發，加強教育研究工作

面對全球化，不能照單全收，在收單之後還要研究如何融入台灣社會文化的精神，使之適合台灣教育發展所用。台灣教育界應儘早拋開對於歐、日、美教育學術的過度「依賴性」，加強開拓具台灣獨特風格的教育學術研究方法，建立台灣教育研究的自信心，加強教育研究工作。

（三）加強產官學三方面策略聯盟，提升台灣教育發展的綜效功能

產業界與學術界及政府三方面的通力合作，不但能提升教育的價值，發揮學術界的立即功能，創造三贏的局面，最重要的是它能提升教育的綜效功能。產官學策略聯盟的做法，目前仍不夠普遍。應加強產官學策略聯盟的措施，或產學合作、官學合作、校際合作之模式，讓理論與實務相得益彰，以提升台灣產官學研究發展的水準。

（四）加強國際學術交流活動以提升國際競爭力

台灣的國際外交處境相當困難，早已陷入被孤立的局面，連聯合國教科文組織（UNESO）也將台灣排除在外。為了因應教育全球化的趨勢，讓台灣教育能在國際上與世界各國既競爭又合作，台灣必須加強各項國際學術交流活動。

（五）為順應全球知識經濟時代的挑戰，加強培養全民的雙 E 和創作能力

為了因應全球化的趨勢，培養台灣國民與世界接軌的能力，台灣應繼續加強培養國民的雙 E 能力，這裡所指的雙 E，係指英語（English）和電子化（Electrical）的使用能力。在全球化知識經濟掛帥的當今社會，知識與創新能力已成為致勝的關鍵。鼓勵各公私立大專校院和職業學校，開創不同科系，嘗試新的辦學模式，重視培養學生的創造力。

（六）加強品格道德教育和培養具備民主法治素養的全球公民

做為全球化地球村的世界公民，必須要有崇尚民主、懂得尊重他人，以及公平、正義的胸襟，尤其要有誠信的精神才能獲得信賴。因此，更應重視品格道德和民主法治教育，以培養具有高品味的全球公民。

（七）篩選本土教育文化資產，建構全球在地化、教育本土化基礎

推動教育本土化工作，不能有過重的意識型態，總認為只要是傳統的、本土的就是好的。而應與吸收全球化外來的教育文化一樣，必須加以篩選，去蕪存菁後，將外來的和本土的精華加以融合成為本地特有的教育文化，這是在本土化訴求中建構教育本土化過程的主要策略，也是台灣建構教育本土化發展的重要方向。

（八）珍視活用台灣豐富的多元文化資源，創造出躍居全球化舞台的作品

多元族群與多元文化是台灣的特色，也是台灣的重大資源，在台灣本土化訴求逐漸升高之際，如何統整並活用這些重要資源，並將從全球化吸收並過濾後的外來文化，與本土的這些重要資源融合，使之成為嶄新的、獨特的、進步的台灣現代文化，則是台灣教育界責無旁貸之事。

（九）營造終身學習、自我學習的情境，養成學生的意識和習性

面對全球化的衝擊與本土化的訴求，全面提升台灣全體國民的素質愈形迫切，包括婦女教育、高齡者教育、成人教育、外籍新娘教育、弱勢族群的教育、培養第二專長的教育……等，台灣除了重視學校教育，尤其應重視如上述所列之各項非正規教育的施行。並鼓勵全民建立各種學習型組織，培養全民終身學習的習慣與能力。

參考文獻

■ 中文部分

王　嘯（2002）。**全球化與中國教育**。成都市：四川人民出版社。

王崑義（2001）。**全球化與台灣**。台北市：創世文化事業。

王錦雀（2007）。**高等教育因應全球化趨勢之策略**。載於私立中華大學管理學院、國立新竹教育大學、私立玄奘大學主辦之「2007 管理與教育學術研討會」。新竹市：私立中華大學。

朱旭東、徐衛紅等（譯）（2004）。安迪‧格林著。**教育、全球化與民族國家**。北京市：教育科學出版社。

江雪齡（1997）。**多元文化教育**。台北市：師大書苑。

吳明烈（2003）。全球化趨勢中成人教育的挑戰與展望。**社教雙月刊，117**，22-28。

吳興南、林善煒（2002）。**全球化與未來中國**。北京市：中國社會科學出版社。

李榮安、古人伏（2004）。**世界公民教育——香港名上海中學狀況調查研究**。香港：樂施會。

杜正勝（2004）。創意台灣、全球布局——培育各盡其才新國民。載於教育部，**教育施主軸 2005～2008**（頁 3-13）。台北市：教育部。

河　清（2003）。**全球化與國家意識的衰微**。北京市：中國人民大學出版社。

孫治本（譯）（2002）。U. Beck 著。**全球化危機**（Was ist globalisierung?）。台北市：商務印書館。

殷允芃（2001，6 月）。抉擇的關口。**天下雜誌，241**，40-41。

高天極（2003）。**符應時代需要、台灣私立學校推展「以人為本的全面教育」的努力**。載於第廿五屆泛太平洋私校聯合會議中發表的中華民國主題報告。泰國：曼谷。

張秀雄（1995）。世界觀導向的公民教育。**中等教育，46**（6），26-39。

梁光嚴（譯）（2000）。羅蘭‧羅伯森著。**全球化、社會理論和全球文化**。上海市：上海人民出版社。

郭洋生（譯）（2000）。大衛‧杰弗里‧史密斯著。**全球化與後現代教育學**。北京市：教育科學出版社。

萬明鋼、王文嵐（2003）。全球化背景中的公民與公民教育。**西北師大學報**，**1**，79。

趙中建（1999）。**全球教育發展的研究熱點**。北京市：教育科學出版社。

課程發展議會（1996）。**學校公民教育指引**。香港：香港教育署。

齊若蘭（2001）。當基因遇見電腦。**天下雜誌**，**241**，122-135。

鄭海霞（2003）。順應全球化：教師教育全球觀的確立。**外國教育研究**，**30**（8），44-48。

鄧毓浩（2006）。**通識教育與全球公民素質的養成**。載於私立致遠管理學院通識教育中心、國立台灣師範大學公民教育與活動領導學系、公民與道德教育學會主辦之「2006 通識教育與公民養成學術研討會」。高雄縣：蓮潭國際文教會館。

英文部分

Alger, C. F., & Harf, J. E. (1984). *Global education: Why? For whom? About what?* Columbus, OH: Ohio State University.

Anderson, L. F. (1979). *Schooling and citizenship in global age.* Bloomington, Indiana University: Social Studies Development Center.

Beck, U. (2000). *What is globalization.* Oxford: Polity Press.

Bennet, C., Niggle, T., & Stage, F. (1989). *Preservice multicultural teacher education: Predictors of student readiness.* Paper presented at the Annual Meeting of the American Education Research Association, San Francisco, CA.

Carter, D. J. (1991). Foreword. In A. T. Kenneth (Ed.), *Global education: From thought to action. 1991 Yearbook of the Association for Supervision and Curriculum Development (ASCD).* New York, NY: ASCD.

Crossette, B. (2000, September 3). *Globalization tops 3-day U.N. agenda for world leaders New York Times.* Summit conferences, 2000. Globalization.

Giddens, A. (1990). *The consequences of modernity.* Cambridge: Polity Press.

Giddens, A. (1994). *Beyond left and right: The future of radical politics.* Cambridge: Polity Press.

Gilliom, M. E. (1993). Mobilizing teacher educators to support global education in perservice programs. *Theory into Practice, 32*(1), 40-46.

Harvey, R. G. (1976). *An attainable global perspective.* Denver, CO: Center for Teaching International Relations.

Held, D., McGrew, A., Goldblatt, D., & Perration J. (1999). *Global transformations politics, economic and culture.* Cambridge: Polity Press.

Hendrix, C. J. (1998). Globalizing the curriculum: In the clearing house. *Washington, 71*(5), 305-309.

Porter, P., & Vidovich, L. (2000). Globalization and higher-education policy. *Educational Theory*, 50(4), 449-473.

Waters, M. (1995). *Globalization.* London: Routledge.

Wright, R. (2000). Will globalization make you happy? *Foreign Policy, 120*, 54-64.

國家圖書館出版品預行編目資料

教師形象與專業倫理／中華民國師範教育學會主編.
-- 初版. -- 臺北市：心理, 2008.11
面； 公分. -- （教育現場；29）

ISBN 978-986-191-210-3（平裝）

1. 教育倫理學

520.1819   97021181

教育現場 29　　**教師形象與專業倫理**

主　　編：中華民國師範教育學會
責任編輯：郭佳玲
總 編 輯：林敬堯
發 行 人：洪有義
出 版 者：心理出版社股份有限公司
社　　址：台北市和平東路一段 180 號 7 樓
總　　機：(02) 23671490　　傳　　真：(02) 23671457
郵　　撥：19293172　心理出版社股份有限公司
電子信箱：psychoco@ms15.hinet.net
網　　址：www.psy.com.tw
駐美代表：Lisa Wu　　tel: 973 546-5845　　fax: 973 546-7651
登 記 證：局版北市業字第 1372 號
電腦排版：辰皓國際出版製作有限公司
印 刷 者：東縉彩色印刷有限公司
初版一刷：2008 年 11 月